出口王仁三郎
ONISAVULO

# 素盞嗚尊と朝鮮半島

鳥取県神劦別院《しんしゅうべついん》の開院式にて張子の象に乗る出口王仁三郎聖師
（昭和 3 年 12 月 17 日）

出口王仁三郎聖師（昭和 7 年 3 月 22 日）

出口王仁三郎聖師

朝日鮮暉

為政以徳

有終之美

# 出版について

本書は、今から二十五年前の平成五（１９９３）年九月二十九日から十月三日にかけて行われた愛善苑韓国研修旅行の資料として作成された出口三平氏編集の『出口王仁三郎聖師と朝鮮半島』をベースに、『素盞嗚尊と朝鮮半島』と改題し、資料を新たにかなり自由に追加など行い、再編集したものです。

太古の日本は、朝鮮半島及び中国との関係が深く、また古代の歴史が明らかにされつつあります。特に素盞嗚尊の朝鮮半島での事跡の考証から、これからの日本、東アジアそして世界との指標が見えてきます。日本に最も近いこれらの国が、激動の時代を体験して、戦後七十年が経過し、アジアも世界も新しい哲学、思想、宗教、世界観、社会観へと変らなければならない時代を迎えております。

再版にさいして原編集者の意を汲みつつ、編集部で稀有な啓示、国魂及び素盞嗚尊に関するものを追加しております。主神は太古に神政をするために国魂を配置し、八王八頭を補佐役に命じて国々を守護していました。しかし、この現界は物質世界であり、人間が増えるに従い次第に体主霊従の世界となり、国魂を犯しながら現代が現出したもので神代や歴史の真実を知り理解することは大切です。

人類出生の神秘や建国神話について、古代は古代、国は国としての表現があり、また宗教は宗教として時所位によるそれぞれの表現があります。これを素盞鳴尊のフィルターを通して見るとき多少の違いはあるが、本質的に同じ主旨であることに気が付きます。

それから出口聖師は大正十三年に第一次大本弾圧事件の未決の身でありながら、蒙古に出国され、パインタラで張作霖に捕えられ日本に護送されます。その後間もなく「人類愛善会」を組織し、宗教による精神的統一を呼び掛け、世界的大運動へと発展します。

朝鮮半島では待天教、普天教、大陸では紅万字会・五大教・道教・救世新教・支那仏陀教・支那仏教・支那回教・支那キリスト教・儒教等と宗教提携が結ばれ、世界で初めての「宗教国際会議」が北京で開かれるなど大きな成果をもたらせます、しかし、時局は悪化の一途を辿り、昭和十年十二月八日、皇道大本は第二次大弾圧を受け出口聖師は、六年八ケ月囹圄の身となり、一切の活動が停止されます。

その間に日本は日中、太平洋戦争へと突入し、出所まもなく日本は敗戦を迎えます。戦後出口聖師は、無罪を勝ち取るや、直ちに「皇道大本」から国の境も宗教の隔てもない「愛善苑」を新出発させ、宗教的文化国家建設を目指して、再び国際的提携を呼び掛けます。

○

本書は旧字体を新字体に、旧カナ・ひらがなを新カナ・ひらがなに改め、『歌日記』は旧ルビを付けました。古い資料は当時の読み方でルビを付け、ハングル読みはカタカナで、日本語読みはひらがなで表示しました。本文には漢字、ハングル、旧字体、新字体、新旧地名、人物名が入り混じり、また、同じ項目や文章が何度も重複しております。

なお文中の―◆………―、（＝………）の表示は編集で挿入させていただきました。

二〇一八年十二月二十二日

みいづ舎編集

# 研修会資料　編集にあたって

いつものことですが、現地にいって初めて「そうか……」とわかることが多いものです。しかしその「そうか……」も、結論ではないわけです。なにか少し解りかける道程のようなもので、特に日本や韓国の古代史、東アジアの古代史などに関連しては、ボンヤリと霧の中に動いているものが、おぼろげに感じられるくらいでしょう。

しかし、そのことは、とても大事なことだとおもいます。既成の思いこみから解き放たれ、自分の感性や知性で「真実はどうなんだろうか……」と、これからどんどん新たな発見もなされるでしょう。東アジアの情報に、自分なりの目が育って行くと思うからです。思いこみするよりも、わからないなりに柔軟にものを考えられる方がいいのではないでしょうか。

そんな言い訳ではないのですが、この資料集も、わからないなりにいろいろ集めたものです。ご参考になればと思っています。

最初に出口王仁三郎聖師が朝鮮半島に関連して語られた資料を紹介します。『霊界物語』、そしてその他の文献からです。第一章「朝鮮半島に関わるスサノオ小論」、第二章「霊界物語における白頭山の国魂と素盞嗚尊の海外遠征」には、伊邪那岐尊の神生み国生みの後、天照大神と素盞嗚尊の誓約《うけい》から海外救済の旅が始まります。

○

朝鮮半島のスサノオの霊跡地について、大正時代に発行された「皇道大本」の機関誌『神霊界』に掲載されたソシモリを第三章「素盞嗚尊と朝鮮半島＝素尊御事跡曾尸茂梨」（筆者不明）で取り上げます。

次に、出口聖師が朝鮮半島を旅された昭和四年の記録を紹介します。朝鮮半島を旅されるというよりも、中国へ移動する途上の旅といった感じですが、その記録を第四章「出口聖師の朝鮮半島での足跡」として掲載します。

出口聖師関連は以上ですが、わからないなりにも、いろいろ多面的に関連して浮かび上がるものがあります。その筆頭は、なんといっても朝鮮建国神話の主であり、スサノオともいわれる檀君のことでしょう。その檀君関係の資料類をいくつか切り貼りしました。第五章「朝鮮の檀君神話」、第六章「その他の檀君神話に関する資料と論者の見解」の箇所です。

この檀君神話は、スサノオの神話らしく、単に朝鮮半島のみにとどまるものではないようです。そのアジア的なひろがりを、第七章「古代朝鮮の範囲」で触れてみました。

現地研修会ではソウル、扶余、高霊邑、慶州と各一泊の宿をとります。ソウルは昔から何度も国の中心となったところで現在の大韓民国の首都、扶余は古代百済の首都、高霊邑は大加耶国の首都、慶州は古代新羅の首都です。時代は異なりますが、四つの首都で宿泊することになります。

古代朝鮮から、高句麗、百済、加耶、新羅への展開を第八章「高句麗と百済・新羅・伽耶」で触れています。第九章「朝鮮半島各地の建国神話」、第十章「渡来人の系譜」は、朝鮮半島と日本との関係を意識しながら、朝鮮半島の建国神話、その神話を担い日本に来た古代の人達の流れを並べています。

第十一章「朝鮮半島の宗教との交流」では、出口聖師時代に交流のあった侍天教、普天教、そして研修会で訪問の「円仏教」に触れています。

今回もハードスケジュールの中で作成した資料ですが、なにかの手がかりになれば幸いです。

一九九三年九月二十七日　研修旅行を明後日にして　　出口三平

○

研修会では多くの方々にお世話になり、無事、韓国研修旅行を終えることができました。研修会後に旅行集が欲しいとの要望も多く、愛善苑機関誌『神の国』十一月号に掲載された関係記事等を増補させて頂き、各位の研鑽の資に供することにしました。

なお研修会後に第十二章「円仏教について（円仏教事典依拠）」を掲載しました。戦前戦後の韓国新興宗教の過酷な運命に翻弄されながら発展の歩みが伝わってくる貴重な資料です。また、高霊邑での大伽耶郷土史家研究会会長の金道允氏の講話レジュメを第十三章

「スサノオと牛頭山＝白雲から出雲までスサノオの歩いた道＝・研修会講話」、そして最後のまとめとして窪田英治氏の旅行記を第十四章「スサノオの聖跡地」として取り上げました。

一九九三年十月二十二日　　　　出口三平

この他資料には「京都府丹後の加悦町を訪ねる＝韓国の伽耶との関係」、「隠岐は韓半島と日本本土の掛け橋＝息ずく素盞嗚神の系譜（韓国研修会を前に）」が掲載されておりますが、紙面の都合で省略させていただきました。

（みいづ舎編集）

# もくじ

## 第二章　霊界物語における白頭山の国魂と素盞嗚尊の海外遠征



## 第三章　素盞嗚尊と朝鮮半島

# 第一章　朝鮮半島に関わるスサノオ小論

## （一）人類の祖始は琵琶湖の誓約より
## ＝はてな？　人類出生とは＝

地球《ちきゅう》において、肉体《にくたい》を具備《ぐび》されたる神《かみ》の御出生《ごしゅっせい》ありしは、琵琶湖《びわこ》の竹武島《ちくぶしま》（竹生島《ちくぶしま》）からは多紀理毘売命《たきりひめのみこと》、市寸島比売命《いちきしまひめのみこと》、多岐津姫命《たきつひめのみこと》の三姫神《さんひめがみ》、また蒲生《がもう》からは天之菩卑能命《あめのほひのみこと》、天津彦根命《あまつひこねのみこと》、天之忍穂耳命《あめのおしほみのみこと》、活津日子根命《いくつひこねのみこと》、熊野久須毘命《くまのくすびのみこと》の五彦神《ごひこがみ》が御出生《ごしゅっせい》になった。これが世界《せかい》における人類《じんるい》の始祖《しそ》である。かく琵琶湖《びわこ》は神代史《じんだいし》と密接《みっせつ》の関係《かんけい》があるがゆえに、沿岸付近《えんがんふきん》の地名《ちめい》が大祓祝詞中《おおはらいのりとちゅう》に数《すう》か所出《しょで》ている。大津《おおつ》の地名《ちめい》もかくして読《よ》み込《こ》まれたものである。

（『霊界物語』第39巻付録「大祓祝詞解」（7）、『善言美詞・祝詞解説』、『皇典釈義・素盞鳴尊と近江の神々』みいづ舎刊）

◇少々波《さざなみ》の志賀《しが》の近江《あふみ》は人《ひと》の祖《そ》の　生《うま》れし貴国神《うずくにかみ》の守《も》る国《くに》
◇琵琶《びは》の湖《うみ》の永久《とは》の神秘《しんぴ》の明《あき》らけく　世《よ》に光《ひか》る時松《ときまつ》の世楽《よたの》しも

（『言華』上巻　みいづ舎刊）

## （二）天照大神と素盞嗚尊の誓約

天照大神《あまてらすおほかみ》と素盞嗚尊《すさのおのみこと》の誓約《うけい》はカスピ海《かい》を中心《ちゅうしん》に行《おこな》われたのである。カスピ海以東《かいいとう》のアジアは天照大神《あまてらすおほかみ》の御領分《ごりょうぶん》、以西《いせい》はヨーロッパで素盞嗚尊《すさのおのみこと》の御領分《ごりょうぶん》であったので其中心《そのちゅうしん》で行《おこな》われたのである。昔《むかし》の日本《にほん》（欧亜大陸《おうあたいりく》との境《さかい》）で行《おこな》われたのである。現今《げんこん》の琵琶湖《びわこ》は型《かた》である。

伊邪那美命《いざなみのみこと》の後《あと》をうけて地教山即《ちきょうざんすなわ》ちヒマラヤ山《さん》で治《おさ》めていられた素盞嗚尊《すさのおのみこと》は、コーカス山《ざん》（＝カフカース山。）へおいでになりヨーロッパ方面《ほうめん》を治《おさ》めていられたのである。奥蒙古《おくもうこ》に行《ゆ》くと天照大神様《あまてらすおほかみさま》そのままの服装《ふくそう》を今《いま》でもやっているのである。

（『霊界物語』第12巻・第16～26、29章、及び『新月のかげ』八幡書店刊）

### （三）天の真名井

カスピ海《かい》、日本海《にほんかい》、琵琶湖《びわこ》は大中小《だいちゅうしょう》の天《あめ》の真名井《まない》である。

（『新月のかげ』）

### （四）神素盞鳴大神の隠れ場所

バラモン教《きょう》の石熊《いしくま》の大言壮語《たいげんそうご》「……股《また》をひろげて朝鮮国《ちょうせんこく》へ一足飛《いっそくとび》に飛《と》び行《ゆ》けば、神素盞鳴《かむすさのお》の大神《おほかみ》の隠《かく》れ場所《ばしょ》なる慶尚道《けいしょうどう》の壇山《だんざん》に某《それがし》が片足《かたあし》を踏《ふ》みこみ館《やかた》も何《なに》も滅茶苦茶《めっちゃくちゃ》、留守居《るすい》の神《かみ》はこれに恐《おそ》れて雲《くも》を霞《かすみ》と逃《に》げ散《ち》れば、……。」（『霊界物語』第16巻・第9章「法螺の貝」）

### （五）蓑笠の起原

高天原《たかあまはら》を退《やら》われ、流浪《さすらい》の旅《たび》に上《のぼ》らせ給《たも》うた素盞鳴尊様《すさのおのみことさま》は、風《かぜ》の朝雨《あしたあめ》の夕《ゆうべ》、昨日《きのう》は東《ひがし》今《きょ》日《う》は西《にし》、あて途《ど》もなく世界各地《せかいかくち》を足《あし》に任《まか》して御歩《おある》きになる、何処《どこ》に行《い》っても誰一人《だれひとり》として、宿《と》めて呉《く》れる人《ひと》もなく、憩《やす》まして呉《く》れる家《いえ》もなかったので、雨露《うろ》を防《ふせ》ぐ為《ため》に、蓑笠《みのかさ》を自《みずか》ら作《つく》り給《たも》うて、山《やま》に寝《い》ね、野《の》に伏《ふ》し、果《はて》しも知《し》らぬ旅《たび》のお傷《いた》わしい御姿《おすがた》であった。

太古《たいこ》は五風十雨《ごふうじゅうう》といって十日目《かめ》に雨《あめ》が降《ふ》り五日目《いつかめ》に風《かぜ》が吹《ふ》き、少《すこ》しも変《かわ》ることなく、いと穏《おだや》かに世《よ》は治《おさ》まっていたのであるが、上記《じょうき》の如《ごと》く素尊《すそん》に迫害《はくがい》を加《くわ》え奉《たてまつ》って以来《いらい》、其天《そのてん》罰《ばつ》によって今日《こんにち》の如《ごと》く大風《おおかぜ》や大雨《おおあめ》が時《とき》ならぬ時《とき》に起《おこ》り、冬雷《ふゆかみなり》が鳴《な》ったり、春《はる》の終《おわ》りに雪《ゆき》が降《ふ》ったりする様《よう》な乱調子《らんちょうし》を呈《てい》するに至《いた》ったのである。

（『玉鏡』）

## （六）亜細亜大陸と素尊の御職掌

神典《しんてん》に云《い》う「葦原《あしはら》の国《くに》」とは、スエズ運河《うんが》以東《いとう》の亜細亜大陸《アジアたいりく》を云《い》うのである。ゆえにその神典《しんてん》の意味《いみ》から云《い》い、また太古《たいこ》の歴史《れきし》から云《い》えば日本国《にっぽんこく》である。三韓《さんかん》のことを「根《ね》の堅《かた》洲国《すくに》」とも云《い》う。新羅《しらぎ》、高麗《こま》、百済《くだら》、ミマナ等《とう》のことであるが、これには今《いま》の蒙古《もうこ》あたりは全部包含《ぜんぶほうがん》されて居《い》たのである。

　また出雲《いずも》の国《くに》に出雲朝廷《いずもちょうてい》と云《い》うものがあって、凡《すべ》てを統治《とうち》されて居《お》ったのである。一《いっ》体《たい》この亜細亜《アジア》即《すなわ》ち葦原《あしはら》は伊邪那美尊様《いざなみのみことさま》が領有《りょうゆう》されて居《い》たのであって、「黄泉国《よもつくに》」と云《い》うのは、印度《いんど》、支那《しな》、トルキスタン、太平洋中《たいへいようちゅう》の「ム」国等《こくとう》の全部《ぜんぶ》を総称《そうしょう》して居《い》た。それが伊邪那美尊様《いざなみのみことさま》がかくれ給《たも》うたのち素盞嗚尊様《すさのおのみことさま》が継承《けいしょう》されたのであったので、その後《のち》は亜《ア》細亜《ジア》は素盞嗚尊様《すさのおのみことさま》の知《しろ》し召《め》し給《たも》う国《くに》となったのである。

　素盞嗚《すさのお》と云《い》う言霊《ことたま》は、世界《せかい》と云《い》う意味《いみ》にもなる。また武勇《ぶゆう》の意味《いみ》もあり、大海原《おおうなばら》という意義《いぎ》もある如《ごと》く、その御神名《ごしんめい》が既《すで》に御職掌《ごしょくしょう》を表《あら》わして居《い》る。それで素盞嗚尊様《すさのおのみことさま》の御神業《ごしんぎょう》は亜細亜《アジア》の大陸《たいりく》にある。併《しか》しながら日《ひ》の本《もと》の国《くに》が立派《りっぱ》に確立《かくりつ》されなくてはいけない。自分《じぶん》が蒙古《もうこ》に入《い》ったのも、また「紅卍字会《こうまんじかい》」と握手《あくしゅ》したのも、皆意義《みないぎ》のあることで、大神業《だいしんぎょう》の今後《こんご》にあることを思《おも》うべきである。

（『玉鏡』）

―◆紅卍字会　大正十二年九月関東大震災に際し、支那における新宗教「支那道院」の慈善―

事業部である「世界紅卍会」の代表候延爽《こうえんそう》氏一行が渡日し、多大の銀及び米穀を寄付した。この帰りに綾部を訪問し、「皇道大本」と「支那道院」との提携となった。日支両国は地理上からも一衣帯水、国防上、商工業上から密接不離の関係があり、共存共栄の運命に惟神的に置かれている。両国は、心の底から真の親善的交情を保有し、決して疎《そ》隔《かく》すべきでない。大正十三年の入蒙、大陸での宣教救済活動、終戦による日本人の帰国への援助等々、絶対的強い絆で結ばれていた。

（『皇道大本の信仰』参照）

## （七）素盞嗚尊の領域

昔《むかし》の本当《ほんとう》の日本《にほん》は、素盞嗚尊《すさのおのみこと》が、朝鮮《ちょうせん》に根拠《こんきょ》を置《お》いて国《くに》を治《おさ》めておられた時《とき》には、シベリアも蒙古《もうこ》も亦印度《またいんど》も、あの辺《へん》までも及《およ》んで居《お》ったのでありまして、今《いま》の日本《にほん》の国《くに》は細《ほそ》長《なが》い島国《しまぐに》でありますけれども、昔《むかし》は台湾《たいわん》から樺太《からふと》まであの長《なが》さをぶん廻しにして円《えん》を描《えが》いた丈《だけ》の広《ひろ》さがあったのであります。国《くに》というのは口《くにがまえ》の中《なか》に丶《ほち》があります。これが主《す》の国《くに》であって皇国《こうこく》である。

（『出口王仁三郎全集』第五巻「金輪聖王の世」）

## （八）牛頭天王と午頭天王

牛頭天王《ごずてんのう》は素盞嗚命《すさのおのみこと》の御事《おんこと》であり、午頭天王《ごずてんのう》はマッソンの事《こと》である。牛頭《ごず》とはソシモリと云《い》う事《こと》であり、ソシは朝鮮語《ちょうせんご》の牛《うし》の事《こと》である、モリは頭《あたま》と云《い》う事《こと》である。頭《あたま》はまん丸《まる》くもり上《あ》がって居《い》るから、そういう意味《いみ》でもりと云《い》う。牛頭《ごず》（ソシモリ）これは前云《まえい》う通《とお》り素盞嗚《すさのお》の大神様《おほかみさま》の事《こと》であるが、マッソンは大神様《おほかみさま》の名《な》を僣《せん》して、まぎらわしい午頭天王《ごずてんのう》などと云《い》うたのである。牛《うし》と午《うま》との違《ちが》いである。

（『水鏡』）

◆善悪の判断は人間の力では判らない。戦後「マッソンが日本に入ったからもう大丈夫である。」との記述が『新月のかげ』にある。悪に見せかけて善をなすのが素盞嗚尊様のご経綸でもあるのだが……。

## （九）信濃国皆神山

信濃《しなの》の国松代町《くにまつしろちょう》の郊外《こうがい》にある皆神山《みなかみやま》は尊《とうと》い神山《しんざん》であって、地質学上世界《ちしつがくじょうせかい》の山脈十字形《さんみゃくじゅうじけい》をなせる地《ち》であり、世界《せかい》の中心地点《ちゅうしんちてん》である。四囲《しい》は山《やま》が十重二十重《とえはたえ》にとりかこんで、綾《あや》部《べ》、亀岡《かめおか》の地勢《ちせい》と些《すこ》しも違《ちが》わぬ蓮華台《れんげだい》である。唯綾部《ただあやべ》は日本《にほん》の山脈十字形《さんみゃくじゅうじけい》をなせる地《ち》で、これは又世界的《またせかいてき》であるだけの違《ちが》いである。（＝皆神山は、アジアユーラシア、北米、太平洋、フィリピンプレートが集結する地質学上の中心地。）

大石凝真素美翁《おおいしごりますみおう》は、此地《このち》に帝都《ていと》をおかれたなら万代不易《ばんだいふえき》の松《まつ》の代《よ》を現出《げんしゅつ》することが出来《でき》ると主張《しゅちょう》し、世界中心遷都論《せかいちゅうしんせんとろん》を唱《とな》えて囹圄《れいご》の人《ひと》となった事実《じじつ》がある。真素美翁《ますみおう》ばかりでなく外《ほか》にもそういう説《せつ》を唱《とな》えた人《ひと》があるが、最近飛行機《さいきんひこうき》が盛《さかん》になるにつれて東京《とうきょう》は安全《あんぜん》の地《ち》でないと云《い》う見地《けんち》から、信州遷都論《しんしゅうせんとろん》が一時或有志《いちじあるゆうし》によって伝《つた》えられた事《こと》があるが、全《まった》く此皆神山《このみなかみやま》は蓮華《れんげ》の心《しん》に当《あた》って居《い》るのだから、四方《しほう》の山々《やまやま》に砲台《ほうだい》を据《す》えつけてさえ置《お》けば、如何《いか》なる飛行機《ひこうき》をもってしても襲《おそ》う事《こと》は出来《でき》ぬ安全地帯《あんぜんちたい》である。こんな要害《ようがい》のよい所《ところ》は、世界中外《せかいじゅうほか》にない。『霊界物語《れいかいものがたり》』にある地教山《ちきょうざん》（＝ヒマラヤ山のこと。皆神山は雛型。）は此山《このやま》である。素盞嗚《すさのお》命《みこと》が高天原《たかあまはら》なる天教山《てんきょうざん》より下《くだ》り、母神《ははがみ》（＝伊邪那美命。）の坐《まし》ますこの山《やま》にのぼりたもうた事実《じじつ》も、そっくりあの通《とお》り出《で》て来《き》たのである。

私《わたし》は明治《めいじ》三十一年高熊山《ねんたかくまやま》にて修行中《しゅぎょうちゅう》、神懸《かんがか》りになって、一番《ばん》につれて来《こ》られたのが天教山《てんきょうざん》の富士山《ふじさん》（＝綾部の弥仙山、本宮山は雛型。）と、この皆神山《みなかみやま》とである。霊界《れいかい》で見《み》た山《やま》はこれよりもずっと大《おお》きく美《うつく》しかったが、大体《だいたい》の形《かたち》は今見《いまみ》るのと些《すこ》しも違《ちが》わぬ。眼下《がんか》に見《み》ゆる大溝池《おおこうち》、あの形《かたち》に型取《かたど》って金竜海《きんりゅうかい》（＝綾部本宮山のふもと。）は造《つく》ったのだ。十五丁目《ちょうめ》から頂上《ちょうじょう》まで僅《わず》か三丁《ちょう》であるけれど、霊界《れいかい》で一里以上《りいじょう》に見《み》え、神界《しんかい》では百里以上《りいじょう》に見《み》えた。世界十字《せかいじゅうじ》に踏《ふ》みならすの御神諭《ごしんゆ》も大《おおい》に味《あじ》わうべき事《こと》である。神代歴史《じんだいれきし》にある地名《ちめい》は皆此処《みなここ》にある。

天孫《てんそん》の降臨地《こうりんち》と云《い》うのはここの事《こと》であって、其昔《そのむかし》の天教山《てんきょうざん》は印度《いんど》のヒマラヤ山《さん》の三倍《ばい》以上《いじょう》の高《たか》さを持《も》って居《い》た事《こと》は嘗《かつ》て話《はな》しておいた。（『霊界物語《れいかいものがたり》』舎身活躍《しゃしんかつやく》・子《ね》の巻《まき》・第《だい》1章参照《しょうさんしょう》）即《すなわ》ち雲表高《うんぴょうたか》く聳《そび》えて居《い》たので、ここを高天原《たかあまはら》と云《い》うて居《い》たのである。その高地《こうち》から降《くだ》って、この地《ち》に来《こ》られたのを天降《あまくだ》られたと云《い》うのである。邇々芸之命《ににぎのみこと》より神武天皇《じんむてんのう》迄《まで》は実《じつ》に百三十六万年《ねん》の年月《ねんげつ》を経過《けいか》して居《い》るのである。

この山《やま》は政治地理的《せいじちりてき》に云《い》えば、長野県埴郡豊栄村《ながのけんはにぐんとよさかむら》に属《ぞく》し、御祭神《ごさいしん》は熊野出速雄《くまのいづはやを》の神《かみ》で、綾部《あやべ》の産土神《うぶすながみ》（＝熊野神社。）と同《おな》じである。往昔素盞嗚《おうせきすさのお》の尊《みこと》がこの山《やま》で比良加《ひらか》を焼《や》かれたのが陶器《とうき》の初《はじ》めである。私《わたし》も帰《かえ》るとこれを記念《きねん》に新《あたら》しい窯《かま》を築《きず》いて陶器《とうき》を初《はじ》めるのである。

○

皆神山上十五丁目《みなかみさんじょうちょうめ》の地点《ちてん》に腰《こし》を卸《おろ》されて、山上《さんじょう》の垂訓《すいくん》にも等《ひと》しい教《おしえ》を垂《た》れられた時《とき》、日輪聖師《にちりんせいし》の上《うえ》に御光《ごこう》の陽笠《ひがさ》をかざした如《ごと》く、言語《げんご》に絶《ぜつ》した崇厳《すうごん》な光景《こうけい》を現出《げんしゅつ》した事《こと》を附記《ふき》さして頂《いただ》きます。尚智慧証覚《なおちえしょうかく》によって思《おも》い思《おも》いに取《と》れる、神秘《しんぴ》の神話《しんわ》は未《ま》だ発表《はっぴょう》の時期《じき》で無《な》いと存《ぞん》じ略《りゃく》さして頂《いただ》きます。

『霊界物語《れいかいものがたり》』によると地教山《ちきょうざん》はヒマラヤ山《さん》とありますが、日本《にほん》にあることは皆世界《みなせかい》にある訳《わけ》であります。

（『月鏡』）

◆素盞嗚尊が高天原を追われ、地教山（ヒマラヤ山・皆神山）に母神なる伊邪那美命に拝顔せんと登らせ給うた時の神秘な詳細は『霊界物語』第15巻・第12章「一人旅」を参照下さい。

## （一〇）八十平甕

俗《ぞく》にカワラケ又《また》はオヒラと云《い》う八十平甕《やそひらか》は、素盞嗚尊様《すさのをのみことさま》が信州《しんしゅう》の皆神山《みなかみやま》の土《つち》によって創製《そうせい》されたものである。今《いま》なお神様《かみさま》に素焼《すやき》を用《もち》うるのは此流《このなが》れを汲《く》むものである。八十平甕《やそひらか》を素焼《すやき》と云《い》うのは素盞嗚尊様《すさのをのみことさま》の素《す》と云《い》うことであり、素《す》とはモトと云《い》うことである。人間《にんげん》の素性《すじょう》、素直《すなお》、素顔《すがお》、素《す》ッ破抜《ぱぬ》く、素町人《すちょうにん》、素裸《すっぱだか》の初《はじ》めに素《す》のつくのは、皆《みな》これに基《もと》づくのである。

（『玉鏡』）

## （一一）素尊の神業

一体《いったい》素盞嗚尊《すさのおのみこと》は大国主命《おほくにぬしのみこと》に日本《にっぽん》をまかされて、御自身《ごじしん》は朝鮮《ちょうせん》（ソシモリ）の国《くに》に天降《あまくだ》り給《たま》い、あるいはコーカス山《ざん》（＝中東のカフカース山。日本の比叡山は雛型。）に降《くだ》り給《たま》いて、亜細亜《アジア》を平定《へいてい》され治《おさ》められて居《い》た。尤《もつと》も大国主命《おほくにぬしのみこと》が治《おさ》められた国《くに》は今《いま》の滋賀県《しがけん》より西《にし》であって、それより東《ひがし》は天照大神様《あまてらすおほかみさま》の治《おさ》め給《たも》う地《ち》であった。但《ただ》し北海道《ほっかいどう》は違《ちが》う。大国主命《おほくにぬしのみこと》に対《たい》して国譲《くにゆず》りのことがあったのは、其滋賀以西《そのしがいせい》を譲《ゆず》れとの勅命《ちょくめい》であったのである。

故《ゆえ》に素盞嗚尊《すさのおのみこと》の神業《しんぎょう》は大亜細亜《だいアジア》に在《あ》ることを思《おも》わねばならぬ。王仁《わたし》が先年《せんねん》、蒙古入《もうこい》りを為《な》したのも、太古《たいこ》の因縁《いんねん》によるもので、今問題《いまもんだい》になりつつある亜細亜問題《アジアもんだい》と云《い》うものは、自《おのずか》ら天運循環《てんうんじゅんかん》し来《きた》る神業《しんぎょう》の現《あら》われであると云《い》っても良《よ》い。

（『玉鏡』）

◇ソシモリの山《やま》に天降《あも》りし瑞《みづ》の神《かみ》　綾《あや》の高天《たかま》に再臨《くだり》たまへり

（『東の光』、『伊都能売道歌』（みいづ舎刊）「いろは歌七」）

◇そしもりの里《さと》に天降《あも》りし瑞魂《みづみたま》　大海原《おほうなばら》を治《をさ》め坐《ま》しけり

（『月照山』第６６番）

## （二）素盞嗚尊の本拠

スターリングラード、コーカス山一帯《ざんいったい》は素盞嗚尊《すさのおのみこと》の本拠《ほんきょ》だから、ドイツが勝《か》てないのである。

（『新月のかげ』）

## （一三）鼻の世の中

今迄《いままで》は口《くち》と筆《ふで》の世《よ》の中《なか》であったが、もはや鼻《はな》の世《よ》の中《なか》になった。神素盞鳴《かむすさのお》の大神様《おおかみさま》の御《ご》活動期《かつどうき》に入《はい》ったのである。尖端《せんたん》を行《ゆ》くと云《い》う言葉《ことば》が流行《りゅうこう》するが、尖端《せんたん》は即《すなわ》ち顔《かお》の中《なか》で一番《ばん》高《たか》いハナの意味《いみ》であって、素尊《すそん》は鼻《はな》に成《な》りませる神様《かみさま》である。お喋《しゃべ》りを止《や》めて、よく嗅《か》ぎわける世《よ》の中《なか》、先方《せんぽう》の鼻息《はないき》を考《かんが》える世《よ》の中《なか》、鼻高《はなだか》が鼻《はな》を低《ひく》うする世《よ》の中《なか》、高《たか》い鼻《はな》が削《けず》られて目《め》がつく世《よ》の中《なか》になるのである。昔《むかし》から目鼻《めはな》がつくと云《い》う諺《ことわざ》があるが、これから鼻《はな》がつく世《よ》の中《なか》になるのである。目《め》がつくと云《い》うのは人々《ひとびと》の心《こころ》の目《め》があく世《よ》の中《なか》を云《い》うので、目《め》鼻《はな》がついた世《よ》即《すなわ》ちミロクの世《よ》の中《なか》である。鼻《はな》は又《また》進《しん》歩《ぽ》発展《はってん》の意《い》を表《あら》わす。

（『玉鏡』）

## （一四）素盞鳴尊と鼻

素盞嗚尊《すさのおのみこと》は鼻《はな》になりませる神様《かみさま》である。鼻《はな》は言霊学上《げんれいがくじょう》、始《はじ》めて成《な》るの意《い》である。物《もの》の端《はし》をハナと云《い》う、初発《しょっぱつ》の事《こと》をハナと云《い》う、植物《しょくぶつ》に咲《さ》く花《はな》も木《き》のハナに咲《さ》くからハナと云《い》うのである。

私《わたし》は鼻《はな》がよく利《き》く、臭《くさ》い香《にお》いのするものは好《す》かない、宣《の》り直《なお》し、見直《みなお》しはあっても嗅《か》ぎ直《なお》しと云《い》う事《こと》は無《な》い。

（『水鏡』）

## （一五）素盞嗚尊の言霊

素盞嗚尊《すさのおのみこと》はスサは進展《しんてん》、ノは水《みず》、ヲは心《こころ》、ミコトは神言《みこと》で瑞霊神《ずいれいしん》（＝造化三神、三ツの御霊、瑞の御霊、主神、天帝。）である。スサぶは荒《あれ》れるのでなく活動《かつどう》することである。

（『新月のかげ』八幡書店刊）

神素盞嗚尊《かむすさのおのみこと》とはスバルタンの意《い》であって、スは進展《しんてん》、バルは拡張《かくちょう》とか神権発動《しんけんはつどう》とかの意《い》であり、タンとは尊《みこと》とか君《くん》とか頭領《とうりょう》とかの意味《いみ》である。

（『霊界物語』第39巻「総説」、及び『新月のかげ』）

## （一六）素尊と稚姫岐美命

神世《かみよ》の昔《むかし》素盞嗚尊様《すさのおのみことさま》と稚姫岐美命様《わかひめぎみのみことさま》（=天照大神様の妹神。）との間《あいだ》にエロ関係《かんけい》があった。大日霎《おほひるめの》尊様《みことさま》（=天照大神。）がこれをさとられて、天津罪《あまつつみ》を犯《おか》したものとして生木《なまき》を割《さ》くようにして、遥々《はるばる》高麗《こま》の国《くに》へ稚姫岐美命様《わかひめぎみのみことさま》を追《お》いやられた。

風《かぜ》の朝雨《あしたあめ》の夕《ゆうべ》、天教山《てんきょうざん》を遠《とお》く離《はな》れた異郷《いきょう》にあって、尊恋《みことこい》しさに泣《な》き明《あか》す姫命《ひめのみこと》は思《おも》いに堪《た》えかねて、烏《からす》の羽裏《はねうら》に恋文《こいぶみ》を認《したた》め、この切《せつ》なる思《おも》いの願《ねが》わくは途中妨《とちゅうさまた》げらるる事《こと》なく尊様《みことさま》の御手《みて》に入《い》れかしと祈《いの》りを篭《こ》めて烏《からす》を放《はな》った。烏《からす》の羽裏《はねうら》に文《ふみ》を書《か》いたのは、黒《くろ》に墨《すみ》、誰《たれ》が見《み》ても一寸分《ちょっとわか》らぬようにと用意周到《よういしゅうとう》なるお考《かんが》えからであった。

烏《からす》は玄海《げんかい》の荒浪《あらなみ》をこえ、中国《ちゅうごく》の山又山《やままたやま》を遙《はる》か下界《げかい》に眺《なが》めつつ息《いき》をも休《やす》めず、飛《と》びに飛《と》んで伊勢《いせ》の国《くに》まで辿《たど》りついたのである。この時烏《ときからす》はもう極度《きょくど》に疲《つか》れて仕舞《しま》って、あわれ稚《わか》姫岐美命《ひめぎみのみこと》の燃《も》ゆる恋情《おもい》を永久《えいきゅう》に秘《ひ》めて、其地《そのち》で死《し》んで仕舞《しま》ったのである。

今《いま》のお烏神社《からすじんじゃ》のあるところが其地《そのち》なのである。だからお烏神社《からすじんじゃ》の御神体《ごしんたい》は、この烏《からす》の羽根《はね》だという説《せつ》がある。

此方《こなた》、今日《きょう》か明日《あす》かと尊様《みことさま》の御返事《ごへんじ》を待ち侘《わ》びた姫命《ひめのみこと》は、何時迄《いつまで》たっても烏《からす》が復命《ふくめい》しないので、遂《つい》に意《い》を決《けっ》して自転倒島《おのころじま》へと渡《わた》り給《たも》うたのである。併《しか》しながら何処《どこ》までもこの恋《こい》は呪《のろ》われて、恰度高天原《ちょうどたかまはら》に於《お》ての素盞嗚尊様《すさのおのみことさま》もおもいは同《おな》じ恋衣《こいごろも》、朝鮮《ちょうせん》からの便《たよ》りが一向《いっこう》ないので痛《いた》く心《こころ》をなやませたまい、姫命《ひめのみこと》にあって積《つも》る思《おも》いを晴《は》らさむと、遂《つい》に自《みずか》ら朝鮮《ちょうせん》に下《くだ》られたのである。嗟《ああ》しかし尊《みこと》が壇山《だんざん》に到着《とうちゃく》された時《とき》は、姫命《ひめのみこと》の影《かげ》も姿《すがた》も見《み》えなかった。行《ゆ》き違《ちが》いになったのである。

かくて稚姫岐美命《わかひめぎみのみこと》は遂《つい》に紀州《きしゅう》の和歌《わか》の浦《うら》で神去《かむさ》りましたのである。玉津島明神《たまつしまみょうじん》、これが稚姫岐美命様《わかひめぎみのみことさま》をお祀《まつ》り申上《もうしあ》げたものである。

（『玉鏡』）

## （一七）大黒主と八岐大蛇

大黒主《おおくろぬし》は月《つき》の国《くに》の都《みやこ》ハルナ（＝インドの国ボンベイ。）を三五教《あなないきょう》（＝神素盞鳴大神様が垂示された感情の教。理智や理性を主とする宗教は、霊体共に救済することは難しい。）の宣伝使《せんでんし》の為《ため》に追《お》われ、再《ふたた》び日本《にほん》に逃《に》げ来《きた》り、夜見《よみ》が浜《はま》なる境港《さかいこう》より上陸《じょうりく》し、大山《だいせん》にひそんだのである。素盞鳴命《すさのおのみこと》はこれを追跡《ついせき》して安来港《やすきこう》に上陸《じょうりく》したまい、所謂《いわゆる》大蛇《おろち》退治《たいじ》を遊《あそ》ばされたのであるが、大黒主《おおくろぬし》は大山《だいせん》に於《おい》て八岐大蛇《やまたのおろち》の正体《しょうたい》を現《あら》わしたのである。後世《こうせい》大蛇《おろち》の事《こと》を池《いけ》の主《ぬし》とか、山《やま》の主《ぬし》とか呼《よ》んで主《ぬし》の字《じ》をつけるのは、大黒主《おおくろぬし》の主《ぬし》より来《きた》るものである。

（『月鏡』）

## （一八）八岐大蛇

八岐《やまた》の大蛇《おろち》と云《い》うことは、其当時《そのとうじ》に於《お》ける大豪族《だいごうぞく》の意味《いみ》であって、八人《にん》の大将株《たいしょうかぶ》が居《い》たから八岐《やまた》と云《い》うのじゃ。また大蛇《おろち》と云《い》う意味《いみ》は、言霊上《ことたまじょう》おそろしいの意《い》が転訛《てんか》したので、おとろしいとか、おろちいと云《い》うのも同《おな》じことである。そして尾《お》とは、八人《にん》の大将株《たいしょうかぶ》に引率《いんそつ》されて居《い》る多数《たすう》の部下《ぶか》の意味《いみ》で、よく沢山《たくさん》の人《ひと》が隊伍《たいご》を作《つく》って行《ゆ》くときは、長蛇《ちょうだ》の如《ごと》しとか、長蛇《ちょうだ》の陣《じん》を作《つく》るとか云《い》う。それが人数《にんずう》が多《おお》ければ多《おお》いだけ長《なが》い。故《ゆえ》に大蛇《おろち》の如《ごと》くに見《み》える。又悪《またわる》い者《もの》を鬼《おに》か蛇《じゃ》かと云《い》うことがある様《よう》に、蛇《じゃ》の文字《もじ》が使用《しよう》されて居《い》る。

素盞嗚尊《すさのおのみこと》は印度《いんど》のボンベイより其八岐大蛇《そのやまたおろち》、即《すなわ》ち大豪族《だいごうぞく》の大部隊《だいぶたい》を追《お》っかけられて、長年月《ちょうねんげつ》を経《へ》られ、各地《かくち》に於《お》いて小《しょう》おろちを退治《たいじ》られつつ、伯耆《ほうき》の大山《だいせん》に逃《に》げ込《こ》んで割拠《かっきょ》して居《い》た大豪族《だいごうぞく》を遂《つい》に退治《たいじ》られた。即《すなわ》ち征討《せいとう》されたのじゃ。又日野川《またひのかわ》と云《い》うのは血《ち》の川《かわ》とも言《い》って、退治《たいじ》した大蛇《おろち》の、あまりに大部隊《だいぶたい》であった為《た》め、川水《かわみず》が血《ち》の色《いろ》に染《そ》まったと云《い》うので此《こ》の名称《めいしょう》が起《お》きた。尾八尾《おやお》、谿八谷《たにやたに》と云《い》うのは、その大山地帯《だいせんちたい》に、広範囲《こうはんい》に群居《ぐんきょ》したことを云《い》うので、山《やま》の尾《お》にも、谷々《たにだに》にも、一《いっ》パイになって居《い》たと云《い》う意味《いみ》で、其部下《そのぶか》の数《すう》の多《おお》きを表現《ひょうげん》したものである。

（『玉鏡』）

## （一九）出雲言葉

出雲《いずも》の言葉《ことば》は、今《いま》では出雲《いずも》地方《ち》独特《ほうどくとく》のものとされて一般《いっぱん》にさげすまれ嘲《あざけ》られて居《い》るが、これが神代《かみよ》の言葉《ことば》を多分《たぶん》に含《ふく》んで居《い》る。『霊界物語《れいかいものがたり》』第《だい》四巻《かん》に神代言葉《かみよことば》として示《しめ》して置《お》いたものに、よく似《に》た所《ところ》のあることを悟《さと》る事《こと》が出来《でき》るであろう。コーカス民族《みんぞく》であったものが勢力《せいりょく》を拡大《かくだい》して彼等《かれら》の言葉《ことば》を、正《ただ》しきものとして使用《しよう》するようになった為《た》め、出雲言葉《いずもことば》が次第《しだい》に衰《おとろ》えて了《しま》って今日《こんにち》の様《よう》になったのである。

（『玉鏡』）

## （二〇）「酒」と「剣」に就て

『古事記《こじき》』に素盞鳴尊《すさのおのみこと》が出雲《いずも》の国《くに》、肥《ひ》の河上《かわかみ》に於《おい》て足名椎《あしなづち》、手名椎《てなづち》の神《かみ》に逢《あ》われて、高志《こし》の八俣《やまた》の大蛇《おろち》を退治《たいじ》られる時《とき》に、櫛名田比女《くしなだひめ》を「湯津爪櫛《ゆづつまぐし》に取《と》り成《な》して云々《うんぬん》」と書《か》いてあるのは、同姫《どうひめ》を高《たか》い木《き》の枝《えだ》に登《のぼ》らして置《お》いたと云《い》うのである。即《すなわ》ち木《き》にとり掛《か》けて大蛇《おろち》の出《い》で来《きた》るを待《ま》たれたと云《い》う意味《いみ》である。
また「八塩折《やしほをり》の酒《さけ》を醸《か》み」とあるのは八《やっ》つの酒樽《さかだる》を作《つく》ったのであるが、其酒《そのさけ》を作《つく》るのは、今日《こんにち》の様《よう》な酒造法《しゅぞうほう》によったものではない。米《こめ》を人《ひと》の口《くち》でよく噛《か》みこなして、それを樽《たる》の中《なか》に吐《は》き入《い》れて置《お》く。尤《もっと》もその噛《か》んで吐《は》き入《い》れるのはホンの少《すこ》しで良《よ》い。それが種《たね》となって樽《たる》の中《なか》の米《こめ》が次第《しだい》に醗酵《はっこう》して酒《さけ》が醸《かも》されて行《ゆ》くのである。人間《にんげん》のつばきが一《ひと》つの醗酵素《はっこうそ》となるのである。

又愈々大蛇《またいよいよおろち》が其酒《そのさけ》を呑《の》み、酔《よ》い伏《ふ》して来《き》たので、御佩《みはか》せる十挙《とつか》の剣《つるぎ》を抜《ぬ》きて切《き》り放《ほう》り給《たも》うと云《い》うことが出《で》て居《い》るが、此《こ》の太古《たいこ》に於《おい》ては、剣《つるぎ》と云《い》うものは、後世《こうせい》の様《よう》に常人《じょうじん》に至《いた》る迄佩《までは い》しては居《お》らなかった。其時代《そのじだい》の最高権威者《さいこうけんいしゃ》とか、又軍国《またぐんこく》に譬《たと》うるならば、其軍国《そのぐんこく》の首長《しゅちょう》となるべき者《もの》のみが所持《しょじ》して居《い》たので、他《た》の者《もの》は棒《ぼう》の様《よう》なものを武器《ぶき》として居《お》った。それだから其剣《そのつるぎ》に対抗《たいこう》する時《とき》には、到底勝《とうていか》ち目《め》が無《な》いのである。剣《つるぎ》を持《も》てる者《もの》に打《う》ち向《むこ》うて争《あらそ》うことは自分《じぶん》の滅亡《めつぼう》を招来《しょうらい》するので、剣《つるぎ》を持《も》てる者《もの》に対《たい》しては絶対《ぜったい》の服従《ふくじゅう》であった。

即《すなわ》ち剣《つるぎ》の威徳《いとく》に服《ふく》すると云《い》うことになる。世《よ》が進《すす》むにつれて鍛冶《かじ》が普及《ふきゅう》されたので、後《のち》には剣《つるぎ》を誰《たれ》でも所持《しょじ》するようになった。しかし太古《たいこ》は左様《さよう》でなかったので、剣《つるぎ》を持《も》つ者《もの》に絶対《ぜったい》の威徳《いとく》があった。故《ゆえ》にこれを持《も》つ者《もの》が首長《しゅちょう》であり又時《またとき》の覇者《はしゃ》となるのであり、悉《ことごと》くを平定《へいてい》することが出来《でき》たのである。

今日《こんにち》は剣《つるぎ》を持《も》っていても、それだけではいけぬ。武器《ぶき》と云《い》う意味《いみ》に解釈《かいしゃく》して、他国《たこく》を威《い》服《ふく》する様《よう》な国防《こくぼう》の軍器《ぐんき》が一切完備《いっさいかんび》しなければならぬ。其軍器《そのぐんき》の威徳《いとく》によって神国《しんこく》に襲来《しゅうらい》する八岐《やまた》の大蛇《おろち》は切《き》り払《はら》わねばならない。又《また》まつろわざる国々《くにぐに》があれば服《まつ》ろわさせねばならないのであるから、いやが上《うえ》にも軍器《ぐんき》と軍備《ぐんび》を整備《せいび》せなくてはならないのである。(『玉鏡』)

---

◆軍備について、昭和十年発行の『玉鏡』には、上記のように軍器と軍備を整理しなければならないと発言される。しかし、スサノオ尊は軍備を整えても無抵抗主義で、また戦後「本当の世界平和は全世界の軍備が撤廃したとき、はじめて実現され、いまその時代が近づきつつある」と発言される。核廃絶は勿論、軍備の縮小、そして廃絶に至らぬ限り、軍備は凶器である。増強が続く限り、真の平和は難しい。

---

## （二一）樹　木

太古《たいこ》、日本《にっぽん》には雑木《ぞうき》ばかり生《は》えて居《い》たので、素盞嗚尊《すさのおのみこと》が朝鮮《ちょうせん》より、檜《ひのき》、松《まつ》、杉《すぎ》、槙《まき》等《とう》の種子《たね》を持《も》って帰《かえ》られて植《うえ》られたのが、現在《げんざい》の様《よう》に繁殖《はんしょく》したのである。

（『玉鏡』）

## （二二）本梅は朝鮮の雛型

本梅《ほんめ》（亀岡市《かめおかし》本梅《ほんめ》）は朝鮮《ちょうせん》であり、本梅川《ほんめがわ》は鴨緑江《おうりょくこう》、半国山《はんこくざん》は長白山《ちょうはくざん》。（＝半国山の麓を流れる第一級河川

・本梅川は園部川となり大井川、保津川、桂川、淀川、大阪湾、太平洋へと流れる。）

（『新月のかげ』）

## （二三）『霊界物語』の地名と伊邪那岐大神が命じた国魂

檀山《だんざん》——朝鮮《ちょうせん》。　長白山《ちょうはくざん》——白色《はくしょく》の国魂《くにたま》（磐長彦・玉世姫）。　コンロン山《さん》（＝中国の西方崑崙山脈。）——紅色《あかいろ》の国魂《くにたま》（磐玉彦・磐玉姫）。　天山《てんざん》（＝崑崙山脈の北側、天山山脈。）——黄色《きいろ》の国魂《くにたま》（谷山彦・谷山姫）。

青雲山《せいうんざん》（＝揚子江の上流。チベットと天竺（インド）の国境。）——金色《きんいろ》の国魂《くにたま》（吾妻彦・吾妻姫）。地教山《ちきょうざん》であるヒマラヤ山《さん》——銀色《ぎんいろ》の国魂《くにたま》（ヒマラヤ彦・ヒマラヤ姫）。………。（『新月のかげ』）

## （二四）西王母

西王母《せいおうぼ》は、中国《ちゅうごく》の西方崑崙山脈《せいほうこんろんさんみゃく》に伝説《でんせつ》がある。

大和田建樹氏編纂《おおわだたてきしへんさん》の『謡曲通解《ようきょくつうかい》』には、天上《てんじょう》の仙女《せんにょ》であって、三千年《ねん》の桃《もも》の実《み》を君《きみ》に捧《ささ》げることを作《つく》ったのだと出《で》て居《お》る。言霊学《げんれいがく》の見地《けんち》から見《み》ると、西王母《せいおうぼ》（＝女神・伊邪那美尊の御分身。坤の金神・豊国姫命。瑞霊・神素盞鳴大神。）は陰《かげ》を意味《いみ》し、月《つき》、水《みづ》、体《からだ》、女《おんな》、地《ち》を意味《いみ》する。要《よう》するに水《みづ》の御魂《みたま》、月《つき》の神《かみ》など緯《よこ》の地位《ちい》に坐《まし》ませる神様《かみさま》である。………。

この西王母《せいおうぼ》の謡曲《ようきょく》に「三皇《こう》五帝《てい》の昔《むかし》より、今《いま》この御代《みよ》に至《いた》るまで、かゝる聖主《せいしゅ》のためしはなし」との文言《もんごん》がある。「三皇《こう》五帝《てい》とは、支那《しな》の伏義《ふくぎ》や神農《しんのう》や、黄帝《こうてい》の三時代《じだい》と、少昊《しょうこう》、顓頊《せんぎょく》、帝嚳《ていこく》、堯《ぎょう》、舜《しゅん》の五代《だい》にして、実《じつ》に天下泰平《てんかたいへい》に治《おさ》まった太古《たいこ》の世《よ》の事《こと》であるが、我《わが》神典《しんてん》の示《しめ》し給《たも》う処《ところ》に依《よ》れば天之御中主神《あめのみなかぬしのかみ》、高皇産霊神《たかみむすびのかみ》、神皇産霊神《かむみむすびのかみ》の造化《ぞうか》三神《しん》を「三皇《こう》」といい、これに芦芽彦舅神《あしがひひこぢのかみ》、天之常立神《あめのとこたちのかみ》を合《あわ》して「五帝《てい》」というのである。」と示《しめ》される。

（『出口王仁三郎全集』第5巻「謡曲言霊録・西王母」）

---

◆出口聖師は、大正十三（１９２４）年「東亜の経綸」と称して、第一次大本弾圧事件未決の身でありながら西王母の衣装を携帯し蒙古に向かわれるが、パインタラで囹圄《れいご》となり日本に護送される。側近の一人が「失敗ですね」と尋ねたところ「大成功だ」と答えたという。やせ我慢をいっていると思っていた。しかしその後「人類愛善会」を組織すると各国から出口聖師を救世主と仰ぐ人々が訪れ、昭和七年には満州知事以下官民三十二万全部が入会する等、アジア・アフルカ・ヨーロッパ・南　北アメリカ会員は八百万人に達する。太古の三韓高句麗の範囲は広く、現在のモンゴル・蒙古は「高麗の国」、満州は「百済の国」、「新羅・任那」が今の朝鮮半島であるという。これにより素盞鳴尊の神代からの「経綸」の奥深さがうかがえます。

◆「東方朔《とうぼうさく》は九千年とありますが、そのあとは何神の代になるのでしょうか」との質問に「神諭（大正8年2月1日号）に「東方朔は九千年」とあるのは「東方の経綸」と言うことで、朔とあるのはわざと隠してあるのである。九千年は無終無限に続くということであって、九は尽しで、九州を筑紫《つくし》という如く数の窮極である。稚姫岐美の経綸は永遠に続くということである」と『新月のかげ』に示される。稚姫岐美命は伊邪那岐命から生れた天照大神の妹神。大本開祖・出口直の精霊で大正七年（１９１８）十一月六日（旧十月三日）、第一次世界大戦終了の日、出口直にひっそいて現界での任務を終え昇天復活になられる。

## （二五）島根県

鳥取県《とっとりけん》と島根県《しまねけん》はもとは一《ひと》つの国《くに》であった。島根《しまね》は大和島根《やまとしまね》の意味《いみ》で、神界《しんかい》の一経綸地《いちけいりんち》である。此地《このち》に神刕別院《しんしゅうべついん》の出来《でき》るのも因縁《いんねん》あることである。（『月鏡』）

◇日野川《ひのかは》の水源《みなもと》とほしも大山《だいせん》の尾根《ヲネ》に湧《わ》き立《た》つ雲《くも》に津々《つづ》けり（別院「白雲歌碑」）

**◆神刕別院《しんしゅうべついん》**　伯耆《ほうき》の大山《だいせん》のはるか遠くを水源とした日野川は、日本海側に流れて美保湾に注ぐ。出雲近辺を流れる簸《ひ》の川が素盞鳴尊の大蛇退治神話のひの川と一般に信らじれているが出口聖師は八岐大蛇の蟠踞《ばんきょ》した大山の麓を流れる日野川が、それであると示される。この川口に近い日吉津村《ひえづそん》に神劔別院はあった。大山の八岐大蛇を言向和《ことむけやわ》すために神議《かむはか》りたもうた神定会議の聖跡地である。

日野川・簸の川の上流に船通山があり、ここが両川の水源となっている。

（『いづとみづ』１９８４年5月号）

## （二六）琴の初め

一絃琴《げんきん》、二絃琴《げんきん》、十三絃琴《げんきん》の筝《しょう》と、段々《だんだん》いろんな琴《こと》が出来上《できあが》ったが、その初《はじ》まりというのは、矢張《やはり》り素盞鳴尊様《すさのおのみことさま》であって、尊様《みことさま》が御機嫌《ごきげん》の悪《わる》い時《とき》、櫛名田姫様《くしなだひめさま》が矢《や》じりをもって弓《ゆみ》の絃《つる》をピン〱と鳴《な》らしてお慰《なぐさ》め申上《もうしあ》げたので、これが一絃琴《げんきん》の初《はじ》まりである。

（『玉鏡』）

## （二七）高千穂の峰は富士山

天孫降臨《てんそんこうりん》のつくしの日向《ひむか》の高千穂《たかちほ》のくしふる峰《みね》とは富士山《ふじさん》のことである。国常立尊《くにとこたちのみこと》の雄健《おたけ》びによって天保山《てんぽうざん》が陥没《かんぼつ》して今《いま》の日本海《にほんかい》となった時《とき》に出来《でき》たのである。

（『新月のかげ』）

## （二八）素尊御陵

岡山県和気郡熊山《おかやまけんわけぐんくまやま》の山頂《さんちょう》にある戒壇《かいだん》は、神素盞鳴大神様《かむすさのおおほかみさま》の御陵《ごりょう》である。古昔出雲《こせきいずも》の国《くに》と称《しょう》せられたる地点《ちてん》は、近江《おうみ》の琵琶湖《びわこ》以西《いせい》の総称《そうしょう》であって、素盞鳴大神様《すさのおおほかみさま》のうしはぎ給《たも》うた土地《とち》である。湖《みずうみ》の以東《いとう》は天照大神様《あまてらすおほかみさま》の御領分《ごりょうぶん》であった。この故《ゆえ》に誓約《うけい》は其中央《そのちゅうおう》にある天《あめ》の真奈井《まない》即《すなわ》ち琵琶湖《びわこ》で行《おこな》われたのである。

出雲《いずも》の国《くに》と言《い》うのは、いづくもの国《くに》の意《い》にて、決《けっ》して現今《げんこん》の島根県《しまねけん》に限《かぎ》られた訳《わけ》ではないのである。素盞鳴大神様《すさのおおほかみさま》は八頭八尾《やつがしらやつお》の大蛇《おろち》を御退治《ごたいじ》なされて後《のち》、櫛稲田姫《くしなだひめ》と寿賀《すが》の宮《みや》に住《す》まれた。尊《みこと》百年《ねん》の後出雲《のちいずも》の国《くに》の中《うち》、最上清浄《さいじょうせいじょう》の地《ち》を選《えら》び、御尊骸《ごそんがい》を納《おさ》め奉《たてまつ》った。これ備前国和気《びぜんのくにわけ》の熊山《くまやま》である。大蛇《おろち》を断《き》られた十握《とつか》の剣《つるぎ》も同所《どうしょ》に納《おさ》まって居《い》るのである。彼《か》の『日本書紀《にほんしょき》』にある「素盞鳴尊《すさのおのみこと》の蛇《じゃ》を断《き》りたまえる剣《つるぎ》は今《いま》吉備《きび》の神部《かんとものを》の許《ところ》にあり、云々《うんぬん》」とあるが熊山《くまやま》の事《こと》である。この戒壇《かいだん》と称《とな》うる石壇《いしだん》は、考古学者《こうこがくしゃ》も何《なん》とも鑑定《かんてい》がつかぬと言《い》うて居《い》るそうであるが、其筈《そのはず》である。

因《ちなみ》に熊山《くまやま》の麓《ふもと》なる伊部町《いんべちょう》は伊部焼《いんべやき》の産地《さんち》であるが、大蛇退治《おろちたいじ》に使用《しよう》されたる酒甕《さかがめ》は即《すなわ》ちこの地《ち》で焼《や》かれたものである。伊部《いんべ》は忌部《いみべ》の義《ぎ》であり、又斎部《またいつきべ》の意《い》である。（『月鏡』）

## （二九）再び素尊御陵について

熊山《くまやま》に於《おい》て再《ふた》び数個《すうこ》の戒壇《かいだん》を発見《はっけん》したと言《い》うのか、そうであろう、そうでなければならぬ筈《はず》である。全体《ぜんたい》素盞鳴尊様《すさのおのみことさま》の御陵《ごりょう》は、三《みっ》つの御霊《みたま》に因《ちな》んで三個《こ》なければならぬので、前発見《ぜんはっけん》のものを中心《ちゅうしん》として恐《おそ》らく三角形《さんかくけい》をなして居《い》るであろうと思《おも》う。他《た》の二《ふた》つには御《お》髪《くし》、御爪《おつめ》などが納《おさ》められて居《い》るのである。独《ひと》り素盞鳴尊様《すさのおのみことさま》に限《かぎ》らず、高貴《こうき》なる地位《ちい》にある人々《ひとびと》は、毛髪等《もうはつとう》の一部《ぶ》を葬《ほうむ》って、其処《そこ》に墓《はか》を築《きず》き、ありし世《よ》を偲《しの》ぶの便宜《よすが》としたもので、人物《じんぶつ》が偉《えら》ければ偉《えら》い程其墓《ほどそのはか》は沢山《たくさん》あるものである。遺髪《いはつ》、爪《つめ》などを得《う》る事《こと》が出来《でき》ない場合《ばあい》は、其人《そのひと》の所持品例《しょじひんたと》えば朝夕使《あさゆうつか》った湯呑《ゆのみ》とか硯《すずり》とか、そう言《い》うものまでも墓《はか》として祀《まつ》り崇《すう》敬《けい》の誠《まこと》を致《いた》したものである。尚《なお》そうしたものも得《え》られない場合《ばあい》は、其人《そのひと》の居《お》った屋敷《やしき》の土《つち》を取《と》って来《き》て、嘗《かつ》ては故人《こじん》が足跡《そくせき》を印《いん》した懐《なつか》しい思《おも》い出《で》として、之《これ》を納《おさ》め其上《そのうえ》に墓《はか》を立《た》て祭《まつ》ったのである。現代《げんだい》でも富豪《ふごう》などでは自分《じぶん》の菩提寺《ぼだいじ》に墓《はか》を持《も》ち、又高野山《またこうやさん》に骨肉《こつにく》の一部《ぶ》を納《おさ》めたる墓《はか》を持《も》っていると同様《どうよう》である。天照大神様《あまてらすおほかみさま》の御陵《ごりょう》などと称《しょう》するものが方々《ほうぼう》から現《あら》われて来《く》るのはこういう理由《りゆう》である。

櫛稲田姫御陵《くしなだひめごりょう》も其処《そこ》にあるのであるが、詳《くわ》しい事《こと》は行《い》って見《み》ねば判《わか》らぬ。（『月鏡』）

## (三〇) 皇祖素盞鳴尊

皇祖素盞鳴尊《こうそすさのおのみこと》の問題《もんだい》が一番《ばん》やかましいことだから、王仁《わたし》は十分《じゅうぶん》に研究《けんきゅう》した。素盞鳴尊《すさのおのみこと》は変性女子《へんじょうにょし》で女《おんな》で体《かただ》の方《ほう》の造《つく》り主《ぬし》である。誓約《うけい》（宇気比《うけい》）というのは天照大神《あまてらすおほかみ》は変性男子《へんじょうなんし》だから霊系《れいてき》であるから、何時迄《いつまで》も天照大神《あまてらすおほかみ》は父神《ちちかみ》父方《ちちかた》で、素盞嗚尊《すさのおのみこと》が母神《ははかみ》で母方《ははかた》である。皇室《こうしつ》の御先祖《ごせんぞ》は素盞嗚尊《すさのおのみこと》であると（宮内庁《くないちょう》）星野輝興《ほしのてるおき》祭事課長《さいじかちょう》の言《い》うことは正《ただ》しいが余《あま》り単純《たんじゅん》に言《い》うから反対《はんたい》されるのだ。

（新月のかげ）

## （三二）一百七十九万二千四百七拾余歳

お筆先《ふでさき》に神代《かみよ》は立派《りっぱ》な世《よ》であったと出《で》ています。その通《とお》りですが、昔《むかし》の神代《かみよ》は木《き》の皮《かわ》を着《き》て穴居《けっきょ》し、石器時代《せっきじだい》を経《へ》て、今日《こんにち》に開《ひら》けたのですが、しかし当時《とうじ》の人民《じんみん》の生活《せいかつ》は、実《じつ》に安静平穏《あんせいへいおん》、至清至美《しせいしび》、実《じつ》に立派《りっぱ》な世《よ》の中《なか》であったことが御詔勅《ごしょうちょく》に依《よ》って証明《しょうめい》されております。天孫邇邇藝命《てんそんににぎのみこと》が、この地球上《ちきゅうじょう》に降臨《こうりん》ましましてより、一百七十九万二千四百七拾余歳《じゅうよさい》を経《へ》て居《お》ります。日本歴史《にほんれきし》では、神武天皇即位紀元《じんむてんのうそくいきげん》二千五百何年《なんねん》ということになって居《お》りますが、日本《にほん》の国体《こくたい》の古《ふる》くして、尊《とうと》きことを知《し》るには、天孫邇邇藝命《てんそんににぎのみこと》の御降臨《ごこうりん》から数《かぞ》えて、一百七十九万二千何年《なんねん》とせねばなりませぬ。実《じつ》に惜《お》しいことをしたものです。

（『出口王仁三郎全集』第5巻「日本書紀と現代・神武天皇御東征之段」）

## （三二）神倭伊波礼毘古命（神武天皇）

神倭伊波礼毘古命《かむやまといはれびこのみこと》から今《いま》の方《かた》までは神武天皇《じんむてんのう》（神倭伊波礼毘古命《かむやまといはれひこのみこと》）である。第《だい》一代《だい》は天照大神《あまてらすおほかみ》、第《だい》二代《だい》は吾勝命《あかつのみこと》、第《だい》三代《だい》は二二岐尊《ぎのみこと》、第《だい》四代《だい》が彦火火出見命《ひこほほでみのみこと》、鵜葺草不葺合《うがやふきあへずの》命《みこと》が第《だい》五代《だい》で、神武天皇《じんむてんのう》は第《だい》六代《だい》である。名《な》はないので位《くらい》の様《よう》なものである。天照大神《あまてらすおほかみ》でも何《なん》十人《にん》も続《つづ》いているのだ。

（『新月のかげ』）

## （三三）開化天皇の御神業

穴太《あなお》の産土様《うぶすなさま》は稚日本根子彦大日日命《わかやまとねこひこおほひひのみこと》である。若《わか》き日本《にほん》の根本《こんぽん》の神様《かみさま》ということだから開化天皇《かいかてんのう》はおくり名《な》である。世界《せかい》を統一《とういつ》される神様《かみさま》である。王仁《わたし》は今開化天皇《いまかいかてんのう》の御神業《ごしんぎょう》をやっているのである。それだから開化天皇《かいかてんのう》の宣伝歌《せんでんか》「若人《わかうど》の奮《ふる》ひたつべき時《とき》は来《き》ぬ若《わか》き日本の春《はる》は近《ちか》めり」（昭和青年会々歌《しょうわせいねんかいかいか》となる）を日本中歌《にほんじゅううた》って廻《まわ》らせたのである。日本《にほん》は古《ふる》いけれども若《わか》い国《くに》である。

開化天皇《かいかてんのう》は朝鮮《ちょうせん》、満州《まんしゅう》、支那《しな》、蒙古《もうこ》、マレー迄行幸《までぎょうこう》になったのである。王仁《わたし》は今《いま》は開《かい》化天皇《かてんのう》の仕事《しごと》をやっているのである。

◇石《いそ》の上《かみ》ふるきゆかりのあらはれて世人《よびと》おどろく時近《ときちか》きかも

◇いつはりの殻《ころも》ぬぎ捨《す》て天地《あめつち》の真木《まき》の柱《はしら》の道光《みちひか》るなり

◇古《いにしへ》のいつはりごとのことごとくさらけ出《だ》さるる神《かみ》の御代《みよ》なり

（『神霊界』大正8年12月1日号「随筆」。『新月のかげ』）

## (三四) 和光同塵

崇神天皇《すじんてんのう》が国体《こくたい》の尊厳《そんげん》を秘《ひ》して、和光同塵《わこうどうじん》の政策《せいさく》を我国《わがくに》に引《ひ》き入《い》れ給《たも》うた。……何故《なぜ》かというと今日《こんにち》の世《よ》の中《なか》の物質文明《ぶっしつぶんめい》（世界的《せかいてき》）を、一旦《たん》日本《にほん》に入《い》れて、日本《にほん》は世界《せかい》の中心《ちゅうしん》国《こく》でありますから、精神的文明《せいしんてきぶんめい》と物質的文明《ぶっしつてきぶんめい》の調和《ちょうわ》を図《はか》り、霊主体従《れいしゅたいじゅう》の惟神《かむながら》の大道《だいどう》を発揮《はっき》し、所謂皇祖皇宗《いわゆるこうそこうそう》の御遺訓《ごいくん》によりて、世界万民《せかいばんみん》を安《やす》らけく平《たい》らけく、治《おさ》める時期《じき》を待《ま》たせられたのであります。

（『出口王仁三郎全集』第5巻「日本書紀と現代」）

---

**◆崇神天皇**（第10代・BC97～BC30　御間城入彦五十瓊殖天皇《みまきいりひこいにえのすめらぎのみこと》）『日本書紀』巻第五に「国内に疫病多く、民《おほみたから》死亡《まか》れる者有り、大半《なかばにすぎ》なんとす。百姓流離《さすら》い、或《ある》は背くもの有り。その勢い、徳を以て治め難し。」とある。

第二代・綏靖《すいぜい》天皇から第九代・開化天皇までの歴史が神典の中から消えているので「欠史八代」と言われ、その事跡が残されていない。だがこれらの天皇は徳をもって治められていたのである。

しかし崇神天皇の時代に世が乱れ、大殿《みあらか》に先祖神・天照大神、倭大国魂《やまとおおくにたま》二神を同殿同床に祭祀していたものを畏れ、共に住むこと安からず。それ故天照大神を豊鍬入姫《とよすきいりひめ》に託《つ》けて笠縫邑《かさぬいのむら》に祭り、また倭大国魂神を渟名城入姫命《ぬなきいりひめのみこと》に託《つ》けて祭らせたが、髪落ち身体痩せて祭ること能わず。それ故、大田田根子《おおたたねこ》を斎主として三輪山に祭ると疫病はやみ、五穀実り百姓霑《うるお》い天下は泰平になったと言う。

以後崇神天皇は、同殿同床の制度を廃止し、和光同塵の政策により外国の文物を採り入れる。租税制度の原点となる男の弓弭調《ゆはずのみつぎ》、女の手末調《たなすえのみつぎ》を課し、四道将軍を北陸、東海、西道、丹波に派遣して反逆者の追討を命じ、また船を造り、農事に池を造るなど、現代日本の原型、和光同塵の社会が生れることになる。

しかし出口聖師は、これらの政策は日本の精神的文明と外国の物質的文明の調和を図り、古代から現代に続く弥勒の世・真の平和建設のための「経綸」であると指摘する。日本歴史は飛鳥、奈良、浪速、近江、京都など天災や人災が起る度に都の遷都を繰返し、外国の文物技術を導入し、消化し、醇化《じゅんか》し、美化しながら日本独自の豊かな文化を造り上げて来た。古代の日本のルーツ、中国や朝鮮半島からの影響が戦後の考古学により明らかにされつつある。

## （三五）稲種について

丹波《たんば》はもと田場《たば》と書《か》き、天照大御神《あまてらすおほみかみ》が青人草《あおひとぐさ》の食《く》いて活《い》くべき稲種《いなだね》を作《つく》り玉《たも》うた所《ところ》である。故《ゆえ》に五穀《ごこく》を守《まも》るという豊受姫神《とようけひめのかみ》は丹波国丹波郡丹波村《たんばのくにたんばごおりたんばむら》、比沼《ひぬ》の真名井《まない》に鎮座《ちんざ》ましまし、雄略天皇《ゆうりやくてんのう》の御代《みよ》に至《いた》りて、伊勢国山田《いせのくにやまだ》に御遷宮《ごせんぐう》になったのである。御即位式《ごそくいしき》の時《とき》に由紀《ゆき》田《でん》、主基田《すきでん》をお選《えら》みになるのも、現今《げんこん》の琵琶湖《びわこ》以西《いせい》が五穀《ごこく》を作《つく》られた神代《かみよ》の因縁《いんねん》に基《もと》づくからである。由紀《ゆき》という言霊《ことたま》は安国《やすくに》の霊反《たまかえ》しであり、主基《すき》という言霊《ことたま》は知《し》らしめす国《くに》の霊反《たまかえ》しである。これを見《み》ても丹波《たんば》の国《くに》には、神代《かみよ》より深《ふか》き因縁《いんねん》のあることが分《わか》るのである。

（『霊界物語』第37巻・第1章「富士山」）

○

狐《きつね》には善悪正邪《ぜんあくせいじや》の別《べつ》あり。善良《ぜんりよう》なる狐神《きつねがみ》は白狐《びやっこ》として神界《しんかい》の御用《ごよう》を勤《つと》めるは太古《たいこ》より今《いま》にいたるも変《かわ》らざるなり。………。

世《よ》には狐神《きつねがみ》を稲荷《いなり》の大神《おほかみ》と称《しよう》しおるもの沢山《たくさん》ある。稲荷《いなり》は飯成《いいなり》の意義《いぎ》にして人間《にんげん》の衣食《いしよく》の元《もと》を司《つかさど》りたもう神《かみ》の御名《おんな》なり。豊受姫神《とようけひめがみ》、登由気神《とゆけがみ》、御饌津神《みけつがみ》、宇迦之御魂神《うかのみたまがみ》、保食《うけもち》神《がみ》、大気津姫神《おほげつひめがみ》は皆同神《みなどうしん》に坐《ま》しまして、天祖《てんそ》の神業《しんぎょう》を第一《だい》に補佐《ほさ》したまいたる最《もっと》も尊《とうと》き神《かみ》にして、天《あめ》の下《した》の蒼生《そうせい》は一人《ひとり》として、この大神《おほかみ》の御仁徳《ごじんとく》に欲《よく》せざるはなし。
要《よう》するに狐《きつね》は大神《おほかみ》の御使《おつかい》にして、五穀《ごこく》の種《たね》を口《くち》にくわえて世界《せかい》に持《も》ち運《はこ》び諸国《しょこく》の平野《へいや》に蒔《ま》き拡《ひろ》げたる殊勲《しゅくん》ある使者《ししゃ》なり。世《よ》はおいく開《ひら》けて、五穀《ごこく》の種《たね》も世界《せかい》くまなく行《ゆ》きわたりたる以上《いじょう》は狐神《きつねがみ》の職務《しょくむ》も用《よう》なきにいたりければ、大神《おほかみ》はこの狐《きつね》に勝《すぐ》れたる智慧《ちえ》の力《ちから》を与《あた》えて、白狐《びゃっこ》と命名《めいめい》され、すべての神人《かみがみ》に世界《せかい》の出来事《できごと》を詳細《しょうさい》に調査《ちょうさ》し進白《しんぱく》せしめられにける。

（『霊界物語』第4巻・第28章「武器制限」）

## （三十八） 義経と蒙古

蒙古《もうこ》とは古《いにしえ》の高麗《こま》の国《くに》の事《こと》である。百済《くだら》の国《くに》と云《い》うのは今《いま》の満洲《まんしゅう》で、新羅《しらぎ》、任那《みまな》の両《りょう》国《こく》を合《がっ》したものが今《いま》の朝鮮《ちょうせん》の地《ち》である。之《これ》を三韓《さんかん》と云《い》うたので、今《いま》の朝鮮《ちょうせん》を三韓《さんかん》だと思《おも》うのは間違《まちが》いである。

玄海灘《げんかいなだ》には、散島《さんとう》があって、それを辿《たど》りつつ小《ちい》さな船《ふね》で日本《にほん》から渡《わた》ったものである。義《よし》経《つね》はこの道《みち》をとらないで北海道《ほっかいどう》から渡《わた》ったのであるが、蒙古《もうこ》では成吉斯汗《じんぎすかん》と名乗《なの》って皇帝《こうてい》の位《くらい》についた。蒙古《もうこ》には百六王《おう》があって汗《かん》と云《い》うのが皇帝《こうてい》に相当《そうとう》するのである。

蒙古《もうこ》には又面白《またおもしろ》い予言《よげん》があって、成吉斯汗《じんぎすかん》起兵後《きへいご》六百六十六年《ねん》にして蒙古救済《もうこきゅうさい》の聖雄《せいゆう》が現《あら》われる、其時《そのとき》は黒鉄《こくてつ》の蛇《へび》が世界《せかい》を取《と》り巻《ま》き、馬《うま》や牛《うし》がものを云《い》い、下駄《げた》の下《した》を通《とお》る人《にん》間《げん》が出来《でき》ると云《い》うのである。正《まさ》に現代《げんだい》であって黒鉄《こくてつ》の蛇《へび》というのは鉄道《てつどう》が世界《せかい》を一周《いっしゅう》すると云《い》う事《こと》、牛馬《ぎゅうば》がものを云《い》うとは神諭《しんゆ》の「今《いま》の人間皆《にんげんみな》四《よ》つ足《あし》の容器《いれもの》になりて居《お》るぞよ」と云《い》うのに相当《そうとう》し、下駄《げた》の下《した》を通《とお》る人《ひと》と云《い》うのは小人物《しょうじんぶつ》を指《さ》すのである。

又成吉斯汗《またじんぎすかん》の子孫母《しそんはは》に伴《つ》れられて日本《にほん》に渡《わた》り、五十四才《さい》の時《とき》蒙古《もうこ》に帰《かえ》り来《きた》って滅《ほろ》び行《ゆ》かんとする故国《ここく》を救《すく》うと云《い》う予言《よげん》もある。私《わたし》の入蒙《にゅうもう》は恰度《ちょうど》その年即《としすなわ》ち五十四才《さい》（＝大正13年1942。）にあたり、又成吉斯汗起兵後《またじんぎすかんきへいご》六百六十六年目《ねんめ》に当《あた》って居《い》るのである。かるが故《ゆえ》に蒙古人《もうこじん》は私《わたし》を成吉斯汗即《じんぎすかんすなわ》ち義経《よしつね》の再来《さいらい》だと信《しん》じきったのである。義経《よしつね》はアフガニスタン、ベルチスタンにも行《ゆ》き、遂《つい》に甘粛《かんしゅく》（＝中国北西部。）にて死《し》んだ。元《げん》の忽必烈《ふびらい》はその子《し》孫《そん》である。元《げん》と云《い》うのは源《げん》の字音《じおん》から来《く》るのである。

（『月鏡』）

## （三七）人間の創造

神《かみ》は、この宇宙《うちゅう》を修理固成《しゅうりこせい》される時《とき》、先《ま》ず樹木《じゅもく》を造《つく》り、それから人《ひと》を造《つく》られたのである。人間《にんげん》は木《き》から生《うま》れさせられたのである。その後《のち》、獣《けだもの》、鳥《とり》、魚《さかな》、虫《むし》の順序《じゅんじょ》にお造《つく》りになった。虫《むし》のごときは、今日《こんにち》と雖《いえど》もなお木《き》からわかして造《つく》られることがある。

如何《いか》なる島《しま》にでも人類《じんるい》が住《す》んでいるということは、神《かみ》が諸処《しょしょ》に於《お》いて木《き》から人《ひと》を造《つく》られたからである。神《かみ》が土《つち》をもって人間《にんげん》を造《つく》られたと云《い》うのは、神《かみ》が先《ま》ず土《つち》をかためて木《き》を生《は》やし、それから人間《にんげん》を造《つく》られたのであって、直接土《ちょくせつつち》から造《つく》られたというのではない。土《つち》から木《き》を生《は》やし、木《き》から人間《にんげん》を造《つく》られた、その間《あいだ》でも何《なん》百万年《ねん》かゝっている。

（『玉鏡』）

## （三八）三大民族

太古《たいこ》、世界《せかい》には三大民族《だいみんぞく》があった。即《すなわ》ちセム族《ぞく》、ハム族《ぞく》、ヤヘット族《ぞく》である。セムの言霊《ことたま》はスとなり、ハムの言霊《ことたま》はフとなり、ヤヘットの言霊《ことたま》はヨとなる。故《ゆえ》にスの言霊《ことたま》に該当《がいとう》する民族《みんぞく》が、神《かみ》の選民《せんみん》と云《い》うことになり、日本人《にっぽんじん》、朝鮮人《ちょうせんじん》、満洲人《まんしゅうじん》、蒙古人《もうこじん》、コーカス人《じん》等《とう》である。ユダヤ人《じん》もセム族《ぞく》に属《ぞく》する。次《つぎ》がハム族《ぞく》で支那人《しなじん》、印度人《いんどじん》又《また》は小亜細亜《しょうあじあ》やヨーロッパの一部《ぶ》に居《い》る民族《みんぞく》である。ヨの民族即《みんぞくすなわ》ちヤヘット族《ぞく》と云《い》うのはアフリカ等《とう》に居《い》る黒人族《こくじんぞく》である。しかし現在《げんざい》は各民族共《かくみんぞくとも》悉《ことごと》く混血《こんけつ》して居《い》るのであって、日本人《にほんじん》の中《なか》にもハム族等《ぞくとう》の血《ち》が多数《たすう》に混入《こんにゅう》して居《い》る。又欧米人《またおうべいじん》の中《なか》にはハム族《ぞく》とヤヘット族《ぞく》とが混血《こんけつ》したのがある。イスラエルの流《なが》れと云《い》うことがあるが、イは発声音《はっせいおん》で、スラエの言霊《ことたま》はセとなるが故《ゆえ》に、イセ（伊勢《いせ》）の流《なが》れと云《い》うことになる、即《すなわ》ちセム族《ぞく》の事《こと》である。（『玉鏡』）

## （三九）高い鼻

セム族《ぞく》は太古《たいこ》に於《おい》ては鼻《はな》が高《たか》かった。それが土蜘蛛族《つちぐもぞく》（日本《にっぽん》に古《ふる》くより住《す》んで居《い》た土《ど》族《ぞく》）と混血《こんけつ》したので、次第《しだい》に鼻《はな》が低《ひく》くなって了《しま》った。外国人《がいこくじん》は今《いま》でも鼻《はな》が高《たか》く非常《ひじょう》に発達《はったつ》して居《い》るから、物《もの》の匂《にほ》いをかぐことを好《この》み、且《か》つ嗅覚《きゅうかく》が強《つよ》い。……。

（『玉鏡』）

---

**◆ノアの方舟**　旧約聖書の『創世記』に登場する大洪水にまつわる物語。主人公ノアが方舟を造りコーカス（カフカース）山脈のアラト山に漂着、セム・ハム・ヤヘット（ヤペテ）の子孫を残したという。またギリシャ神話には人間を造り農業を教え、火を与えたという「プロメテウス」の神話がこの山にある。

---

## （四〇）進化論

進化論《しんかろん》の云《い》うが如《ごと》き、人間《にんげん》は決《けっ》して猿《さる》から進化《しんか》したものではない。初《はじ》めから神《かみ》は、人《ひと》は人《ひと》、猿《さる》は猿《さる》として造《つく》られたものである。

動物《どうぶつ》が進化《しんか》して人間《にんげん》になるということ即《すなわ》ち輪廻転生《りんねてんしょう》の理《り》によって、動物《どうぶつ》が人間《にんげん》になると云《い》うのは、霊界《れいかい》に於《おい》て進化《しんか》して、人間《にんげん》の性《せい》をもって生《うま》るるのである。『霊界物語《れいかいものがたり》』の中《なか》には一国《いっこく》の有力者《ゆうりょくしゃ》を動物化《どうぶつか》して示《しめ》した所《ところ》もある。

（『玉鏡』）

◆主神一霊四魂を以て心を造り、これをあらゆる活物に与え給う。地主・大国魂は三元八力を以て体を造り、これを万有に与え給う。故に人の霊を守るものはその人の体である。その人の体を守るものはその人の霊也。他神ありてこれを守り給うのではない。これ即ち上帝の命ずるところの真理である。

（『道之大本』）

【余白歌】

971　月《つき》の座《ざ》の教《をしへ》は愛《あい》と善《ぜん》を説《と》けば凡《すべ》ての宗教《しうけう》と大差《たいさ》はあらず

975　愛《あい》に依《よ》り宇宙《うちう》は造《つく》られ千万《ちよろづ》の物皆《ものみな》生命《いのち》を保《たも》ちて栄《さか》ゆる

978　万有《ばんいう》は一切《いつさい》神《かみ》の愛善《あいぜん》の御徳《みとく》によりて成《な》り出《い》づるなり

983　人間《にんげん》の愛《あい》には凡《すべ》て限《かぎ》りあれど御神《みかみ》の愛《あい》は絶対《ぜつたい》に変《かは》らず

（『朝嵐』みいづ舎刊・番号は同書一連番号）

# 第二章　霊界物語における白頭山の国魂と素盞嗚尊の海外遠征

## （一）　長白山の谷間のささやき

国祖・国治立命御隠退の時代は天使長《あまつこいのおさ》という聖職《せいしょく》があって各地に国魂たる八王《やつおう》・八頭《やつがしら》を置きこれを統轄していた。伊邪那岐・伊邪那美の大神二尊が自転倒島《おのころじま》へ御降臨の後、伊邪那岐の大神は神殿を造り、「造化三神」を祭り、同殿同床の制を布き、伊邪那美尊（火の文明を生み給う。）を国の御柱神として、地上神政の主管者たらしめた。然るに地上の世界は、物質的文明の進歩と共に、主神の恩恵を忘れ、体主霊従の邪気みなぎり、その精神は悪化し、あらゆる災害が出はじめる。それ故、民衆救済のため地上に宣伝使を派遣し神の洪徳を説示することになった。

本章では出口王仁三郎著『霊界物語』にある長白山に関する国魂・八頭を掲載する。

しかしこれは太古の神霊界での大要であり、また物語は幾通りもの解釈がある。それも数百万年から三十五万年以前の事で、その真偽の判別は難しい。ただ旧約聖書の「ノアの方舟」洪水前によく似ている。

八百八谷《はっぴゃくやたに》の谷々《たにだに》の、流《なが》れもこゝに鴨緑江《あいなれ》の、其水上《そのみなかみ》の岩《いわ》が根《ね》に、腰打《こしう》ちかけて、四五《しご》の山人《やまびと》は、弓矢《ゆみや》を携《たずさ》え、水音高《みなおとたか》き谷川《たにがわ》の巌《いわお》に腰《こし》をうちかけて、囁《ささや》く声《こえ》はあいなれの水瀬《みなせ》を圧《あっ》するばかりなりけり。深霧罩《ふかぎりこ》めし長白《ちょうはく》の峰《みね》は屹然《きつぜん》と、雲《くも》に頭《かしら》を現《あら》わして、さも雄渾《ゆうこん》の気《き》に充《み》たされいたる。

甲「オイ今日《きょう》はどうだったい、何《なに》か獲物《えもの》があったかの、吾々《われわれ》は谷《たに》から谷《たに》へ駈《か》け廻《まわ》り、兎《うさぎ》や猪《しし》の足跡《あしあと》を考《かんが》え附《つ》け狙《ねら》ったが、どうしたものか一匹《ぴき》の獲物《えもの》もないのだ。大《おお》きな顔《かお》をして弓矢《ゆみや》を持《も》って家《うち》へ帰《かえ》れた態《ざま》じゃない。お前達《まえたち》の獲《と》ったものでも、一寸俺《ちょつとおれ》に貸《か》してくれないか、手《て》ぶらで帰《かえ》るとまた山《やま》の神《かみ》の御機嫌斜《ごきげんななめ》なりだ。いつも〳〵夫婦喧嘩《めおとけんか》は見《み》っともないからなア」

乙「俺《おい》らだって同《おな》じことだよ、一体《いったい》このごろ四足《よつあし》どもはどこへ行《ゆ》きよったのだろうか。影《かげ》も形《かたち》も見《み》せない。俺《おい》らア合点《がってん》がゆかぬが、きっと大変《たいへん》だぜ」

丙「察《さつ》するところ、つらく／＼考《かんが》うるに、天地開闢《てんちかいびゃく》の初《はじ》め、大国治立命《おおくにはるたちのみこと》（＝太古に地上を治めていた国常立命。）御退隠遊《ごたいいんあそ》ばしてより……」

甲「何《なん》じゃ、ひちひち六《むつ》か敷《し》い御託《ごたく》ばかりこきよって、いつも貴様《きさま》のいう事《こと》は尻《しり》が結《むす》べた事《こと》はありやしない、黙《だま》ってすっこみておれ」

丁「イヤ丙《へい》のいう通《とお》りだ、終《おわ》りまで聞《き》いてやれ、この間《あいだ》からチト天《てん》の様子《ようす》が変《へん》じゃないか。彼方《あっち》の天《てん》にも此方《こっち》の天《てん》にも金《きん》や銀《ぎん》の星《ほし》が集合《かたま》って、星様《ほしさま》が何《なん》か相談《そうだん》しとるじゃないか。ありやキッと大地震《だいじしん》か、大風《おおかぜ》か、大雨《おおあめ》を降《ふ》らす相談《そうだん》だろうぜ」

丙「しかり而《しこう》して、そもそも天上《てんじょう》の諸星鳩首謀議《しよせいきゅうしゅぼうぎ》の結果《けっか》は」

甲「貴様《きさま》のいう事《こと》は訳《わけ》が分《わか》らぬ。すっこみておれと云《い》ったら、すっこみておろうよ」

丙「貴様《きさま》は、いつも吾輩《わがはい》の議論《ぎろん》を強圧的《きょうあつてき》に圧迫《あっぱく》して、抑《おさ》えつけようとするのか……」

甲「強圧《きょうあつ》も、圧迫《あっぱく》も、抑《おさ》えつけるもあったものか。同《おな》じ事《こと》ばかり並《なら》べよって、此奴《こいつ》は余程《よほど》どうかしておるぜ」

丙「どうかしておるって何《なん》だい。本来俺《もともとおれ》が一言《ひとこと》いうと頭《あたま》から強圧《きょうあつ》しよったろう。二度目《どめ》にはまた圧迫《あっぱく》しよって、三度目《どめ》には抑《おさ》えつけよったろう。面倒《めんどう》くさいから三度《ど》のを一遍《いっぺん》にいうたのだ。無学《むがく》の奴《やつ》は憐《あわ》れなものだナア」

乙「そんな話《はなし》はどうでもよい、第一地響《だいじひび》きは毎日《まいにち》ドンドンと続《つづ》くなり、雨《あめ》はベチャベチャ降《ふ》り続《つづ》くなり、猪《しし》や兎《うさぎ》の奴《やつ》一匹《ぴき》も、どこかへ行《ゆ》きよって、俺《おい》らも最早蛙《もはやかえる》の干乾《ひぼし》にならなくちゃ仕方《しかた》がないのだ。俺《おい》らの生活上《せいかつじょう》の大問題《だいもんだい》だよ」

丁「要《よう》するに、貴様《きさま》たちのやくざ人足《にんそく》は何《なに》も知《し》らないからだ。この間《あいだ》も宣伝使《せんでんし》とかいう奴《やつ》がやって来《き》て、「猪《しし》や兎《うさぎ》などは三日前《かまえ》から何《なん》でも知《し》っておる。お前《まえ》たちの眼《め》はまるで節穴《ふしあな》だ」と云《い》って通《とお》りよったが、大方《おおかた》このごろ山《やま》に、鳥《とり》や獣《けだもの》のおらなくなったのは、大《だい》洪水《こうずい》の出《で》るのを知《し》って、長白山《ちょうはくざん》の奴頂辺《どてっぺん》にでも避難《ひなん》したのかも分《わか》らないよ。道理《どうり》でこの谷川《たにがわ》の名物《めいぶつ》緑《みどり》の鴨《かも》も、一羽《わ》もそこらにおらないじゃないか。晴天《せいてん》でお太陽様《てんとうさま》の光《ひかり》が木間《このま》から漏《も》れて、この谷川《たにがわ》に美《うつく》しい鴛鴦《おしどり》が浮《う》いておるときの光景《こうけい》は、何《なん》ともいわれなかったが、今日《きょう》の殺風景《さっぷうけい》はどうだい。この間《あいだ》の雨《あめ》で谷水《たにみず》は濁《にご》る、水《みず》はだんく増加《ふえ》る、おまけに間断《かんだん》なく雨《あめ》は降《ふ》る、これ見《み》ても吾々《われわれ》は何《なん》とか考《かんが》えねばなるまい。キッと天地《てんち》の大変《だいへん》動《どう》の来《きた》るべき前兆《ぜんちょう》かも知《し》れないよ』

丙「江山《こうざん》の風景《ふうけい》は必《かなら》ずしも晴天《せいてん》のみに限《かぎ》らず、降雪《こうせつ》、降雨《こうう》、暴風《ぼうふう》のときこそかえって雅趣《がしゅ》を添《そ》えるものなりだ。エヘン」

甲「また始《はじ》まった、貴様《きさま》のいうことは一体訳《いったいわけ》が分《わか》らないワ」

丙「黙《だま》言って終《しまい》まで聞《き》こうよ。昔《むかし》から相似《そうじ》の年《とし》といって、長雨《ながあめ》も降《ふ》ったり、地震《じしん》も揺《ゆ》ったり、星《ほし》が降《ふ》ったり、凶作《きょうさく》が続《つづ》いたり、鳥獣《ちょうじゅう》が居《い》なくなったりした事《こと》は幾度《いくたび》もあるよ。世《よ》の中《なか》の歴史《れきし》は繰返《くりかえ》すといってな、少々地響《しょうしょうじひびき》がしたって、雨《あめ》が降《ふ》ったって、星《ほし》が集会《しゅうかい》したって、そう驚《おどろ》くに及《およ》ばぬのじゃ。察《さっ》するところお前《まえ》たちの臆病者《おくびょうもの》の腹《はら》の中《なか》は、もはや天《てん》変地妖《ぺんちよう》が到来《とうらい》して、獲物《えもの》が無《な》いので山《やま》の神《かみ》に雷《かみなり》でも、頭《あたま》の上《うえ》から落《おと》されるのが恐《こわ》くって震《ふる》うていよるのだろう。つらく惟《おもんみ》るに、エヘン、お前《まえ》たちは臆病神《おくびょうがみ》に誘《さそ》われたのだねえ、エヘン、オホン」

丁「ヤア、そこへ五六羽《ぱ》の鴨《かも》が来《き》たではないか」

ヨウ、ヨウ、と言《い》いながら一同《いちどう》は弓《ゆみ》に矢《や》を番《つが》えて身構《みがま》えする。

乙「待《ま》てく大変《たいへん》だ。この谷《たに》は鴨猟《かもりょう》は厳《きび》しく禁《きん》じてあるじゃないか、そんな物《もの》ども獲《と》ったら大変《たいへん》だよ。この鴨《かも》は昔八頭《むかしやつがしら》の妻磐長姫《つまいわながひめ》が、悋気《りんき》とか陰気《いんき》とかの病《やまい》で河《かわ》へ飛《と》び込《こ》んで、その亡霊《ぼうれい》が鴨《かも》になったという事《こと》だ。それでその鴨《かも》は八頭様《やつがしらさま》の奥様《おくさま》の霊《れい》だから、それを撃《う》とうものなら大変《たいへん》な刑罰《けいばつ》を受《う》けねばならぬ。そしてその鴨《かも》を食《く》った奴《やつ》の嬶《かかあ》は、すぐにこの谷川《たにがわ》へ飛《と》び込《こ》んで、鴨《かも》になって仕舞《しま》うと云《い》う事《こと》だよ」

丙「そンな事《こと》は疾《とう》の昔《むかし》に委細御承知《いさいごしょうち》だ。迷信臭《めいしんくさ》い事《こと》をいつ迄《まで》もぬかす奴《やつ》があるかい、背《せ》に腹《はら》はかえられぬ。食《く》わずに死《し》ぬか、食《く》うて死《し》ぬかじゃ。罰《ばつ》があたりゃ、当《あた》ったでよい。

一寸先《いっすんさき》は暗《やみ》よ。宣伝使《せんでんし》の云《い》い草《くさ》ではないが、天《てん》は地《ち》となり地《ち》は天《てん》となる、たとえ大地《だいち》が沈《しず》むとも間男《まおとこ》の力《ちから》は世《よ》を救《すく》うのだ。せせっ細《こま》しい善《ぜん》とか悪《あく》とかに拘泥《こうでい》していたら、吾々《われわれ》はミイラになってしまわア、そンな訳《わけ》の分《わか》らぬ迷信《めいしん》はさっぱりとおいて欲《ほ》しぼしじゃ、梅干《うめぼし》じゃ、蛙《かえる》の干乾《ひぼし》じゃ、土用干《どようぼし》じゃ、お玉《たま》り小坊子《こぼし》や膝坊子《ひざぼうし》や、カン〳〵」
とただ単独《ひとり》、調子《ちょうし》にのって下《くだ》らぬことを喋《しゃべ》りておる。

このとき西方《せいほう》の谷間《たにま》にあたりて、山《やま》も割《わ》るゝばかりの音響《おんきょう》聞《きこ》ゆると思《おも》う刹那《せつな》、身《み》の廻《まは》り三丈《じょう》もあろうと思《おも》う真黒《まつくろ》の大蛇《だいじゃ》が、谷川《たにがわ》めがけて下《くだ》り来《き》たり、間《ま》もなく、少《すこ》し赤味《あかみ》を帯《お》びたる同《おな》じ大《おお》きさの二三百丈《じょう》もある長《なが》い大蛇《だいじゃ》が、引《ひ》き続《つづ》いて谷川《たにがわ》めがけて驀地《まっしぐら》に下《くだ》り来《きた》るを見《み》つゝ、一同《いちどう》は息《いき》を殺《ころ》し、目《め》を塞《ふさ》ぎ、岩《いわ》に噛《かじ》りつき、大蛇《だいじゃ》の通過《つうか》するを震《ふる》い〳〵唇《くちびる》まで真蒼《まっさお》にして待《ま》ちいたりける。

（『霊界物語』第6巻・第13章「谷間の囁《ささやき》」大正11・1・18）

## (二) 黒竜赤竜

話《はなし》は少《すこ》し後《あと》に戻《もど》って、ウラル山《さん》の宮殿《きゅうでん》より盤古神王《ばんこしんおう》（＝盤古大神・塩長彦。盤古は中国での天地開闢の神。現在の中国の北方に降った温厚無比の正神。日の大神（伊邪那岐命）の直系で、太陽界から降誕した神人。国祖隠退の後、代って神政をつかさどるが力主体従の大自在天（大国彦）と結託して世界を体主霊従、物質主義、優勝劣敗、弱肉強食の端を開き、以前にまして悪化し、ついに神政を天に奉還する。）を奉《ほう》じ、エルサレムの聖地《せいち》（＝太古のトルコのエルサレム。）に帰還《きかん》したる日《ひ》の出《で》の守《かみ》（＝伊邪那岐尊の御分霊、荒魂・奇魂で陸上を守護されるときの御神名。また、和魂・幸魂を琴平別といい、海上を守護されるときの御神名。）は、世《よ》の終末《おわり》（＝神仏の正しい教が世の中に通じなくなる時代。）の近《ちか》づけるに憂慮《ゆうりょ》し、天下《てんか》の災害《さいがい》を坐視《ざし》するに忍《しの》びずとして、盤古大神《ばんこだいじん》をエルサレムに奉安《ほうあん》し、自《みずか》らは宣伝使《せんでんし》となりてこの長白山《ちょうはくさん》に現《あら》われたるなり。

長白山《ちょうはくざん》には白色《はくしょく》の玉《たま》が祭《まつ》られてある。而《しか》して有国彦《ありくにひこ》、有国姫《ありくにひめ》が之《これ》を主宰《しゅさい》し、磐長彦《いわながひこ》（＝国魂の神の下の番当神・八頭。）をして神政《しんせい》を掌《つかさど》らしめられたり。然《しか》るにこの長白山《ちょうはくざん》は、悉皆《しっかい》ウラル彦《ひこ》（＝ニセ盤古の霊。極端な体主霊従主義、理智を主とする。左手に経文、右手に剣を持ち、武と教を相兼ねる。自愛または世間愛に堕して知らず識らずに神に背き、虚偽を真理と信じて、悪を善と誤解するごとき行動を取る。）に帰《き》順《じゅん》していたりける。有国彦《ありくにひこ》はある夜《よ》怖《おそ》ろしい夢《ゆめ》を見《み》たるが、その夢《ゆめ》は暴風雨《ぼうふうう》が幾《いく》百日《にち》か続《つづ》いて、大地《だいち》一面《いちめん》に泥海《どろうみ》と化《か》し、さしもに高《たか》き長白山《ちょうはくさん》も水中《すいちゅう》に没《ぼつ》し、神人皆溺死《しんじんみなできし》を遂《と》げたるが、自分《じぶん》は山頂《さんちょう》の大樹《だいじゅ》の枝《えだ》に駈登《かけのぼ》りけるに、数多《あまた》の蛇樹上《へびじゅじょう》に登《のぼ》りきたって、夫婦《ふうふ》の手《て》足《あし》を噛《か》んだ。地上《ちじょう》の泥水《どろみず》はます〱増加《ぞうか》して、遂《つい》にはその大樹《だいじゅ》をも没《ぼつ》し、今《いま》や自分《じぶん》の頭《あたま》も没《ぼつ》せんとした時《とき》、一柱《ひとはしら》の美《うるわ》しき神《かみ》が天上《てんじょう》より現《あら》われ来《きた》り、金線《きんせん》の鈎《かぎ》に引懸《ひきか》け中空《ちゅうくう》に捲《ま》き上《あ》げ、救《すく》いたもう。途中《とちゅう》に目《め》を開《ひら》いて地上《ちじょう》を見下《みおろ》す途端《とたん》に、鈎《かぎ》に懸《かか》りし吾帯《わがおび》はプツリと断《き》れて、山岳《さんがく》のごとく怒濤《どとう》の吼《たけ》り狂《くる》う泥海《どろうみ》に、真倒《まっさか》さまに顛落《てんらく》せし、と思《おも》う途端《とたん》に眠《ねむ》りは醒《さ》めたり。

○

それより夫婦《ふうふ》は直《ただ》ちに白玉《しらたま》の宮《みや》に詣《もう》で、かつ天地《てんち》の大神《おほかみ》に祈願《きがん》し、山《やま》の神人《かみがみ》を集《あつ》めて警《けい》戒《かい》を与《あた》えたれど、磐長彦《いわながひこ》はじめ一柱《ひとはしら》も之《これ》を信《しん》ずる者《もの》なかりける。然《しか》るに日夜暴風《にちやぼうふう》吹《ふ》き荒《すさ》び、天空《てんくう》には異様《いよう》の星現《ほしあら》われ、三箇《こ》の彗星《すいせい》の出没《しゅつぼつ》きわまりなく、夫婦《ふうふ》は非常《ひじょう》に胸《むね》を痛《いた》めつゝありき。かゝるところへ天教山《てんきょうざん》（＝神代の富士山。）の宣伝使《せんでんし》、日《ひ》の出《で》の守《かみ》は、

「三千世界《さんぜんせかい》（＝現界・幽界・神界。全大宇宙。仏の三千大千世界。）一度《ど》に開《ひら》く梅《うめ》の花《はな》（＝瑞霊・神素盞嗚大神様の救済のご神業、御教。）仮令《たとえ》大《だい》地《ち》は沈《しず》むとも　誠《まこと》の力《ちから》（＝主神の神力。）は世《よ》を救《すく》ふ」

と歌《うた》いて登《のぼ》り来《く》るあり。その声《こえ》は針《はり》を刺《さ》すごとくに夫婦《ふうふ》の耳《みみ》に入《い》りぬ。長白山《ちょうはくざん》の神人《かみがみ》は宣《せん》伝使《でんし》の歌《うた》を聞《き》くや否《いな》や、たちまち頭痛《ずつう》を感《かん》じ、胸部《きょうぶ》に激烈《げきれつ》なる痛《いた》みを覚《おぼ》え、大地《だいち》に七転八《しちてんばっ》倒《とう》して苦《くるし》み悶《もだ》ゆる而者《のみ》なりき。磐長彦《いわながひこ》は、

「天下《てんか》を害《そこな》う悪神《あくがみ》の声《こえ》、征服《せいふく》してくれん」

と弓《ゆみ》に矢《や》を番《つが》えて、宣伝使《せんでんし》を目《め》がけて発止《はっし》と射《い》かけたり。されどその矢《や》は残《のこ》らず外《そ》れて、一矢《いっし》も命中《めいちゅう》せざりける。日《ひ》の出《で》の守《かみ》は少《すこ》しも屈《くっ》せず、宣伝歌《せんでんか》を歌《うた》いながら、山上《さんじょう》の宮殿《きゅうでん》に進《すす》み入《い》る。夫婦《ふうふ》は喜《よろこ》びて日《ひ》の出《で》の守《かみ》を奥殿《おくでん》に導《みちび》き、懇切《こんせつ》なる教示《きょうじ》を受《う》けたり。日《ひ》の出《で》の守《かみ》は今《いま》より三年《ねん》の後《のち》にいよ〱世《よ》の終末到来《おわりとうらい》すべき事《こと》を明示《めいじ》し、又《また》もや宣伝歌《せんでんか》を謡《うた》ひながら山《やま》を下《くだ》り、何処《いずこ》ともなく姿《すがた》を隠《かく》したまいける。

夫《それ》より夫婦《ふうふ》は昼夜神《ちゅうやかみ》に祈《いの》り、かつ方舟《はこぶね》（＝救いの教の意。）を造《つく》るべき事《こと》を領内《りょうない》の神人《かみがみ》に命令《めいれい》し

たれど、肝腎《かんじん》の神政《しんせい》を主管《しゅかん》する磐長彦《いわながひこ》に妨《さまた》げられ、その目的《もくてき》を達《たつ》するに至《いた》らざりける。こゝに夫婦《ふうふ》は意《い》を決《けつ》し、百日百夜神《ひゃくにちひゃくやかみ》に祈《いの》り、遂《つい》に黒竜赤竜《こくりゅうせきりゅう》と身《み》を還元《かんげん》し、白色《はくしょく》の玉《たま》を口《くち》に含《ふく》み、鴨緑江《おうりょくこう》を下《くだ》り、大海原《おおうなばら》を横断《よこぎ》り、天教山《てんきょうざん》（＝蓬萊山・富士山。）に登《のぼ》り大神《おほかみ》に親《した》しく奉仕《ほうし》したまいしなり。

（『霊界物語』第6巻・第14章「黒竜赤竜」大正11・1・18）

## （三）大洪水 一、

天《てん》より高《たか》く咲《さ》く花《はな》の、天教山《てんきょうざん》に坐《ま》しませる、木花姫《このはなひめ》（＝富士山の神霊。仏教では三十三相八十種好を具備される観世音菩薩・最勝妙如来・観自在天。瑞の御魂・言霊学上神素盞鳴大神と奉称するが、いずれも同神異名。）の御教《みおしえ》も、地教《ちきょう》の山《やま》（＝ヒマラヤ山。信州皆神山は雛形。）に隠《かく》ります、高《たか》照姫《てるひめ》の垂教《すいきょう》も、八百八十八柱《やはしら》の、宣伝使《せんでんし》の艱難《かんなん》も、盲目聾者《めくらつんぼ》の世《よ》の中《なか》は、何《なん》の効果《こうか》も荒風《あらかぜ》の、空吹《そらふ》く声《こえ》と聞《き》き流《なが》し、肯諾《うけが》う者《もの》は千柱《ちばしら》の、中《なか》にもわずか一柱《ひとはしら》、一《ひと》つの柱《はしら》は見《み》る者《もの》を、金銀《きんぎん》銅《どう》の天橋《てんきょう》に、救《すく》わんための神心《かみごころ》、仇《あだ》に過《す》ごせしその報《むく》い、雨《あめ》は頻《しき》りに降《ふ》りきたり、前後《ぜんご》を通《つう》じて五百六十七日《にち》の、大洪水《だいこうずい》と大地震《だいじしん》、彗星処々《すいせいしょしょ》に出没《しゅつぼつ》し、日月光《じつげつひかり》を押《お》し隠《かく》し、御空《みそら》は暗《くら》く大地《だいち》の上《うえ》は、平一面《たいらいちめん》の泥《どろ》の海《うみ》、凄《すさ》まじかりける次第《しだい》なり。

宣伝使《せんでんし》の神示《しんじ》を嘲笑《ちょうしょう》して耳《みみ》にも入《い》れざりし長白山《ちょうはくざん》の磐長彦《いわながひこ》以下《いか》数多《あまた》の神人《かみがみ》は、追々《おいおい》地上《じょう》の泥水《どろみず》に覆《おお》われて逃《に》げ迷《まよ》い、草木《くさき》はいずれもずるけ腐《くさ》り、禽獣虫魚《きんじゅうちゅうぎょ》は生命《いのち》を保《たも》たんため、あらゆる附近《ふきん》の山《やま》に先《さき》を争《あらそ》うて駆《か》け登《のぼ》りける。

されど、連日連夜《れんじつれんや》の大雨《たいう》に洪水《こうずい》はます〱地上《ちじょう》に氾濫《はんらん》し、遂《つい》には小高《こだか》き山《やま》もその姿《すがた》を水中《すいちゅう》に没《ぼっ》するに致《いた》りぬ。

神示《しんじ》の方舟《はこぶね》は暴風《ぼうふう》に揉《も》まれつゝ、木《こ》の葉《は》の散《ち》るごとき危《あやう》き光景《こうけい》にて、高山《こうざん》の巓《いただき》めがけて漂着《ひょうちゃく》せんと焦《あせ》りおる。

この方舟《はこぶね》は一名目無堅間《いちめいめなしかたま》の船《ふね》（＝『出口王仁三郎全集』第五巻「随筆(二)」「ノアとナオの方舟」参照。）といい、ちょうど銀杏《ぎんなん》の実《み》を浮《うか》べたる如《ごと》くにして、上面《じょうめん》は全部《すつかり》樟《くす》の堅固《けんご》な板《いた》で、中高《なかだか》に円《まる》く覆《おお》われおり、わずかに側部《そくぶ》に空気孔《くうきあな》が開《あ》けあるのみなりける。

船《ふね》の中《なか》には神人《しんじん》を初《はじ》め、牛馬《ぎゅうば》、羊《ひつじ》、鳥等《とりとう》が一番《ひとつがい》づつ各自《めいめい》に入《い》れられ、また数十日間《すうじゅうにちかん》の食《しょく》物用意《もつようい》されありける。

種々《いろいろ》の船《ふね》に身《み》を托《たく》し、高山目蒐《こうざんめが》けて避難《ひなん》せんとする者《もの》も沢山《たくさん》ありたれど上方《じょうほう》に屋根《やね》なき舟《ふね》は、降《ふ》りくる雨《あめ》の激《はげ》しさに、溜《たま》り水《みず》を汲《く》み出《だ》す暇《ひま》なく、かつ寄《よ》せくる山岳《さんがく》のごとき怒濤《どとう》に呑《の》まれて、数限《かずかぎ》りなき舟《ふね》は残《のこ》らず沈没《ちんぼつ》の厄《やく》にあいける。

されど鳥《とり》の啼声《なきごえ》や、獣類《じゅうるい》のいずれも山《やま》に駆《か》け登《のぼ》るを見《み》て、朧気《おぼろげ》ながらにも世界《せかい》の大洪水《だいこうずい》を知《し》り、逸早《いちはや》く高山《こうざん》に避難《ひなん》したる人畜《じんちく》はようやく生命《いのち》を支《ささ》え得《え》たりしなり。

一般蒼生《いっぱんそうせい》は数多《あまた》の禽獣《きんじゅう》や虫《むし》のために、安眠《あんみん》することも出来《でき》ず、雨《あめ》は歇《や》まず、実《じつ》に困難《こんなん》を極《きわ》めたりける。こゝに一般人《いっぱんじん》は宣伝使《せんでんし》の宣伝歌《せんでんか》を今更《いまさら》のごとく想《おも》い出《だ》し、悔悟《かいご》の念《ねん》を喚《よ》び起《おこ》し、俄《にはか》に神《かみ》を祈願《きがん》し始《はじ》めたれど何《なん》の効験《こうけん》もなく、風《かぜ》はますく激《はげ》しく、雨《あめ》は次第《しだい》に強《つよ》くなるのみなりき。総《すべ》ての神人《しんじん》は昼夜不安《ちゅうやふあん》の念《ねん》に駆《か》られ、こゝにいよいよ世《よ》の終末《おわり》に瀕《ひん》せることを嘆《なげ》き悲《かな》しみけり。

○

現代《げんだい》の賢《さか》しき人間《にんげん》は、天災地妖《てんさいちよう》と人事《じんじ》とには、少《すこ》しも関係無《かんけいな》しというもの多《おお》けれど地上《ちじょう》神人《しんじん》の精神《せいしん》の悪化《あっか》は、地上一面《ちじょういちめん》に妖邪《ようじゃ》の気《き》を発生《はっせい》し、宇宙《うちゅう》を溷濁《こんだく》せしめ、天地《てんち》の霊気《れいき》を腐《ふ》穢《え》し、かつ空気《くうき》を変乱《へんらん》せしめたるより、自然《しぜん》に天変地妖《てんぺんちよう》を発生《はっせい》するに至《いた》るものなり。

凡《すべ》ての宇宙《うちゅう》の変事《へんじ》は、宇宙《うちゅう》の縮図《しゅくず》たる人心《じんしん》の悪化《あっか》によって宇宙一切《うちゅういっさい》の悪化《あっか》するのは、恰《あたか》も時計《とけい》の竜頭《りゅうず》が破損《はそん》して、時計全体《とけいぜんたい》がその用《よう》を為《な》さないのと同《おな》じ様《よう》なものである。故《ゆえ》に大神《おほかみ》の神諭《しんゆ》には、

「神《かみ》の形《かたち》に造《つく》られて、神《かみ》に代《かわ》って御用《ごよう》を致《いた》す人民《じんみん》の、一日《いちにち》も早《はや》く、一人《ひとり》でも多《おお》く、心《こころ》の立《たて》替立直《かえたてなお》しをして、誠《まこと》の神心《かみごころ》に成《な》ってくれよ」

と示《しめ》し給《たも》うたのは、この理《り》に基《もと》づくものである。また、

「人民《じんみん》くらい結構《けつこう》な尊《とうと》いものは無《な》いぞよ。神《かみ》よりも人民《じんみん》は結構《けつこう》であるぞよ」

と示《しめ》されあるも、人間《にんげん》は万物普遍《ばんぶつふへん》の元霊《げんれい》たる神《かみ》に代《かわ》って、天地経綸《てんちけいりん》の主宰者《しゅさいしゃ》たるべき天《てん》職《しょく》を、惟神《かむながら》に賦与《ふよ》されているからである。

古今未曾有《ここんみぞう》のかくのごとき天変地妖《てんぺんちよう》の襲来《しゅうらい》したのも、全《まった》く地上《ちじょう》の人類《じんるい》が、鬼《おに》や大蛇《おろち》や金狐《きんこ》の邪霊《じゃれい》に憑依《ひょうい》されて、神人《しんじん》たるの天職《てんしょく》を忘《わす》れ、体主霊従《たいしゅれいじゅう》の行動《こうどう》を敢《あえ》てし、天地《てんち》の神恩《しんおん》を忘却《ぼうきゃく》したる自然的《しぜんてき》の結果《けっか》である。

神《かみ》は素《もと》より至仁至愛《しじんしあい》にましまして、只一介《ただいっかい》の昆虫《こんちゅう》といえども、最愛《さいあい》の寵児《ちょうじ》として之《これ》を保《ほ》護《ご》し給《たま》いつゝあるがゆえに、地上《ちじょう》の人類《じんるい》を初《はじ》め動植物一切《どうしょくぶついっさい》が、日《ひ》に月《つき》に繁殖《はんしょく》して天国《てんごく》の生活《せいかつ》を送《おく》ることを、最大《さいだい》の本願《ほんがん》となし給《たも》うなり。また、

「神《かみ》を恨《うら》めてくれるな。神《かみ》は人民《じんみん》その他《た》の万物《ばんぶつ》を、一つなりとも多《おお》く助《たす》けたいのが神《かみ》は胸《むね》一杯《いっぱい》であるぞよ。神《かみ》の心《こころ》を推量《すいりょう》して万物《ばんぶつ》の長《ちょう》といわるゝ人民《じんみん》は、早《はや》く改心《かいしん》いたしてくれ。神急《かみせ》けるぞよ。後《あと》で取返《とりかえ》しのならぬ事《こと》がありては、神《かみ》の役《やく》が済《す》まぬから、神《かみ》は飽《あ》くまでも気《き》を付《つ》けたが、もう気《き》の付《つ》けようが無《な》いぞよ。神《かみ》は残念《ざんねん》なぞよ」

との神諭《しんゆ》を、我々《われわれ》はよく味《あじ》わねばならぬ。

（『霊界物語』第6巻・第15章「大洪水」（一）大正11・1・18）

◇白頭山《はくとうさん》（ペクトゥサン）について

白頭山（中国名長白山、２７４４㍍）は長白山脈の主峰であり、現在は、中国の吉林省と朝鮮民主主義人民共和国の国境をなしている火山の山。古来、朝鮮建国神話、清朝発祥伝説の地と尊崇される。

出口聖師と深く関わった多摩道院の笹目秀和（恒雄・１９０２～）も、学生時代にこの白頭山の神仙に導かれ、蒙古へ行き、その後出口聖師との縁も生れている。

（『モンゴル神仙邂逅記』徳間書店刊　１９９１年）

また、日本の白山信仰と朝鮮の白頭山、太白山、小白山など、「白」というキーワードをもつ信仰世界が、相通じることも注目したい。

加賀の白山信仰と朝鮮の白頭山への信仰について深い関係があり、愛知県や岐阜県には数百社の白山神社がある。そして白山はもとはシラヤマで新羅の山の意味がある。

（『渡来人と渡来文化』金達寿著）

『契丹古伝《きったんこでん》』では白頭山を白山《しらやま》としており、新羅系の渡来人がやってきて祭祀したと考えられる。この他、白山信仰は、九州大分や福岡にもあり、加賀の白山信仰と信仰内容は同じであるが、独立して九州にはいってきたもの（『日本にあった朝鮮王国』大和岩雄著）とされている。

　加賀の白山《しらやま》比咩《ひめ》神社《じんじゃ》のご祭神は、菊理媛《くくりひめ》神（白山比咩大神）を主祭神として伊邪那岐・伊邪那美の神を配祀する。白山神社は全国に二七一七社あり岐阜、新潟、愛知に多い。

○

　また、金容雲は『日韓民族の原型』（サイマル出版、１９８９年）の中で、次のように漢民族・扶余族が「白」を尊ぶことを述べている。

「白を好む民族・漢民族ほど、白衣を好む民族はいない。事実、裁判所にたたされている被告から葬列の人びと、さらにリラックスしようとするときなど、ほとんど例外なしにそれを着る。日本人が和服をきるとシャンとして「かしこく」なるのとは逆に、韓国人が白衣を着ると気が落着き、「しっかり」できるらしい。民族服は原型をよびおこすものでもあるのだ。さて、韓国人の代名詞は、「白衣民族」だ。

　日本語では、白、日、火は「シ」、または「ヒ」であり、それらは東京弁では区別されない。韓国語では「ヘ」、白は「ヒ」という。おそらく、それらはもとは同じ発音ではあるまいか？　いずれにせよ、騎馬民族は太陽崇拝の傾向が強く、拝火教すらもある。また、白い色を好むのも共通している。

白熱という言葉があるとおり、火、太陽、白は共通したものがある。これは絵で見た印象だが、日本神話の神様は白い色をした、いわばいまの韓国の民族衣装を着ていたように覚えている。事実、その絵は、埴輪や古墳にある壁画などから推測されたものを描いたに違いない。

漢民族の一部の始祖と目されている扶余族の人々は、白い色をこのみ、白麻の周衣（日本の羽織に相当する、トゥルマイギという外衣）と朝鮮式のバジといわれるズボンを着《は》いていた。高句麗、新羅、女真、高麗、李朝朝鮮は一貫して白衣であった。白衣が、首長の家柄の者が衣服と考えられていたことを示す資料として、江上波夫は『騎馬民族国家』で『元朝秘史』にみえるジンギスハンの言葉を引用している。

「ウンスよ、おまえはバアリンの長子の子孫であるから、おまえはベキ（首長）となるべきである。ベギとなり、白い馬に乗り、白い衣をまとい、世のもっとも高い地位につけ。……。」

## （四）アマテラスとスサノオの誓約《うけい》（神楽舞《かぐらまい》）

神素盞鳴尊《かむすさのおのみこと》の治食《しろしめ》す大海原《おおうなばら》の国々島々《くにぐにしまじま》は、国治立尊《くにはるたちのみこと》（＝国常立尊。）、野立彦《のだちひこ》の神《かみ》と現《あら》われて、埴安彦命《はにやすひこのみこと》に神言依《かむごとよ》さし、黄金山下《おうごんさんか》に現《あら》われて三五教《あなないきょう》を開《ひら》き給《たま》い、豊国姫尊《とよくにひめのみこと》（＝坤の金神。）は野立姫神《のだちひめのかみ》と現《あら》われ、神素盞鳴尊《かむすさのおのみこと》の水火《いき》を合《あ》わして、埴安姫命《はにやすひめのみこと》となり、三五教《あなないきょう》を経緯《たてよこ》より天下《てんか》に宣伝《せんでん》し、神人皆《しんじんみな》その徳《とく》に悦服《えつぷく》し、天《あめ》が下四方《したよも》の国《くに》は一時《いちじ》、無事泰平《ぶじたいへい》の神国《かみくに》と治《おさ》まりけるが、天足彦《あだるひこ》、胞場姫《えばひめ》の霊《れい》の邪気《じやき》より現《あら》われ出《い》でたる、八頭八尾《やつがしらやつを》の大蛇《おろち》を始《はじ》め、金狐《きんこ》、悪鬼諸々《あくきもろもろ》の醜女《しこめ》、探女《さぐめ》は油《あぶら》の浸潤《しんじゅん》するが如《ごと》く、忍《しの》び忍《しの》びに天下《てんか》に拡《ひろ》がり、邪悪《じゃあく》充《み》ち、荒《あら》ぶる神《かみ》の訪《おとの》う声《こえ》は、山岳《さんがく》も揺《ゆる》ぐ許《ばか》り、河海殆《かかいほとん》ど涸《か》れなんとす。

神素盞鳴大神《かむすさのおのおほかみ》は、大海原《おおうなばら》の国《くに》を治《おさ》めかね、熱《あつ》き涙《なみだ》に咽《むせ》ばせ給《たも》う折《おり》しも、御父神《おんちちがみ》なる神伊《かむい》邪諾大神《ざなぎのおほかみ》、尊《みこと》の前《まえ》に現《あら》われ給《たま》い、

「爾《なんじ》は何故《なにゆえ》に吾《わ》が依《よ》させる国《くに》を守《まも》らず、且《か》つ女々《めめ》しくも泣《な》きつるか」

と言葉鋭《ことばするど》く問《と》わせ給《たま》いければ、神素盞鳴大神《かむすさのおのおほかみ》は、

「われ、大神《おほかみ》の勅《みことのり》を奉《ほう》じ、昼夜孜々《ちゅうやしし》として神政《しんせい》に心力《しんりょく》を尽《つく》すと雖《いえど》も、地上《ちじょう》の悪魔盛《あくまさか》んに

して、容易《ようい》に帰順《きじゅん》せしむ可《べ》からず。到底《とうてい》吾等《われら》の非力《ひりょく》を以《もつ》て、大海原《おおうなばら》の国《くに》を治《おさ》むべきにあらず、吾《われ》は是《これ》より根《ね》の堅洲国《かたすくに》に至《いた》らん」

と答《こた》え給《たま》いぬ。此《こ》の時《とき》父《ちち》伊邪諾大神《いざなぎのおほかみ》は、

「然《しか》らば汝《なんじ》が心《こころ》の儘《まま》にせよ、この国《くに》には住《す》む勿《なか》れ」

と言葉《ことば》厳《きび》しく詔《の》らせ給《たま》いぬ。茲《ここ》に素盞嗚尊《すさのおのみこと》は已《や》むを得《え》ず、母《はは》の坐《ま》します根《ね》の堅洲国《かたすくに》に至《いた》らんと思《おも》おし、天教山《てんきょうざん》の高天原《たかあまはら》に坐《ま》します姉《あね》の大神《おほかみ》に暇乞《いとまご》いをなし、根《ね》の堅洲国《かたすくに》に至《いた》らむと、雲霧《くもきり》押分《おしわ》けて、天教山《てんきょうざん》に上《のぼ》らせ給《たも》う。其《そ》の勢《いきおい》当《あた》るべくもあらざる如《ごと》く見《み》えければ、御姉《おんあね》の大神《おほかみ》は、いたく驚《おどろ》かせ給《たま》い、

「吾《あ》が弟神《おとうとがみ》の此処《ここ》に上《のぼ》り来《き》ませるは、必《かなら》ず美《うる》わしき心《こころ》ならざらめ、此《こ》の高天原《たかあまはら》を奪《うば》わんとの汚《きたな》き心《こころ》を持《も》たせ給《たも》うならん」

と部下《ぶか》の神々《かみがみ》に命《めい》じ、軍備《ぐんび》を整《ととの》え、防戦《ぼうせん》の用意《ようい》に掛《かか》らせ給《たま》いける。

神素盞嗚尊《かむすさのおのみこと》は、姉大神《あねおほかみ》の斯《か》くも深《ふか》き猜疑心《さいぎしん》に包《つつ》まれ給《たも》うとは夢《ゆめ》にも知《し》らず、コーカス

山《さん》を立出《たちい》でゝ、天磐船《あまのいわふね》に乗《の》り、天空《てんくう》を翔《かけ》りて、天教山《てんきょうざん》に下《くだ》らせ給《たも》う時《とき》、姉《あね》の大神《おほかみ》は伊都《いづ》の竹鞆《たかとも》を取佩《とりお》ばして、弓腹振立《ゆはらふりた》て、堅庭《かたにわ》に現《あら》われ給《たま》い、淡雪《あわゆき》の如《ごと》く、土石《つちいし》を蹶散《くいち》らし、勢《いきおい》猛《たけ》く弟神《おとうとがみ》に向《むか》い、高天原《たかあまはら》を占領《せんりょう》するの野心《やしん》ある事《こと》を厳《きび》しく詰問《きつもん》されたりける。

茲《ここ》に神素盞嗚尊《かむすさのおのみこと》は、案《あん》に相違《そうい》の顔色《おももち》にて答《こた》え給《たも》うよう、

「吾《われ》は、貴神《きしん》の思《おぼ》さるゝが如《ごと》き汚《きたな》き心《こころ》は露《つゆ》だにもなし、父大神《ちちおほかみ》の御言《みこと》もちて、吾泣《わがな》く有様《ありさま》を言問《ことと》わせ給《たも》うが故《ゆえ》に、応《こた》え難《つら》くて、吾《われ》は母《はは》の坐《ま》します根《ね》の堅洲国《かたすのくに》に行《ゆ》かんと思《おも》う、恋《こい》しさの余《あま》り泣《な》くなりと答《こた》うれば、父大神《ちちおほかみ》は、然《しか》らば汝《なんじ》が心《こころ》の儘《まま》にせよと仰《おお》せあり。母《はは》の国《くに》に行《ゆ》かんとするに先《さき》だち、姉大神《あねおほかみ》に一目《ひとめ》遭《あ》いまつらんと思《おも》いてこそ上《のぼ》り来《き》つれ、決《けつ》して怪《あや》しき心《こころ》なし。願《ねが》わくば姉《あね》の大神《おほかみ》よ、吾《あ》が心《こころ》の清《きよ》き事《こと》を悟《さと》り給《たま》え」

と涙《なみだ》と共《とも》に答《こた》え給《たま》いぬ。

茲《ここ》に姉大神《あねおほかみ》は、

「然《しか》らば汝《なんじ》が心《こころ》の清《きよ》き事《こと》、何《なに》を以《もつ》て証明《あかし》せん」

と詔《なじ》り給《たま》えば、弟神《おとうとがみ》は、

「吾《あ》が持《も》てる十握《とつか》の剣《つるぎ》を姉《あね》の命《みこと》に奉《たてまつ》らん、姉《あね》の命《みこと》は御身《おんみ》にまかせる八尺《やさか》の曲玉《まがたま》を吾《われ》にわたさせ給《たま》え」

と請《こ》ひ給《たま》えば、姉大神《あねおほかみ》も諾《うなず》かせ給《たま》いて、玉《たま》と剣《つるぎ》の交換《とりかわし》の神業《かむわざ》を始《はじ》め給《たま》い、天《あま》の安河《やすかわ》を中《なか》に置《お》き各《おの》も〳〵天《あま》の真名井《まない》に振《ふ》り滌《すす》ぎ、佐賀美《さがみ》にかみて吹《ふ》き棄《う》ち給《たま》えば、素盞嗚尊《すさのおのみこと》の神実《かむざね》なる十握《とつか》の剣《つるぎ》より三柱《みはしら》の女神現《めがみあら》われ給《たま》い、姉大神《あねおほかみ》の纏《まか》せる八尺《やさか》の曲玉《まがたま》より五柱《いつはしら》の男神現《おがみあら》われ給《たま》えば、ここに神素盞嗚大神《かむすさのおのおほかみ》の清《きよ》く、若《わか》く、優《やさ》しき御心現《みこころあら》われ玉《たま》へり。姉大神《あねおほかみ》は始《はじ》めて覚《さと》り、

「此《こ》の三柱《みはしら》の女神《めがみ》は、汝《なんじ》が霊《みたま》より現《あら》れませるやさしき瑞《みづ》の霊《みたま》（＝三つの御霊。神道では造化三神、真言宗では大日・金剛・胎蔵界、天台宗では釈迦多宝塔の二仏併坐、キリスト教の三一の神。）なり。また五柱《いつはしら》の男神《おがみ》は、あが霊《みたま》より生《あ》れませる雄々《おお》しき男神《おがみ》なり」

と了解《ことわ》け給《たま》いぬ。

こゝに姉大神《あねおほかみ》の疑《うたがい》は全《まつた》く晴《は》れたれども、未《いま》だ晴《は》れやらぬは、神素盞嗚大神《かむすさのおのおほかみ》に仕《つか》えまつれる八十猛《やそたける》の神々《かみがみ》の御心《みこころ》なりき。吁《ああ》、八十猛《やそたける》の神《かみ》の無謀《むぼう》なる振舞《ふるまい》に依《よ》りて、天照大御神《あまてらすおおみかみ》は、天《あま》の岩戸《いわと》の奥深《おくふか》く隠《かく》れ給《たま》い、再《ふた》び六合暗黒《りくごうあんこく》となり、昼夜咫尺《ちゅうやしせき》を弁《べん》ぜず、万妖《ばんよう》悉《ことごと》く起《おこ》り、草《くさ》の片葉《かきは》に至《いた》る迄《まで》、言問《ことと》いさやぐ悪魔《あくま》の世《よ》を現出《げんしゅつ》したりける。茲《ここ》に高天原《たかあまはら》に坐《ま》します、思慮分別《しりょふんべつ》最《もつと》も深《ふか》き神《かみ》と聞《きこ》えたる、金勝要《きんかつかね》の大神《おほかみ》（＝大地の金神。仏教では地蔵菩薩と奉称する。）の分霊《わけみたま》思兼神《おもいかねのかみ》は、八百万神《やほよろずのかみ》を天《あま》の安《やす》の河原辺《かわらべ》に、神集《かむつど》えに集《つど》え、神議《かむはか》りに議《はか》りて、再《ふた》び日《ひ》の大神《おほかみ》の御出現《ごしゅつげん》を請《こ》い奉《まつ》る其《そ》の神業《かむわざ》を行《おこな》わせ玉《たま》いける。

　三五教《あなないきょう》の道《みち》を伝《つた》えたりし数多《あまた》の宣伝使《せんでんし》は、天《あま》の安《やす》の河原《かわら》に集《あつ》まり来《きた》り、尚《なお》も進《すす》んで天教山《てんきょうざん》の天《あま》の岩戸《いわと》の前《まえ》に現《あら》われ給《たま》い、五伴男《いつともお》の神《かみ》、八十伴男《やそともお》の神《かみ》を始《はじ》め八百万《やおろず》の神達《かみたち》、天津神籬《あまつひもろぎ》を立《た》て、真榊《まさかき》を囲《めぐ》らし、鏡《かがみ》、玉《たま》、剣《つるぎ》を飾《かざ》り、出雲姫命《いずもひめのみこと》は天《あめ》の鈿女命《うづめのみこと》と現《あら》われて、岩戸《いわと》の前《まえ》に桶伏《おけふ》せて、一二三四五六七八九十《ひとふたみよいつむゆななやここのたり》、と「天《あま》の数歌《かずうた》」（＝十種の神宝。）うたい上《あ》げ、舞《ま》い狂《くる》い給《たま》いし其《そ》の可笑《おか》しさに、八百万《やほよろず》の神《かみ》は思《おも》わず吹《ふ》き出《だ》し、常暗《とこやみ》の世《よ》の苦《くる》しさも忘《わす》れて、笑《わら》い興《きよう》じ給《たま》えば、天照大神《あまてらすおほかみ》も岩戸《いわと》を細目《ほそめ》に押開《おしひら》き給《たも》う折《おり》しも、手力男神《たぢからおのかみ》は岩戸《いわと》を開《ひら》き御手《おんて》を取《と》りて引出《ひきだ》しまつり、六合《りくごう》の内《うち》、再《ふたた》び清明《せいめい》に輝《かがや》きわたる事《こと》を得《え》たり。こゝに八百万《やほよろず》の神《かみ》は此《こ》の度《たび》の事変《じへん》を以《もつ》て神素盞嗚尊《かむすさのおのみこと》の罪《つみ》に帰《き》し、手足《てあし》の爪《つめ》まで抜《ぬ》き取《と》り、高天原《たかあまはら》を神退《かむやら》いに退《やら》い給《たま》いしなり。

是《これ》より神素盞嗚大神《かむすさのおおほかみ》は、今迄海原《いままでうなばら》（＝この大地、地球上。）の主宰神《しゆさいしん》たる顕要《けんよう》の地位《ちい》を棄《す》て、心《こころ》も細《ほそ》き一人旅《ひとりたび》、国《くに》の八十国《やそくに》、島《しま》の八十島《やそしま》にわだかまり、世人《よびと》を損《そこな》う八岐大蛇《やまたおろち》の悪神《あくがみ》や、金狐《きんこ》、悪鬼《あくき》の征服《せいふく》に向《むか》わせ給《たま》いける。嗚呼《ああ》、今後《こんご》の素盞嗚大神《すさのおおほかみ》の御身《おんみ》は如何《いか》になり行《ゆ》くならんか。

（『霊界物語』第15巻・第10章「神楽舞」大正一一・四・二）

## （五）スサノオ尊　日本から海外へ

久方《ひさかた》の高天原《たかあまはら》の岩窟《いはやど》も　開《ひら》けてここに天地《あめつち》の　百《もも》の神達勇《かみたちいさ》み立《た》ち　あな面白《おもしろ》やあなさや
けおけ　天《あま》の数歌賑《かずうたにぎ》はしく　言葉《ことば》の花《はな》の開《ひら》け口《ぐち》　常夜《とこよ》の闇《やみ》は晴《は》れぬれど　まだ晴《は》れやらぬ

胸《むね》の内《うち》　神素盞鳴《かむすさのお》の大神《おほかみ》は　天地百《あめつちもも》の神人《しんじん》の　百千万《ももちよろづ》の罪咎《つみとが》を　御身《おんみ》一《ひと》つに贖《あがな》ひつ　情《つれ》なき嵐《あらし》の吹《ふ》くままに　千座《ちくら》の置戸《おきど》を負《お》ひ給《たま》い　高天原《たかあまはら》を後《あと》にして　天《あめ》の真名井《まなゐ》（＝日本海。）を打渡《うちわた》り　唐土山《もろこしやま》（＝支那・中国。）や韓《から》の原《はら》　印度《つき》の国《くに》（＝インドの国。）をば打過《うちす》ぎて　秘密《ひみつ》の国《くに》と聞《きこ》えたる　高山四方《かうざんよも》に繞《めぐ》らせる　由緒《ゆいしよ》も深《ふか》き西蔵《チベット》の　山野村々《やまのむらむら》　悉《ことごと》く　太《ふと》き御稜威《みいづ》を輝《かがや》かし　猶《なほ》も進《すす》みてフサの国《くに》（＝イランの国。）　タールの都《みやこ》（＝『救世の船に』「素盞嗚尊はスーサの王」出口信一著・愛善世界社30頁参照。）を打過《うちす》ぎて　雲《くも》を圧《あつ》して聳《そそ》り立《た》つ　百《もも》の山々此処彼処《やまやまここかしこ》　ウブスナ山《やま》（＝今のイランにある山。）の山脈《さんみやく》にかかる手前《てまへ》の河鹿山《かじかやま》　世《よ》の荒風《あらかぜ》に揉《も》まれつつ　足《あし》もいそいそ上《のぼ》りまし　ウブスナ山《やま》の山《やま》の上《へ》に　四方《よも》の景色《けしき》の美《うる》はしき　清《きよ》き所《ところ》を選《えら》みつつ　八尋《やひろ》の殿《との》を建《た》て給《たま》い　千代《ちよ》の住家《すみか》と定《さだ》めつつ　此世《このよ》を忍《しの》ぶ佗住居《わびずまゐ》　黒雲四方《くろくもよも》に叢《むら》がりて　黒白《あやめ》も分《わ》かぬ世《よ》の中《なか》に　神《かみ》の稜威《みいづ》もいや高《たか》く　ひそかに四方《よも》を照《てら》します　その神徳《しんとく》を慕《した》ひつつ　忍《しの》び忍《しの》びに遠近《をちこち》の　山《やま》の尾《を》の上《へ》や川《かは》の瀬《せ》に　現《あ》れます正《ただ》しき神人《しんじん》は　吾《われ》も吾《われ》もと争《あらそ》ひつ　尋《たづ》ね来《き》ますぞ尊《たふと》けれ。

○

瑞霊《みづのみたま》の元津祖《もとつおや》、豊国姫《とよくにひめ》の神《かみ》の分霊《わけみたま》、昔《むかし》は聖地《せいち》エルサレムに幸魂《さちみたま》の神《かみ》として現《あら》われ給《たま》える言霊別命《ことたまわけのみこと》（＝主神の神格一霊四魂の中の幸魂の神、キリストの御魂。）は、国治立《くにはるたち》の大神《おほかみ》の御退隠《ごたいいん》に先立《さきだ》ち、千座《ちくら》の置《おき》戸《ど》を負《お》いて、一旦幽界《いったんかくりよ》に出《い》でまし少名彦《すくなひこ》の神《かみ》と改《あらた》めて、常世《とこよ》の国《くに》を永久《とこしへ》に守《まも》り給《たま》いけるが、瑞霊《みづのみたま》の本津祖《もとつおや》、神素盞嗚《かむすさのお》の大神《おほかみ》の、高天原《たかあまはら》を退《やら》はれて、豊葦原《とよあしはら》（＝現界・この地球。）の国々《くにぐに》を、心寂《こころさび》しき漂泊《さすらい》の、旅路《たびじ》に上《のぼ》らせ給《たま》いしと、聞《き》くより心《こころ》も安《やす》からず、再《ふたた》び此世《このよ》に現《あら》われて、賤《いや》しき人《ひと》の腹《はら》を籍《か》り、言依別命《ことよりわけのみこと》となり、森鷹彦《もりたかひこ》の霊《みたま》の流裔《ながれ》、玉彦《たまひこ》を御伴《みとも》の神《かみ》と定《さだ》めつつ、常世《とこよ》の国《くに》を厳彦《いづひこ》や、世人《よびと》を救《すく》う楠彦《くすひこ》の、三人《みたり》の神《かみ》を従《したが》えて、波路遥《なみじはる》かに太平《たいへい》の、海《うみ》を渡《わた》り

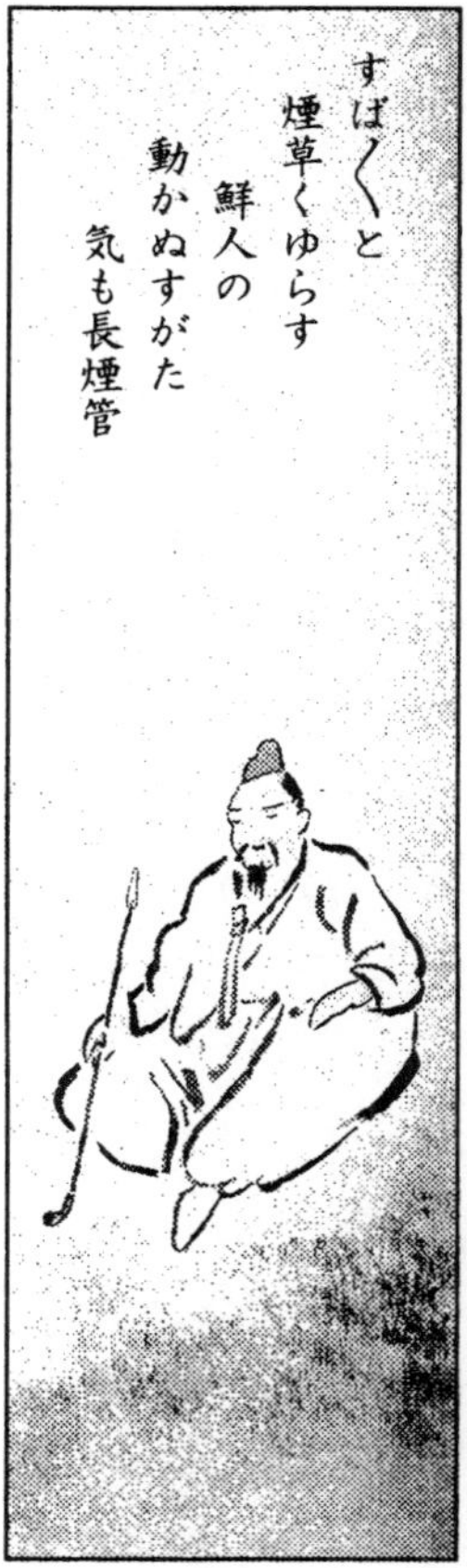
すぱ〳〵と
煙草くゆらす
鮮人の
動かぬすがた
気も長煙管
長煙管

て月《つき》の国《くに》、フルの港《みなと》に上陸《じょうりく》し、印度《つき》の御国《みくに》を乗《の》り越《こ》えて、歩《あゆ》みに悩《なや》むフサの国《くに》、タールの都《みやこ》に出《い》で給《たも》う。

吾勝命《あかつのみこと》（＝琵琶湖の誓約で生れた正哉吾勝々速日天之忍穂耳尊。）は、フサの国《くに》の首府《しゅふ》タールの都《みやこ》に、日《ひ》の出別神《でわけのかみ》と現《あら》われて、神政《しんせい》を執《と》り行《おこな》わせ給《たま》いつつありき。言依別命《ことよりわけのみこと》はタールの都《みやこ》の日《ひ》の出別神《でわけのかみ》に面会《めんかい》し、神素盞嗚《かむすさのお》の大神《おほかみ》のお隠宅《かくれが》を教《おし》えられ、喜《よろこ》び勇《いさ》んで、玉彦《たまひこ》、厳彦《いづひこ》、楠彦《くすひこ》と共《とも》に駒《こま》に跨《また》り、河鹿峠《かじかとうげ》を越《こ》えさせ給《たも》う。意外《いがい》の峻坂難路《しゅんぱんなんろ》に、流石《さすが》の駿馬《しゅんめ》も進《すす》みかね、幾度《いくたび》となく駒《こま》の転倒《てんとう》せむとする危険《きけん》を冒《おか》して、徐々《しずしず》と山頂《さんちょう》目《め》がけて進《すす》ませ給《たも》う。

この地一帯《ちいったい》の山脈《さんみやく》は、風烈《かぜはげ》しく、寒熱不順《かんねつふじゅん》にして、百《もも》の草木《そうもく》の生育《せいいく》悪《あ》しく、見渡《みわた》す限《かぎ》り屹立《きつりつ》せる岩山《いわやま》、禿山《はげやま》、此処彼処《ここかしこ》に起伏《きふく》し、眺望《ちょうぼう》としては天下《てんか》の絶景《ぜつけい》なり。

神素盞嗚《かむすさのお》の大神《おほかみ》は、ウブスナ山脈《さんみやく》の頂上《ちょうじょう》斎苑《いそ》の高原《こうげん》に宮殿《きゅうでん》（＝斎苑の館。）を造《つく》り、四方《よも》の神人《しんじん》を言向和《ことむけやわ》し給《たま》わんと、千種万様《せんしゅばんよう》に御姿《みすがた》を変《へん》じ、此宮殿《このきゅうでん》を本拠《ほんきよ》と定《さだ》め、八十猛神《やそたけるのかみ》をして固《かた》く守《まも》らしめ、自《みずか》らは表面罪人《ひょうめんざいにん》の名《な》を負《お》い給《たま》いて、大八洲国《おおやしまのくに》（＝世界の国々。）に蟠《わだか》まる大蛇《おろち》、悪鬼《あっき》、醜《しこ》の神々《かみがみ》を根絶《こんぜつ》せんと心《こころ》を砕《くだ》き身《み》を苦《くる》しめ、変幻出没極《へんげんしゅつぼつきわ》まり無《な》く、斯《か》くして御国《みくに》を守《まも》らせ玉《たま》いつつありき。………。（以下略）

（『霊界物語』第15巻・第19章「第一天国」大正11・4・4口述）

---

◆**素尊《すそん》と遠征《えんせい》**　皇大神《すめおほかみ》の岩屋戸《いわやど》に　隠《かく》れまし〻を悉《ことごと》く　素盞鳴之命《すさのおのみこと》の罪《つみ》と為《な》し　神々共《かみがみとも》に議《はか》り問《と》ひ　千座《ちくら》の置戸《おきど》を負《おは》せ宛《つつ》　八握《やつか》の髭《ひげ》を抜《ぬ》き落《おと》し　手足《てあし》の爪《つめ》まで抜《ぬか》しめて　退《やら》ひに遂《やら》ひ給《たま》ひけり　故《か》れ素盞鳴《すさのお》の大神《おほかみ》は　天地《あめつち》も〻の罪科《つみとが》を　吾身《わがみ》一《ひ》とつに引受《ひきう》けて　御腹《みはら》に涙湛《なみだたた》えつ〻　羊《ひつじ》のごとくに出給《いでたま》ふ　亜細亜《アジア》々弗利加《アフリカ》欧羅巴《ヨーロッパ》　南北亜米利加《なんぼくアメリカ》大洋洲《たいやうしゅう》　八島《やしま》の国《くに》に蟠《わだか》まり　弱《よわ》小《き》を倒《たふ》す枉津神《まがつかみ》　八岐《やまた》の大蛇《をろち》の頭《くび》を斬《き》り　大海原《おほうなばら》に漂《ただ》よへる　国々造《くにぐにつく》り最終《いやはて》に　神《かみ》の稜威《みいづ》も出雲路《いづもぢ》の　肥《ひ》の川上《かみかは》に異《あだ》を為《な》す　猛《たけ》き魔神《まがみ》をつむがりの　太刀《たち》もて斬立薙倒《きりたてなぎたふ》し　茲《ここ》に始《はじ》めて芦《あし》原《はら》の　中津御国《なかつみくに》ぞ清《きよ》まれり　神素盞鳴《かむすさのお》の大神《おほかみ》は　大蛇《をろち》の帯刀《はかせ》る積苅《つむがり》の　太刀《たち》を取《とら》して畏《かしこ》くも　姉《あね》の御神《みかみ》に献奉《たてまつ》り　瑞《みづ》の霊性《みたま》を明《あか》しつ〻　太《ふと》き功績《いさを》を立坐《たてまし》き　之《こ》れ叢雲《くさなぎ》の神剣《つるぎ》にて　三種《みくさ》の神宝《たから》の一《ひと》つ也《なり》

（『神霊界』大正七年八月十五日号）

---

# 第三章　素盞嗚尊と朝鮮半島

## 素尊御事跡曾尸茂梨

### 緒　言

江原道《こうげんどう》（カンウォンド）春川《しゅんせん》（チュンチョン）郡新北面《ぐんしんほくめん》（シンブッミョン）牛頭里所在牛頭《ごずさとしょざいごず》山《さん》、これを曾尸茂梨《そしもり》と称《しょう》す。

素尊御遺跡《そそんごいせき》としての曾尸茂梨《そしもり》は、従来学者《じゅうらいがくしゃ》の説区々《せつくく》（＝まちまちであること。）にして断定的《だんていてき》の考《こう》証《しょう》を得《う》るに到《いた》らざりき。然《しか》るに、現在《げんざい》において各方面《かくほうめん》よりの考証《こうしょう》に基《もと》づき、今《いま》や殆《ほとん》どこれを疑《うたが》うの余地《よち》なき状況《じょうきょう》に到達《とうたつ》せるは、吾人《ごじん》の最《もっと》も欣快《きんかい》（＝喜ばしい。）とするところなり。ここに「素尊御遺跡曾尸茂梨《そそんごいせきそしもり》」と題《だい》して宣伝《せんでん》の資料《しりょう》に供《きょう》す。

（『神の国』大正14年12月号掲載、筆者不明）

## （一）素尊御遺跡曾尸茂梨

江原道《こうげんどう》の太古時代《たいこじだい》に於《お》ける歴史事跡《れきしじせき》として最《もっと》も広《ひろ》く世《よ》に知《し》られ、また吾人《ごじん》の最《もっと》も尊重《そんちょう》すべき素盞嗚尊《すさのおのみこと》、春川牛頭山付近《しゅんせんごずざんふきん》に於《お》ける御遺跡《ごいせき》なりとす。而《しか》して春川郡新北面牛頭里《しゅんせんぐんしんほくめんごずり》付近《ふきん》に於《お》ける貊土時代《はくおうじだい》の根拠地《こんきょち》として今《いま》なお築城《ちくじょう》の跡《あと》を存《そん》し、或《あるい》は秀吉《ひでよし》の征韓当時《せいかんとうじ》に於《お》いても、毛利高政《もうりたかまさ》の江原道《こうげんどう》の中心地《ちゅうしんち》として堡塁《ほうるい》（＝敵の襲撃を防ぐため、石・土などでかためた堅固な構築物。とりで。）を置《お》きし等如何《とういか》にその要地《ようち》たりしかを知《し》るを得《う》べく、今《いま》これを実地《じっち》に視察《しさつ》するも、全道《ぜんどう》の中央《ちゅうおう》に位《くらい》し、往古《おうこ》に於《お》いては比類《ひるい》なき天与《てんよ》の要害地《ようがいち》となせるは何人《なんびと》も首肯《しゅこう》する処《ところ》にして、背面直《はいめんただ》ちに出雲《いずも》に対《たい》せる海岸《かいがん》を控《ひか》える等《とう》、素尊当時《そそんとうじ》の根拠地《こんきょち》として最《もっと》も適当《てきとう》の土地柄《とちがら》なりしならむ。

住民《じゅうみん》もまた、古来《こらい》より牛頭山《ごずさん》を霊地《れいち》として、今尚《いまなお》「ソシルモイ」又《また》は「ソーモリ」と称《しょう》して尊崇措《そんすうお》かざるものあり。爾来《じらい》（＝それより後。その時以来。）牛頭州《ごづしゅう》又《また》は牛首州等州名《ごづしゅうとうしゅうめい》に採用《さいよう》したるに徴《ちょう》するも、古来《こらい》より顕著《けんちょ》なる名地《めいち》たるを確認《かくにん》し得《う》べし。

素《もと》より数《すう》千年前《ねんまえ》の事跡《じせき》なれば杳《よう》（＝はっきりわからない。）として物質的微細《ぶっしつてきびさい》の証左《しょうさ》を挙《あ》げ難《がた》きは勿論《もちろん》なれども、我国歴史《わがくにれきし》に徴《ちょう》し素尊《そそん》の渡韓事実《とかんじじつ》は確実《かくじつ》なる定説《ていせつ》となり居《い》るなり。

今日各歴史家《こんにちかくれきしか》の調査《ちょうさ》したる所説《しょせつ》を総合《そうごう》し、更《さら》に各儒生古老等《かくじゅせいころうとう》の所説《しょせつ》、並《なら》びにその他実際《たじっさい》に就《つ》いて調査《ちょうさ》を為《な》したる結果《けっか》、吾人《ごじん》は一層《そう》この春川《しゅんせん》の牛頭山付近一帯《ごずさんふきんいったい》の地《ち》を以《もっ》て素尊《そそん》の御《ご》遺跡地《いせきち》たるの信《しん》を深《ふか》くするものなり。

元来朝鮮《がんらいちょうせん》に於《お》いては、『三国史記《ごくしき》』（＝朝鮮半島に現存する最古の史書、五〇巻。高麗の仁宗の命で金富軾（きんふしょく）らが撰。１１４５年成る。新羅・高句麗・百済の三国の歴史を紀伝体に記す。）の同時代《どうじだい》を記《しる》す外《ほか》に、三韓以前《かんいぜん》の歴史《れきし》を詳記《しょうき》するものなきを以《もっ》て、牛頭山《ごずさん》に関《かん》する事跡《じせき》は固《もと》より朝鮮史《ちょうせんし》に徴《ちょう》するに由《よし》なしと雖《いえど》も日本紀神代巻《にほんきじんだいかん》の一節《せつ》に

「素盞嗚尊《すさのおのみこと》、其《そ》の子五十《こいそ》　猛命《たけるのみこと》を帥《ひき》いて、新羅国《しらぎのくに》に降到《くだ》りまして、曾尸茂梨之処《そしもりのところ》に居《ま》します。乃興言《すなわちことあげ》して曰《い》はく、此《こ》の地《くに》は吾不欲居《あれをらまくほりせじ》とのたまひて、遂《つい》に埴土《はにつち》（＝粘土。赤土。）をもって舟《ふね》を作《つく》り、乗《の》りて東《あづま》に渡《わた》り、出雲国《いずものくに》の簸川上《ひのかわかみ》に在《あ》る鳥上乃峯《とりかみのたけ》に到《いた》ります。」

とあり。是《これ》に依《よ》り観《み》るときは、素尊《そそん》が五十《いそ》　猛命《たけるのみこと》を帥《ひき》いて韓郷《かんきょう》に渡来《とらい》し、曾尸茂梨《そしもり》の地《ち》

に在《い》ましことは明《あき》らかなり。然《しか》るにこの曾尸茂梨《そしもり》の地《ち》は何処《いずこ》なりやに就《つ》いては、従来学《じゅうらいがく》者説《しゃせつ》区々《くく》なりしと謂《い》えども、これを総合《そうごう》するに

「曾尸茂梨《そしもり》とは鮮語《せんご》の牛頭《ぎゅうとう》の義《ぎ》、而《しか》して素尊《そそん》を古来《こらい》より牛頭天皇《ごずてんのう》と称《しょう》し奉《まつ》る故《ゆえ》に、曾尸《そし》茂梨《もり》は春川《しゅんせん》の牛頭山《ごずさん》なり」

と謂《い》うに一致《いっち》するものの如《ごと》し。殊《こと》に日韓古史断《にっかんこしだん》の著者《ちょしゃ》、吉田博士《よしだはかせ》は其《そ》の太古紀《たいこき》に於《お》いて左《さ》の如《ごと》く説《と》けり。

素盞鳴父子《すさのおふし》の渡韓《とかん》して彼《か》の地《ち》に居《い》たまえること『記《き》』『紀《き》』の註疏《ちゅうそ》（＝注釈。）にその説《せつ》、定《さだ》まれるなれば別《べつ》に此《ここ》に挙《あ》げず。

五十《いそ》猛命《たけるのみこと》を韓国神又韓神《かんこくしんまたからかみ》と称《しょう》したること古書《こしょ》に見《み》ゆ。素盞鳴尊《すさのおのみこと》を新羅明神《しらぎみょうじん》ともあり。曾尸茂梨《そしもり》は、『日本紀纂疏《にほんきさんそ》』藤原兼良《ふじわらかねよし》に在《あ》る新羅《しらぎ》の地名《ちめい》と云《い》い、『日本記通證《にほんきつうしょう》』谷川士清《たにがわしせい》（＝1709～1776年、本居宣長と並ぶ国学者。）の高麗曲《こまきょく》に楽名蘇志麻利《がくめいそしまり》あり、また楽具蘇志麻理《がくぐそしまり》ありと云《い》う。曾尸茂梨《そしもり》は韓語牛頭《かんごぎゅうとう》の義《ぎ》、彼《か》の地《ち》の名山《めいざん》なり。我後世《わがこうせい》の俗《ぞく》・素盞鳴尊《すさのおのみこと》を祀《まつ》りて牛頭天《ごずてん》

皇《のう》と称《しょう》するは此《ここ》に因《よ》るのみ。………。

又先年米人《またせんねんべいじん》・グリフスの朝鮮史《ちょうせんし》に素尊《そそん》に関《かん》する説《せつ》あり、蓋《けだ》し『八坂社旧紀集録《やさかしゃきゅうきしゅうりょく》 建内繁継』の考証《こうしょう》によるものにして、二神渡韓事跡《しんとかんじせき》は此《こ》の考証《こうしょう》を待《ま》ちて益々明確《ますますめいかく》を致《いた》せりと謂《い》うべし。

頃日星野氏《けいじつほしのし》は日韓固同域人種言語《にっかんもとどういきじんしゅげんご》もまた同《おな》じことを論《ろん》じ、更《さら》に『八坂考証《やさかこうしょう》』を引《ひ》きて曰《いわ》く、『八坂郷座大神之記《やさかごうざおほかみのき》』により素盞嗚尊《すさのおのみこと》を「牛頭天皇《ごずてんのう》」と称《しょう》しまつるも仏書《ぶっしょ》より起《おこ》るにあらず、韓地《かんち》より来《きた》れりと云《い》うは然《しか》ることながら、其《そ》の牛頭山《ごずさん》を楽狼《らくろう》（平安道《へいあんどう》）なりとせるは非《ひ》なり。

新羅牛頭州《しらぎごずしゅう》（今《いま》の江原道春川府《こうげんどうしゅんせんふ》なり『日本記《にほんき》』欽明帝《きんめいてい》十三年《ねん》『東国通鑑《とうごくつがん》』（＝朝鮮半島の歴史書。）新羅恵王《しらぎけいおう》十四年《ねん》の条《じょう》にも見《み》ゆ。『東国與地勝覧《とうごくよちしょうらん》』に云《い》う牛頭州《ごずしゅう》、一称首若州又作首次若《しょうしゅじゃくしゅうまたさくしゅじじゃく》と首次《しゅじ》と曾尸《そし》と音相近《おんあいちか》し）に属《ぞく》し、固《もと》と高句麗《こうくり》の地《ち》、その初《はじ》め貊国《こまこく》なり云々《うんぬん》とあり。今按《いまあん》ずるに牛頭州《ごずしゅう》は古貊《こはし》（漢恵番那《かんけいばんな》）の地《ち》、新羅《しらぎ》これを高句麗《こうくり》と争《あらそ》う前《まえ》に百済《くだら》と争《あらそ》えり。『三《さん》国史記《ごくしき》』……新羅形勝《しらぎけいしょう》の地《ち》（＝要害の地。）ならざるべからず。然《しか》れども海上往来《かいじょうおうらい》の便《べん》なし、牛頭州《ごづしゅう》の東悉直国《ひがししっちょくこく》あり、新羅悉直州《しらぎしっちょくしゅう》にして海《うみ》に面《めん》し、我出雲《わがいずも》と斜《なな》めに相対《あいたい》せり。往来《おうらい》の路《みち》は此《ここ》か。悉直《しっちょく》（今《いま》の江原道三陟《こうげんどうサムチョク》）に太白山《たいはくさん》あり（三陟《サムチョク》の西《にし》120里《り》今《いま》の12里《り》）『東国《とうごく》輿地勝覧《よちしょうらん》』（＝李氏朝鮮時代の地理書。）に曰《いわ》く

「太白山新羅時為北岳載祀太白山祠在山頂俗称天王堂本道及慶尚道傍邑人春秋祀之繋牛於神座前狼狽不顧而走曰顧之神知不恭而罪之過三日府収其牛而用之名之曰退牛」と牛《うし》を以《もっ》て祀《まつ》ると云《い》い、天王堂《てんのんどう》と云《い》い、又退牛《またたいぎゅう》と云《い》う等《とう》、出雲《いずも》に引揚《ひきあ》げ当時滞在《とうじたいざい》の牛頭《ごず》天王《てんのう》に縁由《えんゆう》なきにあらず。（山牛頭《やまごず》と名《な》づくるは峰形《ほうけい》に因《よ》り、其《そ》の太白《たいはく》と名《な》づくるは雪《ゆき》を戴《いただ》くに因《よ》る、韓地同名《かんちどうめい》の山多《やまおお》し。）

然《しか》るに近時原文学博士《きんじはらぶんがくはかせ》はこれに反《はん》し、「曾尸茂梨《そしもり》の原意《げんい》は韓語牛頭《かんごごず》にあらず。此《こ》の牛頭《ごず》はたまたま同声類似《どうせいるいじ》の為《た》め混合《こんごう》を来《きた》したるもの、曾《そ》の意義《いぎ》は牛《うし》と別《べつ》なるべし。尸《し》は副詞《ふくし》にしてこれに同《おな》じ、茂梨《もり》は村落《そんらく》の意義《いぎ》なり」と説《と》けるも要《よう》を得《え》ず。

○

尚日韓上古史《なおにっかんじょうこし》の裏面《りめん》の著者《ちょしゃ》は、更《さら》にこれに敷衍《しきはん》（＝ふえん。わかりやすく詳しく説明すること。）して「余按《よあん》ずるに曾《そ》は衣《そ》にして衣之都《そしもり》にはあらずやと思《おも》わるゝも、由来韓国《ゆらいかんこく》は良牛《りょうぎゅう》の特産地《とくさんち》なるが故《ゆえ》に牛之都《うしのみやこ》と称《しょう》すべしと云《い》えり。」

二者共《しゃとも》にその当否《とうひ》を知《し》らずと雖《いえど》も牛頭《ごず》及《およ》び曾戸茂梨《そしもり》の名称及《めいしょうおよ》びその意義《いぎ》に関《かん》しては、鮮人古老《せんじんころう》の伝説《でんせつ》と史書《ししょ》とに依《よ》り、これを総合《そうごう》すれば次《つぎ》の如《ごと》く論結《ろんけつ》するを適当《てきとう》なりと信《しん》ずる。

## （二）牛頭の命名

曾《かつ》て春川郡知名《しゅんせんぐんちめい》の儒生《じゅせい》四十余名《よめい》に対《たい》し、牛頭《ごず》の事跡伝説《じせきでんせつ》を求《もと》めたるにその一節《せつ》に牛《ご》頭《ず》なる命名《めいめい》の基因《きいん》は、同地《どうち》の後方《こうほう》に在《あ》る山脈《さんみゃく》が恰《あたか》も臥牛《がぎゅう》の将《まさ》に漢江《かんこう》の水《みず》を飲《の》まんとする形状《けいじょう》に酷似《こくじ》し、而《しか》して牛頭山《ごずさん》はその首部《しゅぶ》に位《くらい》するを以《もっ》てこの山《やま》を牛頭山《ごずさん》、その付近一帯《ふきんいったい》の地《ち》を牛頭《ごず》と命名《めいめい》せる所以《ゆえん》なりと云《い》えり。

由来《ゆらい》半島《はんとう》各地《かくち》の地名《ちめい》を按《あん》ずるに地形《ちけい》若《も》しくは所産《しょさん》に因《ちな》むもの多《おお》く、即《すなわ》ち彼《か》の金剛山《こんごうざん》を一名《めい》「皆骨山《かいこんざん》」と称《しょう》するはその形状《けいじょう》に因《ちな》み、またこれを「楓獄《ふうがく》」と称《しょう》するが如《ごと》きはその所産《しょさん》に因《よ》って名《な》づくる等《とう》の如《ごと》く、実際《じっさい》の地形《ちけい》に照《て》らせば、前説《ぜんせつ》を首肯《しゅこう》せらるゝものあり。

「ソーシルモイ」の意義《いぎ》牛頭《ごず》とは、民間《みんかん》においてこれを「ソーシルモイ」として広《ひろ》く称《しょう》せらるゝ所《ところ》にして、此《これ》「ソーシルモイ」なる俗称《ぞくしょう》に就《つ》き儒者《じゅしゃ》の伝説《でんせつ》を徴《ちょう》するに太古《たいこ》結縄《けつじょう》時代《じだい》に於《お》いては、該牛頭《がいごず》を「ソーモリ」と称《しょう》せしが、星移《ほしうつ》り物替《ものかわ》り裘葛《きゅうかつ》（＝一年間のこと。）ここに幾《いく》千歳《ざい》を重《かさ》ねるに至《いた》り、「ソーモリ」なる名称《めいしょう》は遂《つい》に「ソーシルモイ」と転訛《てんか》するに至《いた》れるなりと。

この「ソーモリ」の意義《いぎ》は「牛《うし》」をソー（ウシ）と訓《くん》じ、「頭《かしら》」をモリ（アタマ）と訓《くん》するを以《もっ》て、「ソーモリ」は即《すなわ》ち牛頭《うしあたま》なる意義《いぎ》に当《あた》る。

然《しか》るにその後《ご》、文字《もんじ》の伝来《でんらい》するに至《いた》り、「ソーモリ」に適当《てきとう》なる漢字《かんじ》を用《もち》い牛頭《ぎゅうとう》（ウーヅー）と音読《おんどく》するに至《いた》れり。而《しか》して「ソーモリ」なる訓読《くんどく》の原名《げんめい》は、依然《いぜん》として一般《いっぱん》に廃《すた》れざるも上述《じょうじゅつ》の如《ごと》く転訛《てんか》して「ソヽーシルヽモイヽ」となり今《いま》に及《およ》べりと云《い》う。

## (三) 曾尸茂梨の名称と意義

元来《がんらい》『日本紀《にほんき》』の曾尸茂梨《そしもり》なる文字《もんじ》は悉《ことごと》く一字《じ》一音《おん》となり、方今《ほうこん》（＝現今。目下。）外国地名《がいこくちめい》を表《あら》わすに文字《もんじ》の意義《いぎ》を顧《かえり》みず、唯《ただ》にその音《おん》のみに符節《ふせつ》するが如《ごと》くその揆《き》を同《おな》じにし、則《すなわ》ち曾尸茂梨《そしもり》は、鮮語《せんご》「ソヽシヽモヽリ」なる地名《ちめい》の音訳《おんやく》なるを疑《うたが》わず。而《しか》してこの鮮語《せんご》「ソヽシヽモヽリヽ」は抑《そもそ》も如何《いか》なる意義《いぎ》を有《ゆう》するや、今《いま》これを前項《ぜんこう》に於《お》いて述《の》べた牛頭《ごず》の俗称《ぞくしょう》「ソヽーシルヽモイヽ」の古称《こしょう》なる「ソヽーモリヽ」と比較《ひかく》するに、前者《ぜんしゃ》「ソヽシヽモリヽ」よりシヽの一字《じ》を除《のぞ》くときは両者《りょうしゃ》全《まった》く符節《ふせつ》を合《がっ》するが如《ごと》く相一致《あいいっち》す。

故《ゆえ》に『日本紀《にほんき》』の曾尸茂梨《そしもり》は、鮮語牛頭《せんごごず》の意義《いぎ》たるは、明《あき》らかなれども除《のぞ》きたるは「尸《し》」なる一字《じ》に就《つ》いて尚疑問氷解《なおぎもんひょうかい》せざるが如《ごと》きも、朝鮮古文典《ちょうせんこぶんてん》を考《かんが》えるに「シヽ」（助詞《じょし》ノに当《あた》る）なる助詞《じょし》が、「ソヽ」の如《ごと》き佐行《さぎょう》の単音名詞《たんおんめいし》を受《う》けるときは、音便《おんびん》により同行《どうぎょう》の

「スイ」に変化《へんか》し、更《さら》に「スイ」なる「の」の助詞《じょし》は約《つづ》まりて「スノイーシ」に響《ひび》く（現《げん》今《こん》シなる助詞《じょし》は変化《へんか》せず）。故《ゆえ》に曾尸茂梨《そしもり》の「尸《し》」は鮮語古文典《せんごこぶんてん》の「の」なる助詞《じょし》に当《あた》り「牛《うし》の頭《あたま》」と云《い》う意義《いぎ》となる。

　これを要《よう》するに『日本紀《にほんき》』の曾尸茂梨《そしもり》の地名《ちめい》の音韻《おんいん》は、牛頭《ごず》の俗称古名《ぞくしょうこめい》なる「ソーモリ」に合致《がっち》し、また「曾尸茂梨《そしもり》」と「ソーモリ」は、共《とも》に牛頭《ごず》なる意義《いぎ》に於《お》いて相一致《あいいっち》し、彼我《ひが》の意義何等《いぎなんら》の扞格《かんかく》（＝互いに相容れぬこと。）なきのみならず「素尊《そそん》を牛頭天皇《ごずてんのう》」と称《しょう》し奉《まつ》り、牛頭《ごず》の地名《ちめい》に符号《ふごう》するのみならず、その地理《ちり》が根拠地《こんきょち》として最《もっと》も適当《てきとう》に、更《さら》に出雲《いずも》に対《たい》する沿海《えんがい》の地《ち》を背後《はいご》に控《ひか》える事実《じじつ》あると共《とも》に、牛頭《ごず》の地《ち》が千八百年《ねん》の以前《いぜん》に既《すで》に已《すで》に枢要《すうよう》（＝かんじんなところ。かなめ。）の名地《めいち》たりし等《とう》の事実《じじつ》より観《み》るときは、『日本紀《にほんき》』の曾尸茂梨《そしもり》の地《ち》は江《こう》原道春川《げんどうしゅんせん》の牛頭《ごず》と断《だん》するを得《え》む。

　因《ちな》みに記《き》す、世間《せけん》は往々《おうおう》素尊《そそん》の御遺跡地《ごいせきち》を牛頭山《ごずさん》と為《な》すものありと雖《いえど》も、前述《ぜんじゅつ》の如《ごと》く「曾尸茂梨《そしもり》」及《およ》び「ソーモリ」は共《とも》に唯牛頭《ただぎゅうとう》のみの意《い》にして牛頭山《ごずさん》の意《い》にあらず、従《したが》って御遺跡地《ごいせきち》と称《しょう》するは牛頭山《ごずさん》は、勿論《もちろん》春川郡新北面牛頭里《しゅんせんぐんしんほくめんごずり》及《およ》びその付近一帯《ふきんいったい》の平野《へいや》をも包含《ほうがん》するものにして、その範囲極《はんいきわ》めて広《ひろ》し、是《こ》れ先年関野工学博士《せんねんせきやこうがくはかせ》が古跡調査《こせきちょうさ》の際《さい》に於《お》いても同様《どうよう》の説明《せつめい》をなせし処《ところ》なり。

また素尊《そそん》が、御子五十猛命《おんこいそたけるのみこと》を始《はじ》め数多《あまた》の将士《しょうし》（＝将校と士卒。将兵。）を帥《ひき》い韓郷《かんきょう》に渡来《とらい》し給《たま》い。先《ま》ず春川曾尸茂梨《しゅんせんそしもり》の地《ち》に根拠《こんきょ》を定《さだ》め夷狄《いてき》を討《う》ち平《たいら》げ、住民《じゅうみん》に稼穡《かしょく》（＝穀物の耕作。農事。農業。）の道《みち》を授《さず》け給《たま》いしことは我古史《わがこし》の明記《めいき》する処《ところ》、及《およ》び前項詳述《ぜんこうしょうじゅつ》せる所《ところ》により既《すで》に明《あき》らかなる事実《じじつ》なれりと雖《いえど》も、果《はた》して如何《いか》なる御事業《ごじぎょう》を遺《のこ》されしかは大《おお》いに探求《たんきゅう》に値《あたい》するところにして、而《しか》して概《おおむ》ね左《さ》の数項《すうこう》を証左《しょうさ》とするを得《う》、盛事《せいじ》を偲《しの》ばしむ。

## （四）素尊の遺業

今《いま》より約《やく》二五〇年前《ねんまえ》の著述《ちょじゅつ》に掛《かか》る『春川誌《しゅんせんし》』を繙《ひもと》くにその山川景勝《さんせんけいしょう》の部《ぶ》に

「牛頭山在府北十三里山下有盛村大姓群居《ごずさんふのきた十三りのさんかにせいそんありてたいせいぐんきよす》」

と見《み》ゆ（13里《り》は今《いま》の1里《り》15町《ちょう》）、即《すなわ》ち牛頭《ごず》山麓《さんろく》には往昔《おうせき》（＝過ぎ去ったむかし。いにしえ。）繁盛《はんせい》なる都邑《とゆう》（＝みやこ。繁華なまち。）ありて、名門多《めいもんおお》く群居《ぐんきょ》せしことこれに依《よ》て明《あき》らかなり。

今《いま》なお牛頭里《ごずり》に本道第一《ほんどうだい》の名家《めいか》と称《しょう》せられる両班《りょうはん》（＝高麗朝・李朝の朝鮮で、文官（東班）と武官（西班）の総称。のちに主として特権的な文官の身分と、それを輩出した支配層を指す。）李應采《りおうさい》、朴賛祐等《ぼくさんゆうとう》の一族居住《いちぞくきょじゅう》す。この記事《きじ》、素尊《そそん》の御遺跡《ごいせき》とは没交渉《ぼっこうしょう》の如《ごと》きも往古《おうこ》「牛頭《ごず》に都邑《とゆう》ありし」より推測《すいそく》するも、この地方《ちほう》が古来《こらい》より重要《じゅうよう》なる地点《ちてん》として伝《つた》わり来《きた》りし一証《いっしょう》と見《み》るべく、自然《しぜん》に吾人《ごじん》をして、素尊《そそん》が牛頭山麓《ごずさんろく》なる牛頭里付近《ごずりふきん》に在《まし》ましゝものなるべきを想《おも》わしむ。また『春川誌《しゅんせんし》』に

「春川者本貊国《しゅんせんはもとこまこく》新羅《しらぎ》善徳王《ぜんとくおう》六年《ねん》為牛首州置軍主《ごづしゅうにぐんしゅをおく》。（中略）高麗《こま》大祖《たいそ》二十三年《ねん》為春州《しゅんしゅうをなす》」

とあり、また『高麗史《こまし》』に

「春州本貊国《しゅんしゅうもとこまこく》。新羅《しらぎ》善徳王《ぜんとくおう》六年為牛首州首一作頭置軍主《ねんごずしゅうのはじめにさくとうをおきぐんしゅとなす》」

とあり、而《しか》して儒生《じゅせい》の説《せつ》に

「牛頭山元年牛首州州治之鎮山也《ごずさんがんねんごづしゅうしゅうじのちんざんなり》」

とあり。

これ等《ら》の諸記事《しょきじ》を総合《そうごう》するに牛頭山《ごずさん》は、新羅時代牛頭州《しらぎじだいごづしゅう》を置《お》き軍主《ぐんしゅ》として治《おさ》めしめ、牛《ご》頭山《ずさん》はこれが鎮山《ちんざん》なりしこと明瞭《めいりょう》なり。

関野博士《せきやはかせ》の説明《せつめい》に依《よ》れば洲府郡等《しゅうふぐんとう》の所在地《しょざいち》には、防備上必《ぼうびじょうかなら》ず後方《こうほう》に小高《こだか》き山《やま》を控《ひか》え、この山《やま》を鎮山《ちんざん》と称《しょう》すと、実《じつ》に全道各地《ぜんどうかくち》の洲府郡所在地《しゅうふぐんしょざいち》には必《かなら》ずこの鎮山《ちんざん》なきはなし。是《これ》に由《よ》ってこれを観《み》るも千数《すう》百年以前《ねんいぜん》に於《お》いて、この牛頭《ごず》の地《ち》が地方枢要《ちほうすうよう》（＝かんじん、かなめ。）の名地《めいち》たりしことは、少《すこ》しの疑《うたが》いを容《い》れる余地《よち》なからん。

如上《にょじょう》の諸記述《しょきじゅつ》に依《よ》り素尊《そそん》が、御子《おんこ》・五十猛命《いそたけるのみこと》を帥《ひき》いて征韓《せいかん》の途《と》に上《のぼ》り給《たま》い地方《ちほう》を平《へい》定《てい》して、当時《とうじ》の都会《とかい》たりし、今《いま》の江原道春川郡新北面牛頭里付近《こうげんどうしゅんせんぐんしんほくめんごずりふきん》の地《ち》にその根拠《こんきょ》を定《さだ》めて、先《ま》ず地方行政《ちほうぎょうせい》を施《し》き、林業等《りんぎょうとう》の施設経営《しせつけいえい》を残《のこ》し後《のち》、今《いま》の江原道一陟降近《こうげんどういっしょうふきん》より帰国《きこく》の途《と》に就《つ》き、出雲《いずも》に上陸《じょうりく》し給《たま》えるものなるべきを知《し》るに足《た》れり。

因《ちな》みに記《しる》す現代《げんだい》の牛頭里《ごずり》付近《ふきん》は、往昔今《おうせきいま》の春川方面《しゅんせんほうめん》に都邑《とゆう》を移転《いてん》して以来《いらい》、その繁盛《はんせい》を奪《うば》われ爾後《じご》（＝その後。それ以来。）、年所《ねんしょ》（＝年月。歳月。）を歴《ふ》るに従《したが》って普通《ふつう》の農村《のうそん》と化《か》し去《さ》りしものなるが言《げん》を待《ま》たず。

然《しか》れども山川《さんせん》の景勝《けいしょう》は千古猶依然《せんこなおいぜん》として旧態《きゅうたい》を物語《ものがた》りつゝあるは、吾人《ごじん》の頗《すこぶ》る興味《きょうみ》を感《かん》ずる処《ところ》にして、この貴重《きちょう》なる遺跡《いせき》に対《たい》しては、保護保存《ほごほぞん》の方法《ほうほう》の講《こう》ずるは吾人《ごじん》の義務《ぎむ》なるべし。然《しか》るに従来永《じゅうらいなが》き歳月《さいげつ》を経《へ》るに随《したが》いて、国有《こくゆう》たるべき名地《めいち》も漸次荒廃《ぜんじこうはい》して、その極個人《きょくこじん》の所有《しょゆう》と変《へん》し去《さ》るに至《いた》りし如《ごと》きは甚《はなは》だ遺憾《いかん》なり。

## （五）墳墓発掘

牛頭山頂《ごずさんちょう》に一箇《か》の墳墓《ふんぼ》あり。世人往々《せじんおうおう》これを以《もっ》て「素盞嗚尊《すさのおのみこと》の御陵《ごりょう》」の如《ごと》く誤解《ごかい》するものあり。而《しか》して、付近住民《ふきんじゅうみん》はこの墳墓《ふんぼ》を以《もっ》て「日本王子蕭瑟《にほんおうじしょうしつ》（＝風のものさびしく吹く音。）之塚《のつか》」と云《い》う。

「五十《いそ》猛命《たけるのみこと》を指《さ》せるものにあらざるか」と称《しょう》し、或《あるい》は三韓以前《かんいぜん》の古墳《こふん》なり、或《あるい》は清帝某《しんていぼう》の祖父《そふ》の墓《はか》なり、或《あるい》は靺鞨《まっかつ》（＝ツングース族の一。）の塚《つか》なりと伝説区々《でんせつくく》にして牛頭山《ごずさん》を尊崇畏敬《そんすういけい》すること甚《はなは》だしい。これと同時《どうじ》に種々《しゅじゅ》なる迷《めい》信《しん》の付随《ふずい》するあり曰《いわ》く

一、同山《どうざん》に墓《はか》を許《もと》くるときは、雷雨忽《らいうたちま》ち至《いた》ってその為《ため》に命《いのち》を失《うしな》う。

二、暗夜病者《あんやびょうじゃ》を連《つ》れ参拝《さんぱい》するときは平癒《へいゆ》す。

三、同墳墓《どうふんぼ》の雑草《ざっそう》を密《ひそ》かに抜《ぬ》き取《と》るときは、宿痾《しゅくあ》（＝ながい間なおらない病気。持病。）忽《たちま》ち根治《こんち》す。

四、牛《うし》を牽《ひ》きて同墳《どうふん》の頂《いただ》きに入《い》るときは、翌朝《よくちょう》に至《いた》り足跡復旧《そくせきふっきゅう》して跡《あと》なし。

等不可思議《などふかしぎ》なることを伝《つた》え居《お》れり。依《よ》って先年《せんねん》関野博士《せきやはかせ》の古跡調査《こせきちょうさ》に際《さい》し、同墳墓《どうふんぼ》を発《はっ》掘調査《くつちょうさ》を為《な》せる墓《はか》は山《やま》の頂上《ちょうじょう》に位《くらい》し、高《たか》さ五尺《しゃく》の饅頭形《まんじゅうがた》にして地層《ちそう》三段《だん》となり、皮土《ひど》二尺《しゃく》、中土《ちゅうど》三尺《じゃく》、置土以下《もといか》は悉《ことごと》く自然地層《しぜんちそう》をなす。

而《しか》して中土《ちゅうど》と自然地層《しぜんちそう》との中間《ちゅうかん》に於《お》いて三百年前《ねんまえ》の瓦片《がへん》三個《か》を発見《はっけん》したる外《ほか》、屍体《したい》は勿論《もちろん》

一物《いちぶつ》も発見《はっけん》せざりし。

博士《はかせ》の説明《せつめい》に依《よ》れば、是《こ》れ所謂《いわゆる》「置塚《おきつか》」と称《しょう》する墓所《はかしょ》の予定地《よていち》の如《ごと》きも、その年代《ねんだい》の近《ちか》きより観《み》るときは墓《はか》にあらざるべし。即《すなわ》ち元来朝鮮《がんらいちょうせん》の墳墓《ふんぼ》は、山脈《さんみゃく》を受《う》けてその子孫《しそん》の命脈《めいみゃく》を連綿《れんめん》たらしむるとの意味《いみ》より、墓所《ぼしょ》の位置《いち》は山頂《さんちょう》より低《ひく》き所《ところ》に設《もう》けるを例《れい》とす。然《しか》るに同墓《どうはか》は山《やま》の頂《いただ》きにあり。これを按《あん》するにこの墓《はか》と称《しょう》するは元祭壇《もとさいだん》、または他《た》の用《よう》に供《きょう》したるものにあらざるかと。

由来《ゆらい》素盞嗚尊《すさのおのみこと》は出雲熊成峰《いずもくまなりみね》に於《おい》て崩御《ほうぎょ》せられしが故《ゆえ》に、朝鮮《ちょうせん》に御陵《ごりょう》あるべき筈《はず》なきを以《もっ》て世人《せじん》の誤解《ごかい》を闡明《せんめい》す。

# 第四章　出口王仁三郎聖師の朝鮮半島での足跡

出口聖師の朝鮮半島訪問は、大正十三年と昭和四年の二回であり、それも満州への往還《おうかん》に通過される位である、しかし、二回目には多くの歌が歌日記として歌われている。

## 大正十三（一九二四）年のご入蒙の時

大正十三年二月十四日に鉄道で通過、一路奉天《ほうてん》へ駆け抜けられた。従って、内容的な記載はない。『霊界物語』「入蒙記《にゅうもうき》」第七章「奉天《ほうてん》の夕《ゆうべ》」から、その日時がわかる位だ。

二月十三日――午後八時、下関で関釜連絡船・昌慶丸《しょうけいまる》に乗船。
十四日――午後八時、釜山港に上陸。午後十時発、朝鮮鉄道に乗車。

十五日―安東県《アンドンけん》税関を通過。

## 昭和四（一九二九）年十月

満州へご巡教の往還に朝鮮半島を旅される。出口聖師の『日月日記』第九～十一巻にわたって、関連の記録がある。

【往路】

十二日　夕、聖師・二代教主（＝出口澄。）と一緒に朝鮮・満州の旅に。本国へ帰国する「世界紅卍字会《せかいこうまんじかい》」の人々も同行。

十四日　聖師・二代、釜山着。「普天教《ふてんきょう》」の李花元他二人の幹部の挨拶を受ける。

十五日　京城《けいじょう》（現在のソウル）に。この日聖師・二代は、朝八時五十分京城着。崇礼門《すうれいもん》をくぐり京城御成町《けいじょうおなりちょう》の笑福旅館に。

十六日　京城滞在。
十七日　京城の朝鮮神宮参拝。午後七時二十分発　京城から平壌へ。
十八日　午前一時四十分平壌《へいじょう》（ピョンヤン）を通過のみ。午前七時十五分安東（中国側）到着、下車。安東の道院に。午後八時四十五分その日《ひ》のうちに奉天《ほうてん》（瀋陽《しんよう》）へ。
十九日　朝六時二十分着、奉天神社へ。

【帰路】
二十六日　鎮南浦《ちんなんぽ》（＝南浦の旧称。）朝日旅館に。
二十七日　鎮南浦　鎮南浦支部訪問。朝日旅館滞在、夕方六時すぎの汽車で平壌着、寿町の三根旅館に。
二十八日　平壌、市内観光。

二十九日―朝、汽車で平壌出発、夕方七時釜山着、景福丸に乗船。
三十日―朝、下関着。その日、亀岡に帰着。

## 『日月日記』九の巻

**昭和四年十月十二日　於・高天閣及び西行車中**

**【往路】**

名古屋《なごや》駅《えき》に鈴木《すずき》氏《し》山崎《やまざき》宣伝使《せんでんし》吾《われ》を迎《むか》へて弁当《べんたう》贈《おく》れり
朝七時七分京都《きやうと》に安着《あんちやく》し出迎《でむか》へ受《う》けて山陰線《さんいんせん》に入《い》る
午前八時十三分亀岡《かめおか》につけば宣信《せんしん》数《すう》百人《にん》迎《むか》へり

○

紅卍字会員《こうまんじくわいいん》たちに守《まも》られて愈々《いよいよ》支那《しな》の旅《たび》を為《な》すかな

珍《めづ》らしく唐国《からくに》迄《まで》も夫婦《ふうふ》連《づ》れ神《かみ》の使命《しめい》の初旅《はつたび》を為《な》す

○

夜行車《やかうしや》の疲《つか》れやすむる暇《ひま》もなく『日月日記《じつげつにつき》』の校正《かうせい》をなす

咲《さ》きのこる萩《はぎ》の神苑《みその》を彩《いりど》りてあたりにひろがるコスモスの浪《なみ》

コスモスの所《ところ》せきまで咲《さ》き匂《にほ》ふ花《はな》のうてなに風薫《かぜかを》るなり

白浪《しらなみ》の寄《よ》するが如《ごと》きコスモスの花《はな》に別《わか》るゝ今日《けふ》の惜《を》しさよ

せめて吾《わ》が支那《しな》より帰《かへ》り来《きた》る迄《まで》散《ち》らずにあれやコスモスの花《はな》

コスモスの花《はな》の盛《さか》りの惜《を》しまれて国見峠《くにみたうげ》を妹《いも》と下《くだ》りし

神苑《かみぞの》の菊《きく》の蕾《つぼみ》もふくらみて一輪《りん》二輪《りん》綻《ほころ》び初《そ》めたり

園部《そのべ》より藤坂博《ふぢさかひろし》氏《し》訪《おとづ》れて生《は》えたるまゝの松茸《まつたけ》くれたり

穴太《あなを》より藤蘭夫人《ふじん》訪《と》ひ来《きた》り吾《わ》が支那行《しなゆ》きを見送《みおく》り帰《かへ》る

午後《ごご》七時《じ》二十分《ぷん》前《まへ》神苑《かみぞの》をあとに亀岡駅《かめおかえき》に馳《は》せ行《ゆ》く

宣信徒《せんしんと》及《およ》び吾《わ》が知己《ちき》数《すう》百人《にん》いと賑《にぎ》はしく支那《しな》行《ゆ》き送《おく》れり
万歳《ばんざい》の声《こえ》に送《おく》られ人《ひと》の波《なみ》あとに残《のこ》して亀山《かめやま》をたつ

○

一行《こう》は王仁《おに》、澄子《すみこ》、岩田鳴球《いわためいきゅう》、宮沢澄江《みやざわすみえ》、以上支那行《いじょうしなゆ》き。京都迄《きょうとまで》吾《わ》が行《こう》を送《おく》る可《べ》く高木鉄男《たかぎかねお》、東尾東風外幹部数名綾部《ひがしおとうふうほかかんぶすうめいあやべ》より来《きた》り同車《どうしゃ》あり。亀岡町《かめおかちょう》より京都迄《きょうとまで》見送《みおく》る人天恩郷《ひとてんおんきょう》各部《かくぶ》を通《つう》じて数《すう》十人《にん》。嵯峨《さが》、二条《にじょう》、丹波口等《たんばぐちとう》見送《みおく》り多《おお》く、且《か》つ京都迄同車《きょうとまでどうしゃ》する人車内《ひとしゃない》に満《み》つ。加藤明月丹波口《かとうめいげつたんばぐち》より乗車《じょうしゃ》一行《こう》に加《くわ》わる。大宮守子氏亦此処《おおみやもりこしまたここ》より乗車京都駅《じょうしゃきょうとえき》に見送《みおく》る。

東京発特急《とうきょうはつとっきゅう》の到着迄《とうちゃくまで》四十分《ぷん》の時間《じかん》あれば、吾《わ》が一行及《こうおよ》び主《おも》なる宣使《せんし》と八新亭《はっしんてい》に入《い》りて時《とき》を待《ま》つ。漸《ようや》くにして八時十二分発の下関行特急《しものせきゆきとっきゅう》に乗込《のりこ》めば、紅卍字《こうまんじ》一行《こう》を始《はじ》め、井上《いのうえ》総裁《そうさい》、北村隆月及《きたむらりゅうげつおよ》び下関迄見送《しものせきまでみおく》る可《べ》く同車《どうしゃ》せし宣伝使《せんでんし》は神谷光太郎《かみやみつたろう》、田中松太郎《たなかまつたろう》の諸氏《しょし》なりき。山城《やましろ》、近江《おおみ》、丹波各地特《たんばかくちとく》に天恩郷《てんおんきょう》より見送《みおく》りたる人々《ひとびと》の駅庭《えきてい》うづむ波《なみ》に送《おく》られ、時刻迫《じこくせま》りて惜《お》しき別《わか》れを告《つ》げ乍《なが》ら大阪駅《おおさかえき》に向《むか》う。大阪駅《おおさかえき》には黒龍会々長《こくりゅうかいかいちょう》・内田良平氏《うちだりょうへいし》夫妻《ふさい》を初《はじ》め、内藤正照老《ないとうまさてるろう》その他数百《たすう》人《にん》駅庭《えきてい》に充満《みちみち》て迎送《げいそう》す。

次《つぎ》に神戸《こうべ》、姫路《ひめじ》、岡山《おかやま》、糸崎《いとざき》、広島等《ひろしまとう》の駅《えき》に多数宣信徒《たすうせんしんと》の迎送《げいそう》を受《う》け、朝《あさ》八時《じ》四十分《ぷん》下関駅《しものせきえき》に安着《あんちゃく》す。米子《よなご》の藤田宣伝使《ふじたせんでんし》は伯備線《はくびせん》にて岡山《おかやま》に到《いた》り吾《われ》を迎《むか》え、同車《どうしゃ》糸崎《いとざき》にて袂《たもと》を別《わか》つ。木下愛隣《きのしたあいりん》、森国幹造《もりくにかんぞう》、田中宣使《たなかせんし》これも岡山《おかやま》より糸崎迄同車《いとざきまでどうしゃ》見送《みおく》る。松江《まつえ》の藤原宣《ふじわらせん》伝使《でんし》は下関《しものせき》に先着《せんちゃく》して吾《わ》が行《こう》出迎《でむか》う。大宰府天満宮《だざいふてんまんぐう》へ礼詣《れいまい》りの為《た》め出口慶太郎《でぐちけいたろう》、大槻伝吉《おおつきでんきち》両氏先着《りょうしせんちゃく》して我《わ》が汽車《きしゃ》を待《ま》てり。下関駅《しものせきえき》には中国地方九州各地《ちゅうごくちほうきゅうしゅうかくち》の宣信徒群集《せんしんとぐんしゅう》して一行《こう》を迎《むか》え待《ま》ち歓呼《かんこ》の声天地《こえてんち》に震《ふる》う。

午後《ごご》八時《じ》十二分《ふん》支那《しな》一行《かう》と京都駅《きやうとえき》を賑《にぎ》はしく発《た》つ
梅田駅《うめだえき》神戸《かうべ》姫路駅《ひめぢえき》岡山《をかやま》や糸崎《いとざき》広島《ひろしま》見送《みおく》り多《おほ》し
朝《あさ》八時《じ》四十分《ふん》に下関《しものせき》安着《あんちゃく》すれば出迎《でむか》へ多《おほ》し

門司倶楽部《もじくらぶ》主任《しゅにん》西川亘《にしかはわたる》氏《し》に半切観音《はんせつくわんのん》の画《ぐわ》一枚贈《まいおく》りたり。

## 十月十三日　於・門司倶楽部

連《れん》絡《らく》船《せん》一行《かう》身《み》をば託《たく》しつゝ対《たい》岸《がん》門《も》司《じ》に上陸《じやうりく》を為《な》す

門《も》司《じ》駅《えき》の表《おもて》に立《た》ちて一行《かう》と小《せう》照《せう》撮《と》りぬ新《しん》聞《ぶん》の記《き》者《しや》

一同《どう》は門《も》司《じ》市《し》の倶《く》楽《ら》部《ぶ》に集《あつ》まりて九《きゆう》州《しゆう》地《ち》方《ほう》の宣《せん》信《しん》と談《だん》じぬ

紅《こう》卍《まん》字《じ》一行《かう》倶《く》楽《ら》部《ぶ》に休《きう》息《そく》し吾《わが》一行《かう》は西《にし》川《かわ》氏《し》邸《てい》に入《い》る

精《せい》気《き》術《じゆつ》名《めい》人《じん》西《にし》川《かわ》亘《わたる》氏《し》と終日《ひねもす》四《よ》方《も》山《やま》談《だん》に暮《く》れ行《ゆ》く

常磐《ときは》町《ちよう》大《おほ》本《もと》支《し》部《ぶ》に出《しゆつ》張《ちやう》し宣《せん》信《しん》とともに神《かみ》言《ごと》を宣《の》る

午《ご》後《ご》八時《じ》三十分《ぷん》発《はつ》連《れん》絡《らく》船《せん》のり込《こ》み下関《しものせき》に渡《わた》れり

連《れん》絡《らく》船《せん》徳《とく》寿《じゆ》丸《まる》三千五百噸《トン》漸《やうや》く九時《じ》半《はん》のり込《こ》みを為《な》す

テープをば幾《いく》十条《じよう》と限《かぎ》りなく風《かぜ》になびかせ宣《せん》信《しん》と別《わか》る

玄《げん》界《かい》灘《なだ》さへも静《しづか》に波《なみ》凪《な》ぎて心《こころ》豊《ゆた》けく夢《ゆめ》路《ぢ》を辿《たど》る

朝《あさ》の八時《じ》一行《かう》無事《ぶじ》に釜山港《ふざんかう》に安着《あんちやく》直《ただ》ちに支部《しぶ》さして行《ゆ》く

草枕旅《くさまくらたび》にしあれば楽《たの》しみし庭《には》のコスモス見《み》む術《すべ》もなし

○

京都分所《きょうとぶんしょ》、新舞鶴山崎義氏《しんまいづるやまざきぎし》より船中《せんちゅう》に向《む》け航路《こうろ》の安全《あんぜん》を祝《しゅく》する旨電信贈《むねでんしんおく》り来《きた》れり、厚意《こうい》を感謝《かんしゃ》す。船中静《せんちゅうしず》かにして風波《ふうは》なく二代宮沢《だいみやざわ》と余《よ》と三人《にん》一等室《とうしつ》にて長夜《ちょうや》の夢《ゆめ》を安《やす》く見《み》たり。

**十月十四日　天気晴朗なり　於・釜山港**

釜山港上陸《ふざんかうじやうりく》すれば黒龍会小幡氏埠頭《こくりうくわいをばたしふとう》に吾《われ》を出迎《でむか》ふ

自動車《じどうしや》を馳《は》せて富平町《とみひらちやう》の支部川村喜怱次氏方《しぶかはむらきそうじしかた》に入《い》りけり

紅卍字《こうまんじ》一行支部《かうしぶ》の階上《かいじやう》に陣取《ぢんど》り静《しづか》に休息《きうそく》を為《な》す

○

人類愛善新聞支社長柳瀬宇太郎《じんるいあいぜんしんぶんししやちょうやなせうたろう》、瑞祥会支部長川村氏《ずいしょうかいしぶちょうかわむらし》に半切観音画《はんせつかんのんが》 各《おのおの》 一葉《いちよう》宛《づつ》を贈《おく》る。

又徳寿丸船長《またとくじゅまるせんちょう》、事務長《じむちょう》、機関長《きかんちょう》に同画一葉宛贈《どうがいちようづつおく》りぬ。

午前《ごぜん》十一時《じ》小幡虎太郎氏《おばたとらたろうし》は、朝鮮普天教本部《ちょうせんふてんきょうほんぶ》の幹部《かんぶ》たる袁若濟、田炳悳、李存元の諸《しょ》氏《し》を伴《ともな》い、当支部《とうしぶ》に吾《わが》一行《こう》を迎《むか》え挨拶《あいさつ》を為《な》し行《ゆ》く。将来大本教《しょうらいおほもときょう》、紅卍字会《こうまんじかい》、普天教《ふてんきょう》と三教合同《きょうごうどう》して、東亜《とうあ》の為《ため》に尽《つく》さんが為《ため》なり。又小幡氏《またおばたし》は朝鮮総督府《ちょうせんそうとくふ》の誤解《ごかい》を正《ただ》さんため、普天教《ふてんきょう》のため、頭山満《とうやまみつる》、内田良平氏《うちだりょうへいし》の信書《しんしょ》を持《も》ち渡鮮《とせん》したる人《ひと》なり。東京《とうきょう》石教主《きょうしゅ》は官《かん》憲《けん》に圧《おさ》えられ、訪問《ほうもん》するを得《え》ず、已《や》むを得《え》ず代理《だいり》として右《みぎ》三氏《し》を出釜《しゅっぷ》せしめたるものなり。

朝《あさ》八時《じ》朝鮮《ちょうせん》釜山《ふざん》に上陸《じょうりく》し富平町《とみひらちょう》の支部《しぶ》にはせ行《ゆ》く

紅卍字《こうまんじ》一行《こう》支部《しぶ》の階上《かいじょう》に休息《きゅうそく》し、大本《おほもと》一行《こう》は神前《しんぜん》の間《ま》に旅《たび》の疲《つか》れを休《やす》め、一々信徒《しんと》に面《めん》会《かい》を為《な》し、普天教幹部《ふてんきょうかんぶ》と少時談《しばしだん》を交《かわ》して別《わか》る。

東京紅卍字会道院総院《とうきょうこうまんじかいどういんそういん》より本日午後《ほんじつごご》二時《じ》「聖師様《せいしさま》二代様御渡支《だいさまごとし》を祝《しゅく》し、御《ご》一行《こう》の一路平《いちろへい》安《あん》を祈《いの》る」との電信来《でんしんきた》る。

午後《ごご》三時《じ》より釜山市《ふざんし》龍頭山公園《りゅうとうさんこうえん》に自動車《じどうしゃ》を馳《は》せ、龍頭山神社《りゅうとうさんじんじゃ》に参拝《さんぱい》し、記念《きねん》の小照《しょうしょう》を撮《と》り同《どう》四時《じ》支部《しぶ》に帰《かえ》る。二代《だい》及《およ》び井上《いのうえ》、北村《きたむら》、侯延爽《こうえんそう》、その他《た》の一行《こう》は市中《しちゅう》を遊覧《ゆうらん》しながら徒歩《とほ》帰《かえ》り来《きた》る。天気晴朗《てんきせいろう》にして風涼《かぜすず》しく、山海《さんかい》の風光《ふうこう》は実《じつ》に絶妙《ぜつみょう》を極《きわ》めたり。白衣《はくい》の朝鮮人往来《ちょうせんじんおうらい》するさま珍《めずら》しく又床《またゆか》しさの湧《わ》く。

○

龍頭山公園《りゅうとうさんこうえん》に登《のぼ》り山海《さんかい》の風光《ふうくわう》清《きよ》きにあこがれて立《た》つ

一行《かう》は記念《きねん》の為《ため》と公園《こうえん》を背景《はいけい》となし小照《せうせう》を撮《と》る

風《かぜ》清《きよ》く空《そら》晴《は》れ渡《わた》る韓国《かんこく》の空《そら》に一日《ひとひ》を安《やす》く遊《あそ》べり

十二夜《や》の月影《つきかげ》清《きよ》く清庭《すがには》の植樹《うえき》の梢《うれ》に冴《さ》ゆる宵《よひ》かな

明月氏鬼《めいげつしおに》に憑《つ》かれて発熱《はつねつ》の悩《なや》み救《すく》ひぬ生言霊《いくことたま》もて

夜《よる》の九時《じ》二十分《ぷん》発《はつ》釜山駅《ふざんえき》見送《みおく》られつゝ京城《けいじやう》に向《むか》ふ

## 『日月日記』十の巻

十月十五日　於・京城笑福旅館

朝《あさ》七時《じ》眼《まなこ》醒《さ》ませば西星里駅《せいせいりえき》のあたりに秋風《あきかぜ》淋《さび》し

烏山駅《うざんえき》来《きた》れば京城新聞《けいじやうしんぶん》の記者《きしや》乗《の》り込《こ》みて大本談《おほもとだん》きく

京城《けいじやう》の駅《えき》にし着《つ》けば宣信徒《せんしんと》神旗《しんき》打《う》ち振《ふ》り出迎《でむか》へ賑《にぎ》はし

構内《こうない》を出《い》づれば新聞写真班《しんぶんしやしんはん》吾《われ》待《ま》ち侘《わ》びて小照《せうせう》を撮《と》る

崇礼門《すうれいもん》潜《くぐ》りて京城御成町《けいじやうおなりちやう》笑福旅館《せうふくりよくわん》に自動車《じどうしや》かけ行《ゆ》く

草臥《くたび》れて紅卍字《こうまんじ》一行《かう》の来訪《らいはう》も夢《ゆめ》白河《しらかは》の昼船《ひるぶね》を漕《こ》ぐ

崇礼門《すうれいもん》イルミネーション麗《うる》はしく京城市内《けいじやうしない》不夜城《ふやじやう》となる

夕《ゆふ》されば窓《まど》吹《ふ》く風《かぜ》も冷々《ひえびえ》と重《かさ》ね着《ぎ》なして臥床《ふしど》に眠《ねむ》る

○

崇礼門《すうれいもん》潜《くぐ》りて後《あと》を見返《みかへ》れば蔦《つた》青々《あをあを》と壁《かべ》を包《つつ》める

朝寒《あささむ》の空《そら》轟《とどろ》かし飛行機《ひかうき》の音《おと》聞《き》き居《を》ればそゞろ眠《ねむ》たき

道《みち》を行《ゆ》く白衣《はくい》の漢人《かんじん》暢気《のんき》さうに長《なが》き煙管《きせる》を口《くち》より放《はな》たず

三百年《ねん》李氏《りし》の覇業《はげふ》の跡《あと》止《と》めていと荘厳《さうごん》なる崇礼門《すうれいもん》かな

## 十月十六日　於・京城笑福旅館

朝《あさ》六時《じ》初湯《はつゆ》入《い》らんと行《ゆ》き見《み》れば早《はや》くも一人《ひとり》湯《ゆ》に浸《ひた》り居《を》り

生《なま》ぬるき湯《ゆ》に入《い》り見《み》れば底《そこ》の板尻《いたしり》冷《ひ》え〴〵と心地《ここち》よからず

支那《しな》行《ゆ》きの食料案《しよくれうあん》じて携《たづさ》へし餅《もち》のかびたる焼《や》きて食《く》ふ今日《けふ》

大路《おほぢ》行《ゆ》く電車自動車《でんしやじどうしや》織《お》る如《ごと》き京城市内《けいじやうしない》のかしましきかな

京城市朝日町《けいじやうしあさひまち》一丁目瑞祥会《ちやうめずいしやうくわい》支部《しぶ》に二代《だい》その他《た》と出張《しゆつちやう》せり

正午頃《しやうごごろ》京城《けいじやう》支部《しぶ》に出張《しゆつちやう》し日支連合祭典《につしれんごうさいてん》を為《な》す

道院《だういん》の祭典終《さいてんをは》り一行《かう》と記念《きねん》の小照撮《せうせうと》りにけるかな

自動車《じどうしや》を馳《は》せて朝博会場《てうはくかいじやう》へ観覧《くわんらん》せんと急《いそ》ぎ出《い》で行《ゆ》く
午後《ごご》の四時《じ》笑福旅館《せうふくりよくわん》に立帰《たちかえ》り入浴《にふよく》なせば心身安《しんしんやす》けし

○

正午《しょうご》より朝日町大本瑞祥会支部《あさひちょうおほもとずいしょうかいしぶ》に於《おい》て支那《しな》五大教道院《だいきょうどういん》の開院式《かいいんしき》も、王仁斎主《おにさいしゅ》の許《もと》に無《ぶ》事終了《じしゅうりょう》したるが、今日始《きょうはじ》めて道院《どういん》に入会《にゅうかい》したる人士《じんし》は左《さ》の諸氏《しょし》なりき。

朝鮮京城《ちょうせんけいじょう》住　宮鶴汀《なぎさ》、孫金甫、傳維貢、李永祥、任吉慶、趙謙龠、傳紹禹及《およ》び日本人《にほんじん》
小林《こばやし》蕉郎　以上《いじょう》。

五大教京漢道院《だいきょうけいかんどういん》の前庭《まえにわ》に立《た》ち、日支両国人《にっしりょうこくじん》の小照《しょうしょう》を撮《と》り、終《おわ》って支那人側《しなじんがわ》は各自宿《かくじしゅく》舎《しゃ》に帰《かえ》り、王仁《おに》一行《こう》は現今開会《げんこんかいかい》の「朝鮮博覧会《ちょうせんはくらんかい》」へと自動車《じどうしゃ》を馳《は》す。

景福宮内《けいふくきゅうない》の同会場《どうかいじょう》は観客《かんきゃく》を以《もっ》て埋《うず》められたり。吾心目《わがしんもく》を曳《ひ》きしもの多《おお》かりし中《なか》にも、満蒙館《まんもうかん》、台湾館最《たいわんかんもっと》も興味《きょうみ》を添《そ》え、参考館内《さんこうかんない》の人造人間《じんぞうにんげん》、学天則氏《がくてんそくし》の自動《じどう》する状《さま》や、顔面《がんめん》の表情等《ひょうじょうとう》は真《しん》の人間《にんげん》にも優《まさ》る感《かん》ありき。それより慶会殿《けいかんでん》にて休息《きゅうそく》の後《のち》、三井館《みついかん》に入《い》り

て茶菓《さか》の饗応《きょうおう》を受《う》け、次《つぎ》に朝鮮特有《ちょうせんとくゆう》の総舞《そうまい》を観覧《かんらん》、子供《こども》の国《くに》の汽車《きしゃ》に乗《の》り世界一周旅《せかいいっしゅうりょ》行《こう》を僅々《きんきん》九分間《ふんかん》にて終《おわ》り、京城博覧会場《けいじょうはくらんかいじょう》に帰着《きちゃく》。それより旅館《りょかん》に車《くるま》を馳《は》せて帰途《きと》につけり。さしもに広大《こうだい》なる会場一々観覧《かいじょういちいちかんらん》する時《とき》は数日《すうじつ》を要《よう》するも余《あま》りあれば淡然《たんぜん》と切《き》り上《あ》げ、今日《きょう》一日《にち》の頁《ページ》を埋《うず》めること丶せり。宿《やど》に還《かえ》れば将《まさ》に午後《ごご》の四時《じ》を過《す》ぎたり。

**十月十七日**　**於・京城笑福旅館**

朝晴《あさばれ》の南大門《なんだいもん》に千代々々《ちよちよ》と御代《みよ》ことほぎて群雀《むらすずめ》鳴《な》く

神宮《じんぐう》の祭典《さいてん》に就《つ》き弥之助《やのすけ》が宿《やど》に来《きた》りて蜜柑船《みかんぶね》舞《ま》ふ

珍《めづら》しく大空《おほぞら》晴《は》れて漢京《かんきやう》の御祭《みまつり》さわぎ賑《にぎ》はしきかな

朝《あさ》けより宣信《せんしん》数多《あまた》訪《と》ひ来《きた》り吾《わ》れ応接《おうせつ》に忙《いそが》しきかな

ドン〱と響《ひび》く太鼓《たいこ》の音《おと》聞《き》けば平和《へいわ》なりけり漢京《かんきやう》の街《まち》

朝鮮《てうせん》の国魂《くにたま》うつる米《こめ》の味《あぢ》は亀岡《かめおか》の米凌《こめしの》ぎてうまし

●自動車《じどうしや》を列《つら》ねて朝鮮神宮《てうせんじんぐう》に二代《だい》その他《た》と参拝《さんぱい》を為《な》す

風光《ふうくわう》の佳《よ》き神苑《かみぞの》に佇《たたず》みて京城《けいじやう》市街《しがい》一眸《いちぼう》に見下《みおろ》す

総督府《そうとくふ》景福宮《けいふくきゆう》や博覧会《はくらんかい》建物《たてもの》高く秋陽《あきび》に映《は》ゆ見《み》ゆ

漢口《かんこう》の流《なが》れは長《なが》く京畿道《けいきだう》平野《へいや》を横《よこ》ぎる壮観《そうくわん》さかな

自動車《じどうしや》と電車《でんしや》の往復《わうふく》織《お》る如《ごと》き南大門《なんだいもん》通《とほ》り賑《にぎ》はしきかな

暢気《のんき》なる鮮人《せんじん》が持《も》つ長煙管《ながきせる》吹《ふ》かす煙《けむり》に亡国《ばうこく》の状《さま》見《み》ゆ

湯《ゆ》に入《い》りて危《あや》ふく安全剃刀《あんぜんかみそり》を使《つか》ひて旅行《りよかう》の用意《ようい》とぞ為《な》す

秋《あき》の陽《ひ》は麗《うら》らかなれど室内《しつない》は寒《さむ》さ覚《おぼ》ゆる京城《けいじやう》の宿《やど》

朝鮮《てうせん》の特産《とくさん》板製《いたせい》絵葉書《えはがき》を三十六枚《まい》書《か》き送《おく》りけり

韓国《かんこく》に渡《わた》りて頓《と》みに咽喉《のど》乾《かわ》き好《この》まぬ林檎《りんご》食《く》ひ覚《おぼ》えけり

笑福館《せいふくくわん》あとに自動車《じどうしや》はせ乍《なが》ら七時《じ》○分《ふん》停車場《ていしやば》に着《つ》く

七時《じ》二十分《ぷん》京城《けいじやう》発射《はつしや》支那人《しなじん》と大本《おほもと》一行《かう》平壌《へいじやう》に向《むか》ふ

人参《にんじん》に名《な》を知《し》られたる開城《かいじやう》の駅《えき》にし着《つ》けば駅《えき》売《う》りの声《こえ》

○

十月十八日　於・安東県元宝旅館

午前《ごぜん》一時《じ》四十分《ぷん》平壌駅《へいじょうえき》に入《い》るや、大本瑞祥会平壌及《おほもとずいしょうかいへいじょうおよ》び鎮南浦《ちんなんぽ》両《りょう》支部《しぶ》の宣信徒《せんしんと》約《やく》二百名神旗《めいしんき》を打《う》ち振《ふ》りプラットホームに出迎《でむか》う。夜気《やき》冷々《ひえびえ》として全身《ぜんしん》に浸《し》み渡《わた》り月光中天《げっこうちゅうてん》に冴《さ》え渡《わた》り、一片《ぺん》の雲影《うんえい》もなき心地《ここち》よき夜《よる》なり。

澄《す》み渡《わた》る空《そら》に冷《つめ》たく照《て》る月《つき》を仰《あふ》げば高《たか》し平壌《へいじやう》の駅《えき》

昨夜京城《さくやけいじょう》より同車見送《どうしゃみおく》られた宣信徒《せんしんと》は、中溝菊二、澤田照恵、松本かよ、名越偰郎《せつろう》、深田福三郎、安澤四郎、高橋慶次郎、村上利信、吉村安治、伊藤寿美、田辺直喜の諸氏也《しょしなり》。次《つぎ》に平壌《へいじょう》より漁波駅《ぎょはえき》まで見送《みおく》りたる人《ひと》は加瀬谷《かせや》一、次《つぎ》に平壌《へいじょう》より安東県《あんとうけん》まで見送《みおく》りたるは、吉村政子、宮澤スミ子、同雪子、次《つぎ》に京城《けいじょう》より安東県《あんとうけん》まで見送《みおく》りたるは、小嶋廣、山本《やまもと》作次の諸氏《しょし》なり。

## 『日月日記』十の巻【帰路】

十月二十六日　於・平壌支部、朝鮮鉄道車中

今朝《けさ》よりは寒気《かんき》俄《にはか》に加《くは》はりて窓《まど》吹《ふ》く風《かぜ》の面《おも》にこたえつ

秋陽《あきひ》照《て》る南市《なんし》の駅《えき》に来《き》て見《み》れば所狭《ところせま》きまで貨物《くわもつ》積《つ》みあり

遠近《をちこち》の丘《をか》に小松《こまつ》の生《お》ひ茂《しげ》る朝鮮《てうせん》平野《へいや》の秋《あき》の清《すが》しさ

茅屋《ぼうおく》の軒《のき》を並《なら》ぶる朝鮮《てうせん》に緑《みどり》紅《くれない》織《お》り出《だ》せる丘《おか》

荒《あ》れ果《は》てし原野《げんや》の中《なか》に白鷺《しらさぎ》の如《ごと》く朝鮮人《てうせんじん》の立《た》ち居《を》り

満州《まんしう》も朝鮮平野《てうせんへいや》も押並《おしな》べて植《う》え込《こ》まれありアカシヤの苗《なへ》

美《うる》はしき松《まつ》の小丘《こをか》の立並《たちなら》ぶ下《した》に群《むら》がる朝鮮《てうせん》の小家《いへ》

櫟葉《くぬぎは》は早《は》や紅《くれない》に染《そ》まりつゝ松《まつ》の木《こ》の間《ま》を彩《いろど》りて映《は》ゆ

晩秋《ばんしう》の晴《は》れたる空《そら》も窓《まど》を吹《ふ》く風《かぜ》の冷《つめ》たき朝鮮《てうせん》の旅《たび》

荷車《にぐるま》に高粱《かうりやん》のから満載《まんさい》し白衣《はくい》の鮮人《せんじん》農夫《のうふ》曳《ひ》き行《ゆ》く

小松山《こまつやま》並《なら》べる見《み》れば日《ひ》の本《もと》の内地《ないち》に帰《かへ》りし心地《ここち》せらるる

吾耳《わがみみ》の聾《ろう》せむ斗《ばか》り内地人《ないちじん》大口《おほくち》開《あ》けてカラ気焔《きえん》吐《は》く

奉天《ほうてん》に吾《われ》を訪《と》ひたる山本氏《やまもとし》今朝《けさ》室内《しつない》に再《ふたた》び逢《あ》ひぬる

パインタラ吾遭難《われさうなん》のその砌《みぎり》助《たす》け呉《くれ》れたる志賀氏《しがし》に逢《あ》ひけり

満蒙《まんもう》に何《なに》か為《な》さんと山本氏《やまもとし》此《こ》の秋空《あきぞら》に雄叫《をたけ》びを為《な》す

千引岩《ちびきいは》頂上《ちやうじやう》に立《た》つ高山《かうざん》のあちこち見《み》えてから野《の》晴《は》れたり

火車《ホーチヨ》行《ゆ》く沿道《えんだう》残《のこ》らずアカシヤの若《わか》き並木《なみき》に彩《いろど》られけり

世界《せかい》一味《あぢ》良《よ》き米《こめ》のみのるてふ田《た》と思《おも》はれず朝鮮《てうせん》の原《はら》

見《み》るからにいたく荒《あ》れたる朝鮮《てうせん》の田《た》に米稔《こめみの》るは不可思議《ふかしぎ》なる哉《かな》

○

植林《しよくりん》のあと見《み》え乍《なが》ら朝鮮《てうせん》の山《やま》あか〱と荒《あ》れ果《は》てにけり

信徒《まめひと》に恵贈《けいぞう》されし品物《しなもの》に六十五円《えん》の関税《くわんぜい》とられし

川《かは》と田《た》の区別《くべつ》も知《し》らぬ朝鮮《てうせん》の荒《あ》れ果《は》てし野《の》のあはれなるかな

満蒙《まんもう》や朝鮮《てうせん》の川《かは》何《ど》れ見《み》ても堤《つつみ》築《きづ》かず流《なが》れに任《まか》せり

あゝこれが日本男子《にほんだんし》かと思《おも》ふまで口《くち》やかましき二等客《とうきやく》かな

豆狸《まめだぬき》見《み》たよな人間《にんげん》上《かみ》に立《た》ち我《わ》が日《ひ》の本《もと》を台《だい》なしにする

八釜敷《やかまし》き高等官《かうとうくわん》連席《れんせき》立《た》ちて静《しづ》かになりぬ古邑《こいふ》の駅頭《えきとう》

高等官《かうとうくわん》雲雀《ひばり》が駅《えき》に降《お》り立《た》てば百舌鳥《もず》や雀《すずめ》が出迎《でむか》へてをり

併合《へいがふ》をしてから茲《ここ》に二十年《ねん》国利《こくり》民福《みんぷく》かげなき韓国《かんこく》

平壌《へいじやう》の駅《えき》にし着《つ》けば宣信徒《せんしんと》プラッホームを埋《うづ》めて待《ま》てり

自動車《じどうしや》を数台《すうだい》並《なら》べて桜町《さくらまち》瑞祥会《ずいしやうくわい》支部《しぶ》さして出《い》で行《ゆ》く

神前《しんぜん》の拝礼《れいはい》終《をは》り柿食《かきく》ひてかわける喉《のど》をうるほしにけり

五時半発《じはんはつ》汽車《きしや》にて一行鎮南浦《かうちんなんぽ》瑞祥会《ずいしやうくわい》支部《しぶ》指《さ》して出《い》で行《ゆ》く

平壌《へいじやう》の駅《えき》に来《きた》れば宣信徒《せんしんと》早《はや》くも駅《えき》にうごなはり居《を》り

日《ひ》は西《にし》に沈《しづ》まんとしてわが汽車《きしや》は平壌駅《へいじやうえき》を悠々《いういう》発車《はつしや》す

宣信徒《せんしんと》プラットに立《た》ち神旗《しんき》ふりわが行《ゆ》く汽車《きしや》をホームに見送《みおく》る

○

広々《ひろびろ》と大同江《だいどうかう》に水湛《みづたた》へ果《は》てしも知《し》らず流《なが》るゝ雄々《をを》しさ

何人《なんびと》の舟《ふね》にやあらん大同江《だいどうかう》白帆《しらほ》かゝげて遡《さかのぼ》る見《み》ゆ

近山《きんざん》に無煙炭《むえんたん》ある岐陽《きやう》の駅《えき》に黒々《くろぐろ》積《つ》める汽車《きしや》の燃料《ねんれう》

昨朝《さくてう》より乗《の》り続《つづ》けたる汽車《きしや》の旅《たび》いたく疲《つか》れて口《くち》に熱《ねつ》うく

昨日《きのう》から殆《ほとん》ど三十六時間《じかん》汽車《きしや》生活《せいくわつ》をつゞけけるかな

闇《やみ》の幕《まく》窓辺《まどべ》に近《ちか》く迫《せま》りつゝ葛川《かつせん》の駅《えき》過《す》ぎにけるかな

鎮《ちん》南《なん》浦《ぽ》駅《えき》に宣《せん》信《しん》数《すう》十人《にん》神《しん》旗《き》かざし出《で》迎《むか》へてあり

群《ぐん》衆《しう》を引《ひき》分《わ》け乍《なが》ら駅《えき》外《ぐわい》に待《ま》つ自《じ》動《どう》車《しや》に腰《こし》おろしけり

宣《せん》伝《でん》歌《か》万《ばん》歳《ざい》の声《こえ》駅《えき》庭《てい》を圧《あつ》する夕《ゆふ》べの鎮《ちん》南《なん》浦《ぽ》駅《えき》

市《し》中《ちう》をば自《じ》動《どう》車《しや》飛《と》ばせ三輪《わ》町《ちやう》の朝《あさ》日《ひ》旅《りよ》館《くわん》へ入《い》りて休《やす》らふ

神《しん》吉《きち》氏《し》講《かう》演《えん》の為《ため》鎮《ちん》南《なん》浦《ぽ》支《し》部《ぶ》をば指《さ》して急《いそ》ぎ出《い》で行《ゆ》く

宿《やど》の湯《ゆ》にひたりて長《ちやう》途《と》の旅《たび》疲《つか》れ流《なが》せば心《しん》身《しん》軽《かる》くなりたり

小《さ》夜《よ》更《ふ》けて講《かう》演《えん》終《をは》り井《いの》上《うへ》氏《し》朝《あさ》日《ひ》旅《りよ》館《くわん》に勇《いさ》み帰《かへ》れり

○

外《がい》交《こう》不《ふ》振《しん》と緊《きん》縮《しゅく》の祟《たた》りで満《まん》州《しゅう》在《ざい》住《じゅう》民《みん》は殆《ほとん》ど行《ゆき》詰《づま》りの状《じょう》態《たい》にあり、是《これ》が転《てん》回《かい》の道《みち》は只《ただ》々《ただ》日《にっ》支《し》両《りょう》国《こく》の精《せい》神《しん》的《てき》諒《りょう》解《かい》と政《せい》府《ふ》の勇《ゆう》猛《もう》心《しん》を発《はっ》揮《き》して満《まん》蒙《もう》及《およ》びシベリア問《もん》題《だい》の神《しん》意《い》に従《したが》って実《じっ》行《こう》するに在《あ》るのみ。露《ろ》支《し》交《こう》渉《しょう》問《もん》題《だい》といえども非《ひ》は大《だい》部《ぶ》分《ぶん》中《ちゅう》国《ごく》側《がわ》にあり、折《おり》よくば奪《だっ》取《しゅ》せんと密《ひそ》かに計《けい》画《かく》しつゝありしもの偶《たま》々《たま》事《じ》実《じつ》となって現《あら》われしのみ。次《つぎ》には満《まん》鉄《てつ》をねらい日本《にほん》の既得権《きとくけん》を奪《うば》わんと焦慮《しょうりょ》しつゝあるは支那政治家《しなせいじか》の心腹《しんぷく》なり、かかる日本《にほん》に取《と》って不《ふ》利益《りえき》なる形勢《けいせい》を順致《じゅんち》したるも要《よう》は日本人《にほんじん》の無気力《むきりょく》を観破《かんぱ》したるが故《ゆえ》なる可《べ》し。吾人《ごじん》は東亜《とうあ》の前途《ぜんと》と世界《せかい》の大勢《たいせい》を視《み》てここに奮然《ふんぜん》立《た》って「人類愛善会《じんるいあいぜんかい》」を設立《せつりつ》し、普《あまね》く世界《せかい》に向《むか》って皇祖《こうそ》の神勅《しんちょく》を拡充《かくじゅう》し愛善《あいぜん》の日本魂《やまとだましい》を知《し》らしめ、国家《こっか》を泰山《たいざん》の安《やす》きにおかんと米国《べいこく》バハイ教《きょう》と握手《あくしゅ》し、進《すす》んで支那《しな》道院《どういん》、世界紅卍字会《せかいこうまんじかい》と精神的提携《せいしんてきていけい》を遂《と》げたるなり。明治維新《めいじいしん》以《い》来未《らいいま》だかつて今回《こんかい》の如《ごと》く徹底的《てっていてき》に心的和合《しんてきわごう》を現《あら》わしたる事《こと》なかりしなり。この点《てん》に於《おい》て吾《わが》大本人類愛善会《おほもとじんるいあいぜんかい》は天下国家《てんかこっか》のため偉大《いだい》なる功験《こうけん》を現《あら》わせしものと謂《い》うべし。

吾人《ごじん》の前途《ぜんと》は益々多事多忙《ますますたじたぼう》なり。東洋平和《とうようへいわ》のためには是非《ぜひ》とも満蒙《まんもう》の問題解決《もんだいかいけつ》とシベリア共和国《きょうわこく》の建設及《けんせつおよ》び朝鮮人《ちょうせんじん》の満蒙移植《まんもういしょく》等数《とうかぞ》え来《きた》れば際限《さいげん》もなし。次《つぎ》に今後《こんご》の中華《ちゅうか》を救《すく》うべきは道院大本《どういんおほもと》の二団体《だんたい》あるのみにして、群雄割拠《ぐんゆうかっきょ》の支那《しな》を統《とう》一するも亦吾人《またごじん》の双肩《そうけん》に懸《かか》れる一大問題《だいもんだい》なりとす。嗚呼《ああ》　惟神霊幸倍坐世《かむながらたまちはえませ》

【帰路】『日月日記』十一の巻

十月二十七日　於・鎮南浦朝日旅館

朝日旅館《あさひりよくわん》露《つゆ》の宿《やど》りを立出《たちい》で丶鎮南浦支部《ちんなんぽしぶ》さして出《い》で行《ゆ》く

露《つゆ》たる丶味美《あじよ》き朝鮮黒葡萄《てうせんくろぶどう》支部《しぶ》に坐《ざ》しつ丶舌鼓《したつづみ》打《う》つ

紅卍字優遇《こうまんじゆうぐう》されたと日本《にっほん》へ帰《かへ》れば威張《いば》るコーマン爺《ぢ》かな

から国《くに》の野辺《のべ》吹《ふ》く風《かぜ》に秋草《あきぐさ》の露《つゆ》の玉《たま》ゆら錦《にしき》に彩《いろ》どる

白楊《はくやう》の梢《こずえ》に秋《あき》の風立《かぜた》ちて鎮南浦《ちんなんぽ》の宿《やど》静《しづか》なりけり

吾投《わがな》げし餅《もち》に打《う》たれて二十年《ねん》の脳神経《なうしんけい》を忘《わす》れし人《ひと》あり

吾肘《わがひじ》に横腹突《よこばらつ》かれ重病《ぢゆうびやう》の神経痛症《しんけいつうしやう》治《なほ》りし人《ひと》かな

御手代《みてしろ》に触《ふ》れても忽《たちま》ち御神徳現《ごしんとくあら》はる見《み》れば当然《たうぜん》なりけり

日本《ひのもと》の内地《ないち》へ帰《かへ》る日《ひ》は近《ちか》み心《こころ》の駒《こま》もはやり出《だ》したり

月中《つきちう》に綾部《あやべ》亀山《かめやま》両《りやう》聖地《せいち》帰《かへ》ると思《おも》へば何《なに》か嬉《うれ》しき

○

六時前《じまへ》汽車《きしや》に乗《の》らんと朝日館《あさひくわん》あとに自動車駅《じどうしやえき》へ走《はし》らす

信徒《まめひと》は各自《かくじ》に手旗《てばた》打振《うちふ》りて我《わ》が出発《しゆつぱつ》を駅《えき》に見送《みおく》る

鎮南浦駅《ちんなんぽえき》の桜《さくら》は紅葉《もみぢ》して暮《く》れゆく秋《あき》の夕《ゆふ》べ明《あか》るし

電燈《でんとう》のあちらこちらとつき初《はじ》めて汽車《きしや》はそろ〱動《うご》き出《だ》したり

蒲団《ふとん》着《き》て寝《い》ねたる如《ごと》き枯山《かれやま》の広野《ひろの》の中《なか》に横《よこ》たはる見《み》ゆ

信徒《まめひと》がふる旗《はた》かげの見《み》えぬ迄《まで》あとふり返り〱ゆく

大平《たいへい》の駅《えき》にわが汽車《きしや》近《ちか》づきて何《なん》の悩《なや》みも梨林檎《なしりんご》食《く》ふ

大平《たいへい》の駅《えき》を越《こ》ゆればチラ〱と平壌《へいじやう》の灯《ひ》の見《み》え初《そ》めにけり

平壌《へいじやう》の駅《えき》に降《くだ》れば宣信徒神旗《せんしんとしんき》かざして待《ま》ち迎《むか》へ居《を》り

安着《あんちやく》を寿町《ことぶきちやう》の三根旅館《みねりよくわん》二階《かい》の一室《ま》にやっと落《お》ちつく

十月二十八日　　於・朝鮮平壌市　寿町三根旅館

暖《あたた》かく風《かぜ》さへも無《な》き平壌《へいじやう》の空《そら》轟《とどろ》かせ飛行機《ひかうき》の行《ゆ》く

半月《はんつき》余《よ》満鮮《まんせん》宣伝《せんでん》旅行《りよかう》して今日《けふ》平壌《へいじやう》の宿《やど》に安居《やすい》す

漆黒《しつこく》の長髭《ながひげ》の王仁《おに》なぞと又《また》出鱈目《でたらめ》を書《か》く平毎新聞《へいまいしんぶん》

総裁《そうさい》の井上宣使《いのうへせんし》を王仁《おに》と見《み》て近眼記者《きんがんきしや》の書《か》きし迂闊《うくわつ》さ

是《これ》見《み》ても新聞記事《しんぶんきじ》の絶対《ぜつたい》にあてにならない事《こと》の悟《さと》る

十時《じ》半《はん》ホテルを立《た》ちて船橋里《せんけうり》楽浪《らくろう》支部《しぶ》を差《さ》して馳《は》せ行《ゆ》く

神前《しんぜん》の礼拝《れいはい》済《す》ませ八千代町《やちよちやう》八木氏《やぎし》の支部《しぶ》に参拝《さんぱい》をなす

泉町《いづみちやう》愛善会《あいぜんかい》の平壌支部《へいじやうしぶ》詣《まう》でゝ愛善旗印《あいぜんはたじるし》書《か》く

平壌《へいじよう》支部《しぶ》主任《しゅにん》鈴木《すずき》七三郎《しちさぶろう》氏方《しかた》に珍《めずら》しくも吾《われ》詠《よ》める歌《うた》の短冊《たんざく》あり。鈴木氏《すずきし》の言《げん》によれば大正《たいしょう》十四年《ねん》に聖地《せいち》に参拝《さんぱい》の砌《みぎり》吾《われ》より貰《もら》いたるものなりと。

遙々《はるばる》と鶏《とり》の林《はやし》を立《た》ち出《い》でゝ日《ひ》出《いづ》る国《くに》の神《かみ》詣《まう》でかな

○

自動車《じどうしゃ》を馳《は》せて平壌《へいじやう》七星門《せいもん》潜《くぐ》りて乙密台《おつみつだい》に登《のぼ》れり

乙密台《おつみつだい》立《た》ちて眼下《がんか》を見渡《みわた》せば大同江《だいどうかう》の風景《ふうけい》妙《たへ》なり

日清役古戦場《にっしんえきこせんぢやう》なる玄武門《げんぶもん》潜《くぐ》りて徒歩《とほ》にて丹峰《たんぽう》に登《のぼ》る

日清《にっしん》の役《えき》に名高《なだか》き牡丹台《ぼたんだい》浮碧楼《ふへきろう》てふ扁額《へんがく》のあり

牡丹台最勝台《ぼたんだいさいしやうだい》をば後《あと》にして小牧《をまき》の茶屋《ちゃや》に昼飯《ひるはん》を為《な》す

大同江《だいどうかう》流《なが》れに望《のぞ》む浮碧楼《うきへきろう》に立《た》ちて山河《さんか》の風光《ふうくわう》を観《み》る

○

朴文浩《ぼくぶんこう》大本《おほもと》へ行《ゆ》く事《こと》となり叔母《をば》や従兄《いとこ》が挨拶《あいさつ》に来《く》る

十二時《じ》の平壌《へいじやう》発《はつ》に乗《の》らんとて急《いそ》ぎて駅《えき》に自動車《じどうしゃ》を馳《は》す

平壌駅《へいじやうえき》宣信《せんしん》徒等《とら》に見送《みおく》られ星冴《ほしさ》ゆる夜《よ》を帰国《きこく》の途《と》につく

オリオンの星座《せいざ》は東《ひがし》の山《やま》の端《は》を分《わ》けて御空《みそら》に昇《のぼ》り初《そ》めたり

何処《どこ》となく軽《かる》き疲《つか》れを覚《おぼ》えつゝ寝《ね》むけ催《もよほ》す寝台《しんだい》の上《うへ》

## 十月二十九日　於・朝鮮鉄道車中

平壌《へいじやう》より名越《なごし》村上《むらかみ》川田《かはた》諸氏《しよし》京城駅《けいじやうえき》まで送《おく》りて別《わか》るゝ

京城《けいじやう》の駅《えき》にし来《く》れば宣信徒神旗《せんしんとしんき》うちふり宣伝歌《せんでんか》に迎《むか》ふ

京城《けいじやう》の山本《やまもと》宣使《せんし》永登浦《えいとうほ》駅《えき》まで見送《みおく》り別《わか》れて帰《かへ》る

食堂《しよくだう》に入《い》りて朝飯《あさはん》喫《きつ》し居《を》れば汽車《きしや》は始興《しこう》の駅《えき》に止《と》まれり

安養《あんやう》の駅《えき》に来《きた》れば腰《こし》に児《こ》を負《お》ひし鮮人《せんじん》乗込《のりこ》みにけり

紅葉《こうえふ》の林《はやし》ながく連《つら》なりて朝鮮《てうせん》平野《へいや》の霜《しも》は解《と》けゆく

紅葉《こうえふ》の松《まつ》の緑《みどり》を彩《いろど》りて晩秋《ばんしう》の野《の》の美《うる》はしきかな

松材《まつざい》の外《ほか》に一つの貨物《くわもつ》無《な》き運浦《ぐんぽ》場《ぢやう》駅《えき》紅葉《もみぢ》の照《て》るなり

野《の》の面《おも》は稍《やや》ひろがりて山遠《やまとほ》み朝日《あさひ》かゞやく餅店《へいてん》の駅《えき》

知《し》らぬ間《ま》に水原《すいげん》の駅《えき》も乗《の》り越《こ》えしを烏山《うざん》の駅《えき》にてやっと気《き》がつく

西井里駅《せいせいりえき》のあたりのアカシヤは梢《こずえ》に青葉混《あをばまじ》じりて立《た》てり

真柏《しんはく》の古木枝《こぼくえだ》ぶりおもしろく一本《ぽん》のこる西井里駅《せいせいりえき》

白妙《しろたへ》の衣《ころも》まとひし鮮人《せんじん》の馬《うま》にまたがり野路《のぢ》を行《ゆ》く見《み》ゆ

丘《をか》の上《へ》に白々石《しろじろいし》の華表《とりい》ありて大樹《たいじゅ》黄《き》ばめる平沢《へいたく》の駅《えき》

平沢《へいたく》の駅《えき》ひろ〴〵と野《の》の面《おも》の池《いけ》のおもてに天津日《あまつひ》の映《は》ゆ

日清《にっしん》の役《えき》に其名《そのな》の高《たか》かりし成歓駅《せいかんえき》に秋《あき》うらゝなり

秋《あき》の田《た》の稲《いね》を刈《か》りたる鮮人《せんじん》の白々《しろじろ》むらがる成歓《せいくわん》の里《さと》

天安《てんあん》の駅《えき》ひろ〴〵と山遠《やまとほ》み家《いへ》の秀高《ほたか》く秋日晴《あきひは》れたり

珍《めづら》しくコスモスの花見《はなみ》たりけり小井里駅《せうせいりえき》の路《みち》のかたへに

紅々《あかあか》と菊《きく》の花園《はなぞの》匂《にほ》ひたる全義《ぜんぎ》の駅《えき》の暖《あたた》かなるかも

鳥致院駅《てうちいんえき》の広場《ひろば》に蔭《かげ》おとし楊《やなぎ》の老樹《らうじゅ》聳《そび》え立《た》つ清《すが》しさ
紅葉《もみぢ》照《て》る丘《をか》の上中《おもて》に人家《じんか》むれて秋陽《あきひ》にはゆる扶江《ふかう》の駅《えき》かな
菊畠《きくばたけ》桜《さくら》の紅葉《こうえふ》庭《には》もせに立栄《たちさか》えたる扶江《ふかう》の広駅《ひろえき》
綿包《わたつつ》み山《やま》と積《つ》みたる永同《えいどう》の駅《えき》の高地《かうち》の冬景色《ふゆけしき》かな
石材《せきざい》の積《つ》み重《かさ》ねたる秋風嶺《しうふうれい》は海抜《かいばつ》二千五百尺《しやく》といふ
枯山《かれやま》の嶺《みね》高々《たかだか》と聳《そび》えつゝ見晴《みはら》らし広《ひろ》き直指寺《ちょくしじ》の駅《えき》
家《いへ》の秀《ほ》もいや高々《たかだか》と並《なら》びつゝ土地《とち》の肥《こ》えたる金泉《きんせん》の駅《えき》
野《の》の面《おも》は見渡《みわた》す限《かぎ》り白楊《はくやう》の並樹《なみき》のみなる大新駅《たいしんえき》かな
川床《かはどこ》の田面《でんめん》よりも高《たか》くして枯山《かれやま》斗《ばか》り続《つづ》く亀尾駅《えき》
遠《とほ》の野《の》に楊樹《やうじゅ》の低《ひく》う並《なら》びたる土地《とち》のやせたる若木駅《わかきえき》かな
倭館《わいくわん》の駅《えき》のおもては珍《めづ》らしく柳《やなぎ》の大樹《たいじゅ》立並《たちなら》び居《を》り
構内《こうない》に草花《くさばな》あちこち作《つく》りある風流《ふうりう》めきたる新洞《しんどう》の駅《えき》

大邱《たいきう》の駅《えき》広々《ひろびろ》と秋《あき》の陽《ひ》のさえ渡《わた》りつゝ暖《あたた》かなるかな
草臥《くたび》てしまゝ腰掛《こしかけ》に横《よこ》たはり楡川駅《ゆうせんえき》まで眠《ねむ》りけるかな
楡川《ゆうせん》の駅《えき》に来《きた》れば蓼沼《たでぬま》氏《し》遥々《はるばる》迎《むか》へのために来《きた》れり
午後《ごご》七時《じ》釜山《ふざん》の駅《えき》に着車《ちやくしや》して釜山富平町支部《ふざんとみひらちやうしぶ》に走《は》せ行《ゆ》く
船中《せんちう》に朝鮮時報社《てうせんじはうしや》渋谷《しぶたに》氏《し》在《あ》りて渡満《とまん》の主旨《しゆし》を尋《たづ》ぬる
景福丸《けいふくまる》飯田《いひだ》事務《じむ》長《ちやう》機関長《きくわんちやう》船長《せんちやう》に吾画《わがえ》一枚《まい》宛《づつ》贈《おく》る
海風《かいふう》は 勢《いきほい》 強《つよ》く船体《せんたい》の動揺《どうえう》可《か》なり上下《じやうげ》に浮《う》かぶ

## 十月三十日　於・東上汽車中　亀岡・高天閣

朝《あさ》七時《じ》景福丸《けいふくまる》は平和《へいわ》なる波《なみ》を渡《わた》りて関門《くわんもん》に入《い》れり
九州《きうしう》の信徒《まめひと》神旗《しんき》打《う》ちふりて賑々《にぎにぎ》しくも埠頭《ふとう》に迎《むか》ふる
日清役《につしんえき》に名《な》をしられたる下《しも》ノ関春帆楼《せきしゆんはんろう》に入《い》りて休《やす》らふ

朝《あさ》の九時《じ》京都《きやうと》行《ゆき》の急行《きふかう》に入《い》りこみ宣信《せんしん》あまたと別《わか》るゝ
満州《まんしう》や朝鮮《てうせん》等《とう》に比《くら》ぶれば内地《ないち》の山《さん》河《か》美《うる》はしきかな　（以下略）

**◆朝鮮神宮**　日清日露戦役後の明治四十三（１９１０）年に日韓併合条約が結ばれ、朝鮮総統府による日本の植民地支配が本格化する。「朝鮮神社」は大正八（１９１９）年朝鮮の総鎮守として創建され、京畿道京城府南山（現在の韓国ソウル特別市）にあった。祭神は「天照大神と明治天皇」を祭祀する官幣大社で、大正十四（１９２５）年に「朝鮮神宮」と改称し、日中戦争（昭和12年・１９４５）当時には参拝を国民に奨励する。

この朝鮮神社創建にさいして、祭神はどの神を祀るべきかと論争になった。日本から派遣された福岡の筥崎宮（九州一宮）の宮司は、「檀君を鎮祭すべきだ」、「檀君は素盞嗚尊で朝鮮民族の親であり、同時に日本民族の親である。日朝同祖、同じ先祖をいただいている。お互いに仲良くなれる」という意味のことを日本政府に申し上げた。

当時は大日本帝国の国家神道で、決めるのは政府の事務官である。結局「天照大神と明治天皇」を祭祀し、それを朝鮮人にも拝ませた。それ故か日本が敗戦により引き揚げると、まず一番に壊されたのがこの神社であると言われている。

出口聖師は終戦の昭和二十年十二月鳥取県の吉岡温泉で静養中、朝日新聞記者のインタビューで「民主主義でも神に変りがあるわけはない。ただほんとうの存在を忘れ、自分の都合のよい神社を偶像化してこれを国民に無理に崇拝させたことが、日本を誤らせた。殊に日本の官国弊社の祭神が神でなく、ただの人間を祀っていることが間違いの根本だった。……」と指摘する。

（『救世の船に』参照。）

**【余白】**

古《いにしえ》は、この世《よ》の救主《すくいぬし》として瑞《みづ》の御霊《みたま》速素盞鳴天使《はやすさのをのかみ》が現《あらわ》れたまいて、天津罪《あまつつみ》、国津罪《くにつつみ》許々多久《ここたく》の罪穢《つみけがれ》を御身独《おんみひと》りに引受《ひきう》け、世界《せかい》を救《すく》いたもうたのである。その有難《ありがた》き情《なさけ》の深《ふか》き吾等《われら》の救主《すくいぬし》たることを知《し》らずして、素盞鳴尊《すさのをのみこと》を猛悪《もうあく》なる天使《かみ》と思《おも》うものは実《じつ》に罪深《つみふか》き恐《おそ》れ多《おお》きことである。

この神《かみ》は今《いま》も厄神《やくじん》として人《ひと》の災難《わざわい》を救《すく》いたもう神《かみ》である。人々《ひとびと》の如何《いか》なる重《おも》き罪穢《つみけがれ》も、大神《おほかみ》の贖《あがな》いによりて救《すく》わせたもうのである。

（『道の栞』）

# 第五章　朝鮮の檀君神話

出口聖師《でぐちせいし》は、直接的《ちょくせつてき》に「檀君神話《だんくんしんわ》はスサノオだ」という表現《ひょうげん》はなされていない。しかし、教学的《きょうがくてき》にいくつかの要素《ようそ》、長白山《ちょうはくさん》について、ソシモリ、スサノオと檀山《だんざん》のこと等《など》を重《かさ》ねてゆくとき、檀君《だんくん》が神素盞嗚大神《かむすさのをのおほかみ》の顕現《けんげん》であることが窺《うかが》われてくる。

朝鮮半島《ちょうせんはんとう》では、相次《あいつ》ぐ戦乱《せんらん》のために、古代朝鮮《こだいちょうせん》の神話《しんわ》や歴史《れきし》を書《か》いた書物《しょもつ》は十二世紀《せいき》後半《こうはん》から十三世紀《せいき》（日本《にほん》でいえば鎌倉初期《かまくらしょき》）にようやく成立《せいりつ》した『三国史記《さんごくしき》』と『三国遺事《さんごくいじ》』である。『三国史記《さんごくしき》』（金富軾撰《きんふしょくせん》）は、著者《ちょしゃ》が中国寄《ちゅうごくよ》りの儒者《じゅしゃ》ということもあってか、檀君《だんくん》による建国神話《けんこくしんわ》の記載《きさい》はない。其記事《そのきじ》があるのは『三国遺事《さんごくいじ》』（禅宗《ぜんしゅう》の僧《そう》・一然著《いちねんちょ》）である。

## 一、檀君神話を要約すると

（一）「天神《てんじん》桓因《ファニン》の庶子《しょし》・桓雄《ファンウン》が父神《ふしん》の命令《めいれい》によって、天符印《チョンブイン》三個《こ》（＝鏡・剣・鈴。）を持《も》ち、風伯《ブンペク》（＝風神。風の神。）、雨師《ウサ》（＝雨の神。）、雲師《ウンサ》及《およ》び穀物《こくもつ》、生命《せいめい》、疾病《しっぺい》、刑罰《けいばつ》、善悪《ぜんあく》などを司《つかさど》る神《かみ》の群《むれ》を率《ひき》いて、太白山上《たいはくさんじょう》の檀《だん》の木《き》の下《した》に降臨《こうりん》して神市《しんし》を開《ひら》いた。この時《とき》、熊《くま》がヨモギとニンニクを食《た》べて女《おんな》に化身《けしん》し、桓雄《ファンウン》と結婚《けっこん》して檀君《だんくん》を生《う》み、檀君《だんくん》が国《くに》を開《ひら》いて国号《こくごう》を朝鮮《ちょうせん》とした」（『日本神話と朝鮮』「日本神話と韓国」玄容駿、『講座日本の神話』9、有精堂　昭和52年6月）に記されている。

（二）「これは古《ふる》くから民間《みんかん》に伝承《でんしょう》されていたらしいが、モンゴルの侵略《しんりゃく》を体験《たいけん》した僧《そう》・一然《イリヨン》が、その『三国遺事《さんごくいじ》』にはじめて書《か》いた。昔《むかし》、天界《てんかい》にいた桓因《ファニン》は、太白山《たいはくさん》の峯《みね》にある神檀樹《しんだんじゅ》のもとに天下《あまくだ》った。彼《かれ》は風《かぜ》・雨《あめ》・雲《くも》の神《かみ》をひきい、穀物《こくもつ》・生命《せいめい》・病気《びょうき》・刑《けい》罰《ばつ》・善悪《ぜんあく》など人間《にんげん》にかかわる三六〇のことをとりしきった。ときに一匹《ぴき》の熊《くま》と虎《とら》がいて、人間《にんげん》になりたがっていた。虎《とら》は人間《にんげん》になれなかったが、熊《くま》は人間《にんげん》の女性《じょせい》に生《う》まれかわり、桓雄《ファンウン》と結婚《けっこん》して子《こ》を生《う》んだ。それが檀君《タングン》（壇君）である。

檀君《タングン》は平壌城《ピョンヤン》を都《みやこ》にし、国《くに》を朝鮮《ちょうせん》と号《ごう》した。それは中国《ちゅうごく》の堯帝《ぎょうてい》の即位《そくい》五十年《ねん》庚寅《かのえとら》にあたる。この檀君神話《タングンしんわ》は悠久《ゆうきゅう》の昔《むかし》に朝鮮独自《ちょうせんどくじ》の神人《しんじん》が朝鮮《ちょうせん》を開《ひら》いたという民族意《みんぞくい》識《しき》を示《しめ》している。後《のち》に民族運動《みんぞくうんどう》がおこる時《とき》には、この神話《しんわ》が強調《きょうちょう》された。

（『入門朝鮮の歴史』朝鮮研究会）

## 二、始祖神話における信仰形態

（『朝鮮のシャーマニズム』柳東植　学生社　昭和54年から転載）

古代朝鮮《こだいちょうせん》の始祖神話《しそしんわ》をつたえる主《おも》な資料《しりょう》は『三国史記《さんごくしき》』と『三国遺事《さんごくいじ》』である。これらに先だち、『旧三国史記《きゅうさんごくしき》』というものがあって、両書《りょうしょ》にともに引用《いんよう》されているが、いまは紛失《ふんしつ》してつたえられていない。『三国史記《さんごくしき》』の撰者金富軾《せんじゃキムブシク》は儒者《じゅしゃ》であったから、神話《しんわ》の部分《ぶぶん》は簡単《かんたん》にしか記《しる》していない。これに反《はん》し、『三国遺事《さんごくいじ》』は仏僧《ぶっそう》・一然《イルイオン》により撰述《せんじゅつ》され、多《おお》くの仏教的潤色《ぶっきょうてきじゅんしょく》（＝光彩を添えること。）が施《ほどこ》されているとはいえ、神話的要素《しんわてきようそ》を豊富《ほうふ》にとりいれている。そこでここでは、資料《しりょう》として主《おも》に後者《こうしゃ》に依存《いぞん》することにする。

現在『三国遺事《さんごくいじ》』に伝《つた》えられている始祖神話《しそしんわ》は、檀訓《タングン》、朱蒙《ジュモン》、赫居世《ヒョッコセ》、金閼智《キムアルチ》、脱解《タルヘ》、首露《スロ》などであるが、ここではその中《なか》から、三つの古代部族連合国家群《こだいぶぞくれんごうこっかぐん》を代表《だいひょう》する三つの始祖神話《しそしんわ》を考察《こうさつ》することにしたい。即《すなわ》ち

第一のものは、最《もっと》も早《はや》く紀元前《きげんぜん》四世紀頃《せいきごろ》形成《けいせい》されたと創造《そうぞう》される西北部地方《せいほくぶちほう》の古朝鮮《こちょうせん》、それにつぐ衛氏朝鮮《ウイシちょうせん》、そして最後《さいご》には、漢《かん》の楽浪群《らくろうぐん》に支配《しはい》された最古代国家群《さいこだいこっかぐん》を代表《だいひょう》する古朝鮮《こちょうせん》の始祖檀君《しそだんくん》に関《かん》する神話《しんわ》である。

**第二**は、東満州《ひがしまんしゅう》の松花江《しょうかこう》（＝中国東北部の大河。朝鮮国境の白頭山頂の天池に発源し、黒竜江に合する。全長1927キロ。）より鴨緑江《おうりょっこう》にかけて存在《そんざい》した、扶余《ふよ》、高句麗《こうくり》、沃沮《よくそ》（＝漢・魏代に朝鮮北東部にいた種族。高句麗に近い民族とされる。）などの中央《ちゅうおう》グループを代表《だいひょう》する高句麗《こうくり》の始祖《しそ》朱蒙《ジュモン》神話《しんわ》である。

**第三**は、南部《なんぶ》の三韓《かん》、すなわち馬韓《ばかん》、弁韓《べんかん》、辰韓《しんかん》の代表的《だいひょうてき》な始祖《しそ》赫居世《ヒョッコセ》神話《しんわ》である。

○

神話《しんわ》は客観的世界《きゃっかんてきせかい》を描写《びょうしゃ》したものではなく、窮極的関心《きゅうきょくてきかんしん》、または宗教的事実《しゅうきょうてきじじつ》を語《かた》る象徴的表現《しょうちょうてきひょうげん》である。だから神話《しんわ》の内容《ないよう》を理解《りかい》するためには、その構成要素《こうせいようそ》を意味《いみ》の表象単位《ひょうしょうたんい》に分析《ぶんせき》し、それらの結合様式《けつごうようしき》のもつ意味《いみ》、即《すなわ》ち構造《こうぞう》をとらえるべきである。ここではまず、三つの異《こと》なった神話《しんわ》に共通《きょうつう》した構造《こうぞう》によって表現《ひょうげん》されている信仰形態《しんこうけいたい》を探《さぐ》ろうと思《おも》う。

## 三、檀君神話

『三国遺事《さんごくいじ》』は古朝鮮《こちょうせん》の始祖檀君《しそだんくん》について次《つぎ》のように述《の》べている。

『魏書《ぎしょ》』にいう。今《いま》から二千年前《ねんまえ》、檀君王倹《だんくんウワンコム》という人《ひと》がいて、都邑《とゆう》を阿斯達《あしだ》に定《さだ》め国《くに》を開《ひら》いて朝鮮《ちょうせん》と号《ごう》した。それは高《こう》と同時代《どうじだい》であった。

古記《こき》に言《い》うのに、昔《むかし》、桓因《ファニン》（帝釈《たいしゃく》をさす）の庶子《しょし》である桓雄《ファンウン》がいて、常《つね》に天下《てんか》の支配《しはい》を志《こころざ》して人《ひと》の世《よ》をうかがっていた。その父《ちち》は息子《むすこ》のこの意志《いし》を知《し》って三危太白（＝三つの高い山の一つ太白山。）を見降《みお》ろし、人間《にんげん》に弘《ひろ》く役立《やくだ》つところとみて、天符印《チョンブイン》の三個《こ》を与《あた》え、行《い》って支配《しはい》させようとした。桓雄《ファンウン》は三千の群集《ぐんしゅう》をつれ、太白山頂《たいはくさんちょう》の神壇樹《しんだんじゅ》の下《した》に降臨《こうりん》した。そこを神市《しんし》といい、かれを桓雄天王《ファンウンてんのう》といった。彼《かれ》は風伯《ブンペク》・雨師《ウサ》・雲師《ウンサ》をつれ、穀《こく》・命《めい》・病《びょう》・刑《けい》・善《ぜん》悪等《あくとう》の人間《にんげん》の三六〇余事《よじ》をつかさどり、世《よ》を支配《しはい》し教化《きょうか》した。その時《とき》、一頭《とう》の熊《くま》と一頭《とう》の虎《とら》が同《おな》じ洞窟《どうくつ》に住《す》み、つねに桓雄《ファンウン》に人《ひと》になることを祈《いの》った。

ある時《とき》、神《かみ》は霊力《れいりょく》のある一束《たば》のヨモギと二十個《こ》のニンニクを与《あた》えながら、これを食《た》べて百日間《にちかん》、日《ひ》の光《ひかり》を見《み》ないでいれば人《ひと》になるだろうといった。熊《くま》と虎《とら》はヨモギとニンニクを食《た》べて三十七日間《にちかん》忌《い》みこもったところ、熊《くま》は女身《にょしん》の人《ひと》になったが、虎《とら》はつつしみがたりないで人《ひと》になりえなかった。ところが、熊女《ゆうじょ》は結婚《けっこん》してくれる人《ひと》がいないので、いつも壇樹《だんじゅ》の下《した》で懐妊《かいにん》することを祈《いの》っていた。そこで桓雄《ファンウン》が身《み》を変《か》えて熊女《ゆうじょ》と結婚《けっこん》し子供《こども》を出産《しゅっさん》し、名前《なまえ》を壇君王倹《だんくんおうけん》といった。王倹《おうけん》は唐高堯が即位《そくい》して五十年《ねん》になる庚寅年《かのえとらどし》に、平壌城《ピョンヤン》に都《みやこ》を定《さだ》め、朝鮮《ちょうせん》といった。後《のち》に都《みやこ》を白岳山阿斯達《あしだ》に移《うつ》して、そこを弓忽山《タンホルさん》あるいは今旀達《グムミオタル》ともいい、治国《ちこく》が一五〇〇年《ねん》を経過《けいか》した。周《しゅう》の虎王《とらおう》の即位《そくい》した己卯年《きぼうとし》に箕子《キシ》を朝鮮《ちょうせん》に封《ふう》じて、壇君《だんくん》は蔵唐京に移《うつ》って後《のち》に阿斯達《あしだ》にもどり、山神《やまがみ》になった……。(『紀異』巻第一「古朝鮮条」)

○

すでに述《の》べたように、『三国遺事《さんごくいじ》』は一僧侶《そうりょ》によって、十三世紀頃《せいきごろ》に撰述《せんじゅつ》されたものである。従《したが》ってその記述《きじゅつ》にはかなりの仏教文化的潤色《ぶっきょうぶんかてきじゅんしょく》が予想《よそう》される。しかし、この神話《しんわ》の構造《こうぞう》をなしている祖型的《そけいてき》なものは、古朝鮮《こちょうせん》に起源《きげん》をもつものと思《おも》われる。それは神話《しんわ》の伝《でん》承《しょう》が民衆《みんしゅう》の記憶《きおく》を通《とお》してなされることと、民間《みんかん》の記憶《きおく》は、ただ祖型《そけい》を止《と》めうるにすぎないという性格《せいかく》に基《もと》づいても明《あき》らかである。

そもそも神話《しんわ》には、二つの性格《せいかく》があるといわれている。古代性《こだいせい》と変化性《へんかせい》がそれである。古代性《こだいせい》とは、神話《しんわ》の核心《かくしん》をなす基本的要素《きほんてきようそ》の古代史料性《こだいしりょうせい》であり、変化性《へんかせい》とは、伝承者《でんしょうしゃ》による古代性《こだいせい》の現実的意義《げんじつてきいぎ》の表現《ひょうげん》にかかわるものである。そこで、壇君神話《だんくんしんわ》のもつ古代性《こだいせい》の中《なか》には、古朝鮮時代《こちょうせんじだい》の窮極的関心《きゅうきょくてきかんしん》、すなわち基本的《きほんてき》な信仰形態《しんこうけいたい》が保存《ほぞん》されているとみなされる。一方《いっぽう》この神話《しんわ》の記録自体《きろくじたい》がその古代性《こだいせい》を証明《しょうめい》している。それは、「古朝鮮《こちょうせん》」という概念《がいねん》である。

『三国遺事《さんごくいじ》』が書《か》かれたのが高麗時代《こうらいじだい》であるから、古朝鮮《こちょうせん》とは李氏朝鮮《りしちょうせん》に対《たい》する古代《こだい》朝鮮《ちょうせん》の意味《いみ》ではない。それは以前《いぜん》の箕子朝鮮《キシちょうせん》、あるいは衛氏朝鮮《ウイシちょうせん》よりも古《ふる》い朝鮮《ちょうせん》であることを物語《ものがた》っている。

要《よう》するにこれは、古代《こだい》の原始信仰《げんししんこう》を内蔵《ないぞう》した民族神話《みんぞくしんわ》と見《み》られる。

壇君神話《だんくんしんわ》の構成要素《こうせいようそ》は、これを意味表象《いみひょうしょう》の単位《たんい》に従《したが》って次《つぎ》の三つに分《わ》けることができる。

## (一)天神降臨信仰

壇君神話全体《だんくんしんわぜんたい》の要旨《ようし》は、天《てん》から降臨《こうりん》した天帝《てんてい》の子《こ》・檀君《だんくん》が、古朝鮮《こちょうせん》を開《ひら》いてこれを治《おさ》め、やがて山神《やまがみ》になったということである。

その特徴《とくちょう》はまず、天神信仰《てんじんしんこう》に見《み》られる。天界《てんかい》の最高神《さいこうしん》をあらわすのに撰者《せんじゃ》は、ヒンドゥ教の最高神《さいこうしん》の一つで、のち仏教《ぶっきょう》に包摂《ほうせつ》されて東方《とうほう》の護法神《ごほうしん》（=仏法を守護する善神。梵天（ぼんてん）・帝釈天（たいしゃくてん）・四天王・十二神将・十六善神・二十八部衆など。）になったという釈提桓因《しゃくていかんいん》よりとった、桓因《ファニン》（hwan-in）の語《ご》を用《もち》いており、「謂帝釈也《たいしゃくなり》」と割註《わりちゅう》（=本文の間に割り書きにした注。）をつけた。帝釈《たいしゃく》は三十三天《てん》の主神《しゅしん》で、帝釈《たいしゃく》、

天主《てんしゅ》ともよばれ、釈提桓因《しゃくていファニン》とも称《しょう》されるからであろう。韓語《かんご》の환（hwan）とは光明《こうみょう》を表《あらわ》し、밝（park）と同義語《どうぎご》である。입（im）とは人格的敬称《じんかくてきけいしょう》であるから、환입（hwan-im）とは「光明《こうみょう》なる天神《てんじん》」の称号《しょうごう》ともなる。すなわち「桓因《ファニン》」は、「환입」を写音《しゃおん》（＝音声学で決められた記号。）したものであると解《かい》される。

要《よう》するに、固有《こゆう》の天神信仰《てんじんしんこう》を帝釈天信仰《たいしゃくてんしんこう》と言語的《げんごてき》に習合《しゅうごう》させて、一種《しゅ》の本地垂迹説《ほんじすいじゃくせつ》（＝神は本地である仏・菩薩が衆生救済のために姿を変えて迹《あと》を垂《た》れたものだとする神仏同体説。平安時代空海が誤って提唱したことに始まり、明治初期の神仏分離により衰えた。）となし、古来《こらい》の原始信仰《げんししんこう》と仏教《ぶっきょう》との混合《こんごう》を図《はか》ったものと思《おも》われる。故《ゆえ》に「桓因《ファニン》」、「帝釈《たいしゃく》」は、ともに古代《こだい》の天神信仰《てんじんしんこう》を表明《ひょうめい》したものと見《み》るべきである（高橋１９５４）。

○

天神桓因《てんじんファニン》は、その子《こ》桓雄《ファンウン》をこの世《よ》に降臨《こうりん》せしめた。これはすなわち、東北《とうほく》アジアの北方《ほっぽう》遊牧民的《ゆうぼくみんてき》、父権的天神信仰圏《ふけんてきてんじんしんこうけん》において一般《いっぱん》に見《み》られるところの天神降臨神話《てんじんこうりんしんわ》の一つである。

桓雄《ファンウン》が降臨《こうりん》した所《ところ》は太伯山頂《たいはくさんちょう》であり、しかも神檀樹下《しんだんじゅか》であった。天《てん》に近《ちか》くそびえているからばかりでなく、これは天《てん》と地《ち》を結《むす》ぶ世界《せかい》の中心《ちゅうしん》としての聖《せい》なる宇宙山《うちゅうざん》、あるいは宇宙《うちゅう》の木《き》の信仰《しんこう》を表現《ひょうげん》したものと見《み》るべきである。即《すなわ》ち、そこにおいて天《てん》と地《ち》、神《かみ》と人間《にんげん》が相《あい》通《つう》じたからである。こうして、山岳信仰《さんがくしんこう》と神木信仰《しんぼくしんこう》は天神降臨信仰《てんじんこうりんしんこう》の延長《えんちょう》されたものと見《み》られる。

## （二）地母神とイニシエーション

熊《くま》がヨモギとニンニクを食《く》い、洞穴《どうけつ》の中《なか》に忌《い》みこもること二十一日《にち》（37日《にち》）にして女身《にょしん》の人間《にんげん》に化《か》し、天帝《てんてい》の子《こ》桓雄《ファンウン》と婚《こん》して檀君《だんくん》を生《う》んだというのが神話《しんわ》の第《だい》二の骨組《ほねぐ》みである。胎盤《たいばん》を象徴《しょうちょう》する洞窟《どうくつ》に穴居《けっきょ》した熊女《ゆうじょ》とは、地母神《ちぼしん》（＝大地の生命力・生産力を神格化した女神。）、または産神《うぶがみ》（＝出産をつかさどり、産児を保育する神。）を意味《いみ》するものである。南方《なんぽう》の農耕的地母神信仰《のうこうてきちぼしんしんこう》は、北方《ほっぽう》の遊牧民文化《ゆうぼくみんぶんか》の天神降臨信仰《てんしんこうりんしんこう》と矛盾《むじゅん》する要素《ようそ》であるが、これはこの神話形成《しんわけいせい》の文化史的背景《ぶんかしてきはいけい》を考慮《こうりょ》して理解《りかい》すべきである。

部族国家《ぶぞくこっか》の形成《けいせい》された古朝鮮時代《こちょうせんじだい》は、すでに第《だい》一次的《じてき》な単純独立的文化圏《たんじゅんどくりつてきぶんかけん》に属《ぞく》するものではなかった。即《すなわ》ち、父権的牧畜文化圏《ふけんてきぼくちくぶんかけん》と、母権的農耕文化圏《ぼけんてきのうこうぶんかけん》との混合現象《こんごうげんしょう》を表《あらわ》す文《ぶん》化発展後《かはってんご》の、いわゆる第《だい》二次的文化圏《じてきぶんかけん》に属《ぞく》するものであった。

紀元前《きげんぜん》五、六世紀《せいき》に登場《とうじょう》したと思《おも》われる無文土器人《むもんどきじん》は、初期青銅器文化《しょきせいどうきぶんか》の担《にな》い手《て》であり、かれらの遺《のこ》した半月形石刀《はんげつがたせきとう》は、稲作農耕文化《いなさくのうこうぶんか》の存在《そんざい》を示《しめ》すものである。丘陵山谷性《きゅうりょうさんこくせい》をおびた無文土器人《むもんどきじん》は、おそらく熱河山地《ねっかさんち》から東部満州《とうぶまんしゅう》をへて朝鮮半島《ちょうせんはんとう》にいたる地域《ちいき》に居住《きょじゅう》した貊人《こまじん》であり、狩猟《しゅりょう》とともに原始的牧畜農耕《げんしてきぼくちくのうこう》を生活手段《せいかつしゅだん》とする、気性《きしょう》の荒《あら》い種族《しゅぞく》であって、つぎつぎと部族国家《ぶぞくこっか》を形成《けいせい》していったと思《おも》われる。

かれらは北方的文化伝統《ほっぽうてきぶんかでんとう》を継承《けいしょう》しながら、中国《ちゅうごく》より伝《つた》わった南方的農耕文化《なんぽうてきのうこうぶんか》を発展《はってん》させつつあった。そこで、部族国家形成期《ぶぞくこっかけいせいき》における新《あたら》しい力《ちから》の象徴《しょうちょう》として登場《とうじょう》したのが農耕《のうこう》的母神《てきははがみ》であり、とくに穀霊《こくれい》のもつ死《し》と再生《さいせい》の神秘力《しんぴりょく》であった。

そこで、地母神《ちぼしん》としての熊女《ゆうじょ》が、日光《にっこう》を見《み》ずに洞窟《どうくつ》の中《なか》に忌《い》みこもること三週間《しゅうかん》にして、熊《くま》より人間《にんげん》へと再生《さいせい》したのは、死《し》してよみがえる穀霊《こくれい》の神秘力《しんぴりょく》の体得《たいとく》を物語《ものがた》るものである。これはまた、新《あたら》しい存在《そんざい》への宗教的体験《しゅうきょうてきたいけん》を象徴《しょうちょう》するものであり、シャーマン的《てき》イニシエーションを象徴《しょうちょう》するものである。そしてその形態《けいたい》は、狩猟牧畜民特有《しゅりょうぼくちくみんとくゆう》の解体《かいたい》と再生《さいせい》ではなしに、地《ち》の胎盤《たいばん》に帰《かえ》るか、のみこまれて再生《さいせい》するという農耕的《のうこうてき》、穀霊的形態《こくれいてきけいたい》をとっている。

熊《くま》とは、北方民族《ほっぽうみんぞく》の熊《くま》トーテムの表現《ひょうげん》であるとも理解《りかい》されているが、ここでは桓因《ファニン》の場《ば》合《あい》と同《おな》じく、その言語的《げんごてき》ニュアンスに留意《りゅうい》すべきである。熊《くま》は朝鮮語《ちょうせんご》の「곰」(kom)の漢語訳《かんごやく》である。

朝鮮《ちょうせん》においては、尊長者《そんちょうしゃ》または神《かみ》を、「곰」(kam)または「검」(kom)という。日本《にほん》で貊《ばく》を「コマ」と読《よ》み、高句麗《こうくり》を「コマ」と呼《よ》ぶのは、この「곰」に由来《ゆらい》するものと思《おも》われる。そこで、この神話《しんわ》における熊《くま》の象徴《しょうちょう》は、狩猟民的伝統《しゅりょうみんてきでんとう》に基《もと》づくトーテム(=宗教的に結びついた野生の動植物。)と解《かい》するよりは、たんに神的存在《しんてきそんざい》、即《すなわ》ち地母神《ちぼしん》を表現《ひょうげん》するものと解《かい》すべきである。

山岳《さんがく》、樹木信仰《じゅもくしんこう》が天神信仰《てんじんしんこう》の延長《えんちょう》であったように、生産《せいさん》と関連《かんれん》している諸霊信仰《しょれいしんこう》は、地《ち》母神信仰《ぼしんしんこう》の延長《えんちょう》である。例《たと》えば、農耕神《のうこうしん》として現《あらわ》れている風伯《ブンペク》、雨師《ウサ》、雲師《ウンサ》のようなものである。そしてこれらの諸霊《しょれい》は、たんに穀物《こくもつ》の実《み》りのみを支配《しはい》するばかりでなく、ひいては生命《せいめい》、病気《びょうき》、刑罰《けいばつ》、善悪等《ぜんあくなど》、人間生活《にんげんせいかつ》の一切《いっさい》をも支配《しはい》するものと信《しん》じられた。そこで、この世《よ》を治《おさ》める者《もの》は、諸霊《しょれい》を従《したが》えなければならなかった。なおここで、天神《てんじん》はその子《こ》に天符印《チョンブイン》三個《こ》をあたえてこの世《よ》を治《おさ》めしめたとある。つまり、三種《しゅ》の神器《じんき》を授《さず》けたのである。天《てん》と地《ち》と地下界《ちかかい》を支配《しはい》する力《ちから》の象徴《しょうちょう》としての三つの神器《じんき》であり、これは東北《とうほく》アジアに共通《きょうつう》して神《かみ》の霊能《れいのう》を表《あらわ》す神話的巫具《しんわてきふぐ》である。

## (三) 天地の融合と世界創造

天神桓雄《てんじんファンウン》と地母神熊女《ちぼしんゆうじょ》との神婚《しんこん》によって生《う》まれた神人《しんじん》が始祖檀君王倹《しそだんくんウワンコム》であり、かれが新《あたら》しい秩序《ちつじょ》としての古朝鮮国《こちょうせんこく》を開《ひら》いた。つまり、新《あたら》しい世界《せかい》を創造《そうぞう》したというのが、この神話《しんわ》における第《だい》三の骨組《ほねぐみ》である。天《てん》と地《ち》、神《かみ》と人間《にんげん》が結合《けつごう》するためには、天神《てんじん》の降臨《こうりん》と地人《ちじん》の弁証法的自己変化《べんしょうほうてきじこへんか》、すなわち死《し》と再生《さいせい》によるイニシエーション的体験《てきたいけん》を経《へ》ねばならなかった。そしてこの結合《けつごう》によって生《う》まれたのが、神人檀君《しんじんだんくん》である。かれはたんなる人間《にんげん》ではなく、かれの存在根拠《そんざいこんきょ》を天《てん》にもつカリスマ的神人《てきしんじん》であった。

檀君《だんくん》（Tangun）は、おそらく天《てん》を表《あらわ》すアルタイ語（Tengri）の写音《しゃおん》であり、倹《けん》（kom）は神《かみ》をあらわす「kam」の写音表記《しゃおんひょうき》であろう。いいかえれば、檀君王倹《だんくんウワンコム》とは、「Tengri-Kam」または「天《てん》の神《かみ》」と解《かい》される語《ご》である。

ゆえに檀君《だんくん》とはたんなる君長以上《くんちょういじょう》に、天帝《てんてい》の子神人《こしんじん》であり、巫君《ふくん》または巫祖《ふそ》である。三韓時代《かんじだい》に司祭《しさい》を「天君《てんくん》」と称《しょう》し、いまも韓国《かんこく》の南部地方《なんぶちほう》において、世襲的巫女《せしゅうてきみこ》をさして丹骨《たんこつ》（Tangor）または「단글」（Tangur）と呼《よ》ぶのは、この檀君《だんくん》に由来《ゆらい》するものと思《おも》われる。

檀君《だんくん》は今日《こんにち》の巫覡《ふげき》（＝神と人との感応を媒介する者。神に仕えて人の吉凶を予言する者。女を巫、男を覡という。）と同《おな》じく、農作《のうさく》、寿命《じゅみょう》、病気等《びょうきなど》を支配《しはい》していた。そしてかれは千五百年間治《ねんかんおさ》めた後《のち》に山神《やまがみ》として祀《まつ》られたとある。すなわち、山神《やまがみ》は降臨《こうりん》した天神《てんじん》であり、農耕《のうこう》および人生一般《じんせいいっぱん》を支配《しはい》する地神《ちがみ》でもある。これまた、今日《こんにち》の巫俗《ふぞく》（＝朝鮮の民間信仰。職業的宗教者（多くは女性）がクッと呼ばれる祭儀をつかさどり、激しい歌舞の中で憑依状態となり神託を宣のべる。）において祭《まつ》られているもっとも重要《じゅうよう》な巫神《ふしん》であるところの山神《やまがみ》と一致《いっち》する。そこで、巫俗《ふぞく》の起源《きげん》をこの檀君神話《だんくんしんわ》に求《もと》める場合《ばあい》が多《おお》い。

始祖《しそ》檀君《だんくん》の誕生《たんじょう》は、古朝鮮《こちょうせん》の開国《かいこく》と結《むす》びついてその意義《いぎ》が明《あき》らかになる。檀君神話《だんくんしんわ》は、いわば朝鮮《ちょうせん》の開国神話《かいこくしんわ》であり、古代人《こだいじん》にとっては、世界開闢《せかいかいびゃく》の創造神話《そうぞうしんわ》であった。檀君《だんくん》王倹《ウワンコム》は太伯山頂《たいはくさんちょう》の神檀樹《しんだんじゅ》を中心《ちゅうしん》に神市《しんし》を開《ひら》いた。形《かたち》なき混沌《こんとん》としたひろがりのなかに聖《せい》なる場所《ばしょ》、すなわち神壇《しんだん》が設《もう》けられて、はじめてここに方向《ほうこう》づけの基礎《きそ》となる中心点《ちゅうしんてん》が生《しょう》じ、新《あたら》しい世界《せかい》としての神市《しんし》が創建《そうけん》されたのである。神《かみ》の降臨《こうりん》した聖《せい》なる場所《ばしょ》の現《あらわ》れ、すなわち、宇宙山《うちゅうざん》、または宇宙《うちゅう》の木《き》の顕現《けんげん》そのものが、すでに世界創造《せかいそうぞう》を意味《いみ》している。要《よう》するに檀君神話《だんくんしんわ》は、世界創造神話《せかいそうぞうしんわ》として理解《りかい》すべきであり、その構造《こうぞう》は、天神《てんじん》の降臨《こうりん》と地母神《ちぼしん》のイニシエーション的事件《てきじけん》によって、天《てん》と地《ち》、または神《かみ》と人間《にんげん》が融合《ゆうごう》され、そこから新《あたら》しい存在《そんざい》と世界《せかい》が創造《そうぞう》されるにある。

# 第六章　その他の檀君神話に関する資料と論者の見解

## 一、古代朝鮮に関する資料を紹介

(一)「檀君《だんくん》は東北《とうほく》アジアの古代諸族《こだいしょぞく》を統合《とうごう》した偉大《いだい》な帝王《ていおう》として要請《ようせい》されたもの」

(『朝鮮史』武田幸男編)、

(二)「檀君神話《だんくんしんわ》の最《もっと》も重要《じゅうよう》な点《てん》は、韓国民《かんこくみん》は実質的《じっしつてき》にみな同《おな》じ檀君《だんくん》の子孫《しそん》だという思想《しそう》だ、日本人《にほんじん》は、天皇家《てんのうけ》以外《いがい》の人《ひと》であるかぎり、だれも天照大神《あまてらすおおかみ》の子孫《しそん》と思《おも》う人《ひと》はいない。しかし、韓国人《かんこくじん》はみな同《おな》じ檀君《だんくん》の子孫《しそん》という誇《ほこ》りをもっている」

(『日韓民族の原型』金容雲著　サイマル出版　1989年)

(三)「檀君神話《だんくんしんわ》が高麗時代《こうらいじだい》に、元《げん》の侵入《しんにゅう》に対《たい》する朝鮮民族《ちょうせんみんぞく》の抵抗団結《ていこうだんけつ》のために『三国遺事《さんごくいじ》』に書《か》き残《のこ》されている。」

(『古代朝鮮』井上秀雄著　NHKブックス)

(四)「BC三千年の韓半島型櫛目紋土器《かんはんとうがたくしめもんどき》(=櫛目の文様を施した土器。北欧・シベリアから東北アジアに分布。新石器時代の狩猟・漁労民が残したもの。)が、熊本《くまもと》の宇土半島《うとはんとう》に大量《たいりょう》に出土《しゅつど》した。そうすると、朝鮮《ちょうせん》の檀君《だんくん》というものもまったく神《しん》話《わ》とはいいきれないということになります。今韓国《いまかんこく》では論争《ろんそう》が起《お》こっています。檀君《だんくん》時代《じだい》をどう見《み》るか、単《たん》なる神話《しんわ》か、あるいは歴史的《れきしてき》な背景《はいけい》があるのかということで、いろいろ論争《ろんそう》になり、まだ続《つづ》いているようです。」

(『渡来人と渡来文化』金達寿著　1988年)

## 二、檀君と熊

檀君《だんくん》の母《はは》が熊《くま》であるように、熊《くま》(コム)は扶余族《ふよぞく》(古代朝鮮族《こだいちょうせんぞく》)の神《かみ》であった。

熊《くま》に対《たい》する信仰《しんこう》は、アジア、ヨーロッパ大陸《たいりく》から北《きた》アメリカにまで広《ひろ》く分布《ぶんぷ》しているが、朝鮮半島各地《ちょうせんはんとうかくち》でも、聖《せい》なる地《ち》の地名《ちめい》に現《あらわ》れるなど顕著《ちょしょ》があり、日本《にほん》にもそれは及《およ》んでいる。また、その事《こと》を論《ろん》じた本《ほん》も多《おお》い。

出口聖師《でぐちせいし》にも、熊《くま》との関連《かんれん》は切《き》って切《き》り離《はな》せない。その名《な》も「高熊山《たかくまやま》」でのご修業中《しゅぎょうちゅう》の洞窟内《どうくつない》での熊《くま》との出会《であ》い、島根《しまね》、和歌山《わかやま》の「熊野大社《くまのたいしゃ》」との関《かか》わり、『霊界物語《れいかいものがたり》』で描《えが》かれる、京都府綾部市《きょうとふあやべし》の産土《うぶすな》である「熊野神社《くまのじんじゃ》」、古代朝鮮《こだいちょうせん》と関《かか》わり深《ふか》い熊本《くまもと》の「弥勒《みろく》の不動岩《ふどういわ》」（＝熊本県山鹿市蒲生。標高３８９ｍのなだらかな丘陵に３つの巨大岩。）、晩年《ばんねん》お住《す》まいの居宅《きょたく》「熊野館《くまのやかた》」など〱、檀君《だんくん》の世界《せかい》と出口聖師《でぐちせいし》の世界《せかい》は、重《かさ》なってくるものが多《おお》い。

先に紹介の金容雲《キムヨンウン》（＝東京出身の韓国人数学者。漢陽大学名誉教授。）がいうように、「檀君神話《だんくんしんわ》の最《もっと》も重要《じゅうよう》な点《てん》は、実質的《じっしつてき》に韓国民《かんこくみん》はみな同《おな》じ檀君《だんくん》の子孫《しそん》だという思想《しそう》だ。……」これは、日本人《にほんじん》におけるスサノオ信仰《しんこう》にもいえることであり、「宗教法人《しゅうきょうほうじん》・愛善苑《あいぜんえん》」の信仰《しんこう》とも通《かよ》うものであろう。

次《つぎ》に朝鮮半島《ちょうせんはんとう》における「熊《くま》」への情念《じょうねん》を伝《つた》えるものとして、百済《くだら》の旧都《きゅうと》・扶余《ふよ》の史家《しか》である李夕湖《イソクホ》の文章《ぶんしょう》を一つの例《れい》として紹介《しょうかい》する。

## (一) 熊《コム》＝神《コム》　『百済は語る』　李夕湖《イソクホ》

地霊《ちれい》には、木霊《こだま》がひそんでいる。百済《くだら》のコム（熊《コム》＝神《コム》）の神像《しんぞう》に向《むか》って問《と》いかければ、答《こた》えはきっと木霊《こだま》のようにして返《かえ》ってくるだろう。私《わたし》は何《なに》よりも、日本古代史《にほんこだいし》の大《おお》きな謎《なぞ》を解《と》く鍵《かぎ》として「熊《くま》」の出自《しゅつじ》を問《と》いたいのだ。そして答《こた》えは、木霊《こだま》となって返《かえ》ってきた。

「熊《くま》のコムはお前《まえ》が信《しん》じてきたとおり神《かみ》のコムである。よく正鵠《せいこく》（＝物事の急所。要点。）を得《え》た。われは馬《うま》の名《な》のたどりゆくよりも早《はや》く、北方《ほっぽう》の鴨緑江畔《おうりょくこはん》の熊神山をたち、この熊津《ゆうしん》（＝古代朝鮮の百済の古都。）を渡《わた》り、伽耶《かや》の熊川《こもがい》（＝朝鮮語で kom は熊、kai は川の意。朝鮮慶尚南道熊川港より搬出した茶碗。）を残《のこ》して倭《わ》に渡《と》海《かい》せる熊《くま》の曾《そ》・熊襲《くまそ》である。倭《わ》における熊《くま》の本貫《ほんかん》（＝令制で、本籍地。また、出身地。）となした熊本《くまもと》で卑弥《ひみ》呼《こ》にも崇《あが》められしが、狗奴《クナ》（＝狗奴国。弥生時代の倭の強国。邪馬台国の南にあって男王が支配し、女王をいただく邪馬台国と対立していた。）も同胞《はらから》日向《ひむか》して、紀伊《きい》の熊野《くまの》に入《い》り、三輪伊勢《みわいせ》の神々《かみがみ》にも関《かか》わりしぞ。行《ゆ》きて隈《くま》もろとも隈《くま》なく調《しら》べ、わが足跡《そくせき》のいたらざるところなし。われは女神《めがみ》なり、陰《いん》なり、月《つき》なり。ゆえに見《み》よ、わが首《くび》にかけたる月《つ》の輪《わ》を……」

そもそも熊《くま》は、地球《ちきゅう》の北半分《きたはんぶん》に住《す》む人間《にんげん》から、崇拝《すうはい》されてきた動物《どうぶつ》だ。フィンランド、シベリア、北米《ほくべい》、中《なか》でも韓民族《かんみんぞく》は、濊貊《かいはく》と呼《よ》ばれてきたほど熊《くま》と縁《えん》が深《ふか》い。

広漠《こうばく》（＝はてなく広いさま。）なる天《あめ》の下《した》に果《は》てなく広《ひろ》がる大地《だいち》、そこから天《てん》に向《むか》って聳《そび》え立《た》つ大《だい》山《せん》、その麓《ふもと》に発《はっ》しとう〱と流《なが》れ平野《へいや》を潤《うるお》す大河《たいが》、それら偉大《いだい》にして悠久《ゆうきゅう》なるものは、古《こ》代人《だいじん》の憧憬《どうけい》であった。

動物《どうぶつ》にしてもそうだ。大《だい》にして力強《ちからづよ》きものに自然《しぜん》と心《こころ》が傾《かたむ》く。となれば、畏敬《いけい》されるのは「虎《とら》」もしくは「熊《くま》」である。それで檀君神話《だんくんしんわ》に虎《とら》と熊《くま》が登場《とうじょう》する。ところが虎《とら》は人間《にんげん》生活《せいかつ》に危害《きがい》を加《くわ》え、あまりにも獰猛《どうもう》で、恐《おそ》れこそすれ親《した》しみが湧《わ》かない。それに比《くら》べて熊《くま》はたくましい上《うえ》に、愚直《ぐちょく》で、純《じゅん》で親《した》しみが湧《わ》く。それにこの熊《くま》さんの手足《てあし》を見《み》ると、人間《にんげん》のように五指《し》に分《わ》かれていて、人間《にんげん》のやるように、物《もの》をつかみ、木《き》にも登《のぼ》れば立《た》ち歩《ある》きもできる。またこの熊《くま》さんの食物《たべもの》が人間《にんげん》と同《おな》じであるのには驚《おどろ》かされる。植物性《しょくぶつせい》、動物性《どうぶつせい》、魚類《ぎょるい》、貝類《かいるい》、蟹類《かにるい》、何《なん》でもござれだ。ほかの動物《どうぶつ》は恐《おそ》れて近寄《ちかよ》れない蜂蜜《はちみつ》も、熊《くま》さんにみつかったら最後《さいご》だ。

ほほえましい熊《くま》さん、トーテムになる資格充分《しかくじゅうぶん》だ。

## （二）熊＝神

檀君《だんくん》が天上《てんじょう》から下《お》り立《た》った人間《にんげん》であれば、熊《くま》は地下《ちか》の穴《あな》からはい上《あが》った動物《どうぶつ》である。桓雄《ファンウン》が日《ひ》の陽《よう》なれば、熊《くま》は月《つき》の陰《いん》である。それで熊《くま》は月《つき》を基準《きじゅん》とした陰暦農耕《いんれきのうこう》の象徴神《しょうちょうしん》と化《か》していく。

われわれの祖《そ》、ツングースは熊《くま》の胸部《きょうぶ》の「月形《つきがた》」の白毛《はくもう》を神秘《しんぴ》な目《め》で凝視《ぎょうし》し、あの「月《つき》形《がた》」の曲玉《まがたま》を創《つく》り出《だ》し、首《くび》に懸《かけ》け始《はじ》めたのかもしれない。

ツングースは、「大《だい》」なるものを畏敬《いけい》した。中国人《ちゅうごくじん》は昔《むかし》ツングースを「東夷《とうい》」と称《しょう》したが、「東夷《とうい》」の「夷《い》」は「大《だい》」と「弓《ゆみ》」を合《あ》わせたものであり、大《だい》なる弓《ゆみ》をあつかう狩猟民族《しゅりょうみんぞく》、もしくは弓《ゆみ》をよくする大族《たいぞく》の意《い》だ。そうなれば、東夷《とうい》は卑弥《ひみ》ではない。

さすがの中国人《ちゅうごくじん》も一目置《いちもくお》いた民族《みんぞく》であった。また、さすがにその東夷《とうい》に崇拝《すうはい》された熊公《くまこう》である。……。

韓国《かんこく》の神話《しんわ》が、その主人公《しゅじんこう》やトーテムを竜《りゅう》や鳳凰《ほうおう》のような空想《くうそう》の動物《どうぶつ》でなく、実在《じつざい》する熊《くま》にもっていったのは、やはり原始《げんし》の原始《げんし》たるところであり、韓国史《かんこくし》の古《ふる》さを証《しょう》する一端《いったん》である。それとともに、韓民族《かんみんぞく》の頭《あたま》のよさもうかがい知《し》ることができよう。

ではなぜ、われわれの先祖《せんぞ》は古代《こだい》において、東夷《とうい》を現代人《げんだいじん》から迷信《めいしん》だ、神話《しんわ》だと一笑《いっしょう》に付《ふ》されるような歴史形態《れきしけいたい》に遺《のこ》したのだろう。

人間《にんげん》は、法規《ほうき》やソロバンだけでは生《い》きられない。回《まわ》り行《ゆ》く人生《じんせい》の車輪《しゃりん》には、夢《ゆめ》とロマンの潤滑油《じゅんかつゆ》が必要《ひつよう》だ。だからこそ二十世紀《せいき》の科学万能時代《かがくばんのうじだい》においても、新興宗教《しんこうしゅうきょう》などは、現神《あらみのかみ》の神話《しんわ》を割《わ》り出《だ》して、日《ひ》に日《ひ》に冷却《れいきゃく》する人間《にんげん》の心《こころ》から、祭壇《さいだん》の火《ひ》を守《まも》ろうとしているのではなかろうか。いわんや、上古《じょうこ》においてはなおさらのことである。東夷族《とういぞく》も味《あじ》も粋《すい》もわからぬ俗物《ぞくぶつ》ではなかったのだ。

神話《しんわ》が非科学的《ひかがくてき》で、国民《こくみん》の教育《きょういく》に害《がい》ありと教科書《きょうかしょ》からオミットするのなら、世界《せかい》の教典《きょうてん》、聖書《せいしょ》も、ことごとく秦始皇《しんしこう》（＝始皇帝。BC２５９年～BC２１０年、中国戦国時代の秦王。BC２２１年に史上初の中国統一を成し遂げると最初の皇帝となり49歳で死去。）のように焚書《ふんしょ》（＝書籍を焼きすてること。）しなければならないではないのか。古代《こだい》からの、心《こころ》きずなを断《た》ち切《き》るのが現代教育《げんだいきょういく》というものなのか。

とにもかくにも、私《わたし》がコムナル（熊津《ゆうしん》）から出土《しゅつど》した熊《くま》の神像《しんぞう》より啓示《けいじ》を受《う》けて確信《かくしん》するのは、百済人《くだらじん》の崇拝《すうはい》する女系《じょけい》の神《かみ》コムは、熊《くま》のコムであり、後《のち》に豊作《ほうさく》を司《つかさど》るようになった日本《にほん》の神《かみ》の主流《しゅりゅう》であるということだ。

## （三）朝鮮語での「スサノオ」の意味
## スサノオノミコトは「荒ぶる」神ではない

（『日本語の悲劇』　朴炳植　情報センター　1986年）

スサノオノミコトという名《な》について、「スサ」は「荒《あら》ぶる」であると決《き》めつけたために、この神《かみ》さまは「荒《あら》ふる男《おとこ》の命《みこと》」という風《ふう》に一般《いっぱん》に認識《にんしき》されているのが現状《げんじょう》である。「スサ」を「荒《あら》ぶる」と解釈《かいしゃく》する根拠《こんきょ》は『記《き》・紀《き》』の神話《しんわ》にスサノオノミコトが乱暴《らんぼう》を働《はたら》いたと書《か》かれている先《さき》の記事《きじ》にあるのだが、それだけでこの神話《しんわ》を「荒《あら》ぶる男《おとこ》の命《みこと》」と名付《なづ》けるのは、あまりにも片手落《かたてお》ちの一方的《いっぽうてき》なことではなかろうか。

何故《なぜ》なれば、その同《おな》じ『記《き》・紀《き》』が出雲《いずも》についたあとのスサノオノミコトが良民《りょうみん》を助《たす》け、農業《のうぎょう》を広《ひろ》める有難《ありがた》い神《かみ》と崇《あが》められていたことをも書《か》き残《のこ》しているからである。

子供《こども》の時《とき》に腕白《わんぱく》であったことをもって成人後《せいじんご》に一国《いっこく》の名宰相《めいさいしょう》になった人《ひと》を悪《わる》く言《い》うなれ

ば、そのように言《い》う人《ひと》の方《ほう》が悪《わる》いと言《い》われても仕方《しかた》があるまい。従《したが》って、高天原《たかあまはら》で母《はは》の国《くに》に行《い》きたさに多少乱暴《たしょうらんぼう》をしたとしても、この神様《かみさま》を「荒神《あらがみ》」というのはどこか間違《まちが》っている。

しかも、『記《き》・紀《き》』には、後日大和朝廷《ごじつやまとちょうてい》に国譲《くにゆず》りをした「大国主《おおくにぬし》の命《みこと》」をスサノオミコトの六代《だい》の孫《まご》（五代孫《だいまご》）と伝《つた》えているから、スサノオノミコトの名《な》の正《ただ》しい読《よ》み方《かた》は何《なん》であるかを考《かんが》えてみる必要《ひつよう》があろう。

そこで音韻変化法則《おんいんへんかほうそく》と基語《きご》に従《したが》って、この神様《かみさま》の正《ただ》しい名《な》を探《さが》し出《だ》してみようと思《おも》う。

先《ま》ず、問題《もんだい》の「スサ」であるが、これは「ス」と「サ」による複合語《ふくごうご》であると考《かんが》えたい。すると「ス」は、〝比較《ひかく》〟を表《あらわ》す接頭詞《せっとうし》（スバラシイ、スゴイ、ステキなど）であると思《おも》われる。

次《つぎ》の「サ」は「ス」と「ア」が結合《けつごう》したもので「サキ＝先《さき》」の「サ」であることをＳＥＵＡ↓（母音衝突《ぼいんしょうとつ》により前《まえ》のほうの母音《ぼいん》EU脱落《だつらく》して）SAになったことから確《たし》かめるこ

とが出来《でき》る。「サ」とは「先《さき》＝サキ」の場合《ばあい》と同《おな》じく「より前《まえ》にある」という意味《いみ》の言葉《ことば》である。従《したが》って「スサノ」とは「もっとも先《さき》の」という意味《いみ》であることが明《あき》らかになる。

「スサ」が形容句《けいようく》であるとすると、この神様《かみさま》の本当《ほんとう》の名《な》は「オノミコト」ということになる。

ここで思《おも》い起《お》こして頂《いただ》きたいことは、この神様《かみさま》の六代孫《だいまご》の名前《なまえ》が「オオナムチ、オオクニヌシ」であることである。即《すなわ》ちこの神様《かみさま》の名《な》は「オノミコト」でなく「オオノミコト」であることが明《あき》らかになってくる。

「オオノミコト」即《すなわ》ち「オオの国《くに》のミコト」＝「オオクニヌシノミコト」の等式《とうしき》がはっきり浮《う》かび上《あが》り、「スサノオノミコト」とは「オオノ国《くに》」の「最《もっと》も先祖《せんぞ》」である神様《かみさま》という意《い》であることがわかり、これが『記《き》・紀《き》』の記事《きじ》（オオクニヌシノミコトはスサノオノミコトの六代孫《だいまご》である）と一致《いっち》するのを知《し》り得《う》るのである。

## (四)『韓国語で読み解く古事記』

(第三章「スサノオ命の大蛇退治と韓国の関係」

第一節「スサノオ命の語源」 大和書房 1992年)

韓国《かんこく》で最《もっと》も有名《ゆうめい》な言語学者《げんごがくしゃ》の徐廷範は、スサノオのスサの語源《ごげん》を蒙古語《もうこご》、トルコ語《ご》などと比較《ひかく》しながら、スサの語《ご》には、穀神《こくしん》、田神、巫《かんなぎ》、鉄《てつ》、新羅《しらぎ》、水《みず》などの意味《いみ》に解釈《かいしゃく》できることを列記《れっき》している。

古代朝鮮語《こだいちょうせんご》で、『古事記《こじき》』や『万葉集《まんようしゅう》』を読《よ》み解《と》くこころみは、今後《こんご》ますます盛《さか》んになりそうである。東《ひがし》アジアの視点《してん》から、日本神道《にほんしんどう》も再考《さいこう》されてゆくだろう。

## (五)『幻想の超古代史』 原田実

スサノオは徳川時代《とくがわじだい》からしばしば韓国《かんこく》の祖神《そしん》・檀君《だんくん》と同定《どうてい》されている。

寛文《かんぶん》六（１６６６）年《ねん》に京都《きょうと》で刊行《かんこう》された『東国通鑑《とうごくつがん》』（＝朝鮮半島の歴史書。）の「序《じょ》」で、東《とう》春斎《しゅんさい》は檀君《だんくん》がスサノオであることを記《しる》し、伴蒿渓《ばんこうけい》（＝江戸中・後期の国学者・歌人。京都の人。）に『閑田耕筆《かんでんこうひつ》』（＝江戸後期の随筆。４巻。伴蒿（藁）蹊著。享和元年（１８０１）刊。見聞記や感想を天地・人・物・事の４部に分けて収載。）津島《つしま》で檀君《だんくん》のことをスサノオと呼《よ》ぶことが書《か》かれている。

最近《さいきん》、『恒檀古記《かんだんこき》』や『契丹古伝《きったんこでん》』などの韓国異伝承《かんこくいでんしょう》の文献《ぶんけん》が次々《つぎつぎ》と日本《にほん》でも紹介《しょうかい》されているが、それらの書《しょ》によると檀君《だんくん》は、満州《まんしゅう》、蒙古《もうこ》はもとより西《にし》アジアまで含《ふく》む広大《こうだい》な帝《てい》国《こく》を建《た》てたという。檀君《だんくん》＝スサノオとすれば出口王仁三郎《でぐちおにさぶろう》の主張《しゅちょう》は韓国伝承《かんこくでんしょう》の世界《せかい》とも関《かか》わってくるのである。檀君信仰《だんくんしんこう》はムーダン（巫女《みこ》）などを通《つう》じて芸能《げいのう》へと流《なが》れ込《こ》む。

**中上健次《なかがみけんじ》**（＝１９４６年８月２日～１９９２年８月12日。小説家。和歌山県新宮市生まれ。）は語《かた》る。

「韓国《かんこく》に行《い》ってムーダン（＝巫堂。日本では巫女。民間信仰の祈願師。）たちに会《あ》ってましてね。日本《にほん》はムーダンの研究《けんきゅう》で朝鮮総督府《ちょうせんそうとくふ》のときに相当《そうとう》にいい本《ほん》を出《だ》しているのですね。そのムーダンの記憶《きおく》しているなかに、俺《おれ》たちはチベットからきたというのも入《はい》っているのですよ。シャーマンとか、ムーダンのグループである被差別芸能民《ひさべつげいのうみん》の現代風《げんだいふう》な形《かたち》のサムルノリの連中《れんちゅう》なんかと話《はな》しているとサムルノリの打楽器《だがっき》の打《う》ち方《かた》とか踊《おど》りなんか、まったくチベットのものと同《おな》じなんですよ。もちろんそれは蒙古《もうこ》のにも似《に》ているということですけど。俺《おれ》たちの祖先《そせん》はチベットから来《き》たんだと言《い》うのですよね。僕《ぼく》はそれはきっちっと論証《ろんしょう》できると思《おも》う。やはりチベットからきたんですよ」

（藤井貞和との対談「物語とはなにか」、『国文学』昭和60年7月号所収）

この中上《なかがみ》の（そしてサムルノリの）チベットへの視線《しせん》は、王仁三郎《おにさぶろう》の中央《ちゅうおう》アジアへの視《し》線《せん》と重《かさ》なる。このように考《かんが》えて行《ゆ》くと王仁三郎《おにさぶろう》の演技《えんぎ》は現代《げんだい》のサムルノリにもつながるといえるだろう。

## （六）高熊山の金鶏伝説との関係

日本《にほん》の建国神話《けんこくしんわ》は、天照大神《あまてらすおほかみ》が、その子《こ》・天忍穂耳命《あめのおしほみみのみこと》に地上《ちじょう》の平定《へいあん》のために天降《あまくだ》ることを命《めい》じられ準備《じゅんび》をしていると、長男《ちょうなん》・ニギハヤヒノ尊《みこと》（天火明命《あめのほあかりのみこと》。）が生《うま》れたので、天照大神《あまてらすおほかみ》はニギハヤヒノ尊《みこと》に「十種神宝《とくさのかむだから》」を与《あた》えて天降《あまくだり》を命《めい》じる。次《つぎ》にニニギノ命《みこと》が生《うま》れたので「三種《しゅ》の神器《じんぎ》」を与《あた》えて、降臨《こうりん》を命《めい》じる。

『古事記《こじき》』上巻《じょうかん》「天孫降臨《てんそんこうりん》」では、降臨《こうりん》した高千穂《たかちほ》の場所《ばしょ》について、

「此地韓国《ここからくに》に向《むか》ひ、笠沙《かささ》の御前《みさき》を真来通《まきとほ》りて、朝日《あさひ》の直刺《たださ》す国《くに》、夕日《ゆふひ》の日照《ひて》る国《くに》なり。故《か》れ、此地《ここ》は甚吉《いとよ》き地《ところ》、と詔《の》りたまひて、底津石根《そこついわね》に宮柱《みやはしら》ふとしり、高天原《たかあまはら》に氷椽《ひぎ》たかしりて坐《ま》しき。」

と表現《ひょうげん》される。

「朝日《あさひ》の直刺国《ただすくに》、夕日《ゆふひ》の日照《ひて》る国《くに》」の表現《ひょうげん》は、『霊界物語《れいかいものがたり》』第《だい》一巻《かん》「霊山修業《れいざんしゅぎょう》」の中《なか》の高《たか》熊山《くまやま》の記述《きじゅつ》に、似《に》た表現《ひょうげん》がある。

「……この高熊山《たかくまやま》には古来《こらい》一つの謎《なぞ》が遺《のこ》ってをる。「朝日照《あさひて》る、夕日輝《ゆふひかがや》く、高倉《たかくら》の、三ツ葉躑躅《ばつつじ》の其《そ》の下《した》に、黄金《こがね》の鶏《にはとり》 小判千両《こばんせんりやう》埋《い》けおいた。」昔《むかし》から時々《ときどき》名《な》も知《し》れぬ鳥《とり》が鳴《な》い

て、里人《さとびと》に告《つ》げたといふことである。……」

この「黄金《こがね》の鶏《にはとり》」伝説《でんせつ》は、日本各地《にほんかくち》に謎《なぞ》として残《のこ》っているが（大藤時彦《おおとうときひこ》「金鶏伝説《きんけいでんせつ》」『日本民族《にほんみんぞく》の研究《けんきゅう》』昭和54年　学生社）、高熊山《たかくまやま》のある亀岡《かめおか》には、高熊山《たかくまやま》だけでなく、次《つぎ》の五ケ所《しょ》にその伝説《でんせつ》が残《のこ》っている。

**金鶏山**《きんけいざん》（亀岡市上矢田町《かめおかしかみやたちょう》）と呼ばれる小さな山には、むかし黄金の鶏を埋めたといわれ、いまだに土の中でその鶏が鳴くといわれています。

**延福寺**《えんぷくじ》（亀岡市本梅町《ほんめちょう》）にある十三重の塔は、もとは青谷寺というお寺にあったものですが、その場所にあった頃には塔の下に金の鶏がいたそうです。そして、その鶏は毎年元旦に鳴いたそうで、それを聞いた人は福があるといわれています。

**大理塚**《づか》（亀岡市大井町《おおいちょう》）と呼ばれる小さな楕円形の塚には、むかしある王子が生き埋めにされたということです。そして、毎年元旦には王子の魂が黄金の鳥となって鳴くということで、それを聞いた人は長者になるといわれています。

**坊主塚古墳**（亀岡市馬路町《うまじちょう》）にはたくさんの金塊が埋められているといわれていました。そして、ある人がそれを掘り出そうとした時、金の鳥が飛び立ったということです。**車塚古墳《くるまづかこふん》**（亀岡市千歳町《ちとせちょう》）には、黄金の鶏が一緒に埋められているといわれ、その鶏が毎年元旦にだけ鳴くということで、それを聞いた人は立身出世をするといわれています。

（1993年1月1日広報「のびゆく亀岡」文化財めぐり）

○

安易な結び付けかもしれないが、亀岡盆地は秦族《はたぞく》（伽耶・新羅系）の力で開拓されており、新羅の建国神話に関連するのだろうか。

金達寿《キムタルス》「……新羅は昔、金の卵から国王が生れたということで、金氏の国王がずっと続くわけです。その卵と関係あるニワトリがとまっていたところを鶏林《けいりん》といって、今でも慶州《キョンジュ》に行きますと、鶏林という遺跡があります。それで、国号を鶏林にしたこともあるんです。そして、ニワトリを非常に尊んだ。……」（『古代の百済《ペクチェ》・伽耶《かや》と日本』「古代の日本と韓国」3「日本の中の天日槍《あめのひぼこ》」）などを読むと、そんな気がしてくるものだ。

なお、出口聖師の『歌日記』（本書第4章参照）昭和四年十月二十八日のお歌に、平壌《へいじょう》支部主任の信者に大正十四年に書き与えた

◇遥々《はるばる》と鶏《とり》の林《はやし》を立《た》ちい出《で》て日《ひ》出《いづ》る国《くに》の神詣《かみまう》でかな

の短冊をなつかしがられているが、これも慶州の鶏林やその神話を踏まえてのお歌であることは、いうまでもない。

右手に剪刀
左手に煙管
持ちながら
あめ売る老爺の
気の長さかな

飴売

# 第七章　古代朝鮮の範囲

第一章に紹介《しょうかい》したが、「蒙古《もうこ》とは古《いにしえ》の高麗《こうらい》の国《くに》のことである。百済《くだら》の国《くに》というのは今《いま》の満洲《まんしゅう》で、新羅《しらぎ》、任那《みまな》の両国《りょうこく》を合《あわ》したものが今《いま》の朝鮮《ちょうせん》の地《ち》である。これを三韓《かん》というたので、今《いま》の朝鮮《ちょうせん》を三韓《かん》だと思《おも》うのはまちがいである」（『月鏡』「義経と蒙古」）とか、「神典《しんてん》にいう葦原《あしはら》の国《くに》とは、スエズ運河《うんが》以東《いとう》の亜細亜大陸《アジアたいりく》をいうのである。ゆえにその神《しん》典《てん》の意味《いみ》からいい、また太古《たいこ》の歴史《れきし》からいえば日本国《にほんこく》である。三韓《かん》のことを「根《ね》の堅洲《かたす》国《くに》」ともいう。新羅《しらぎ》、高麗《こうらい》、百済《くだら》、ミマナ等《など》のことであるが、これには今《いま》の蒙古《もうこ》あたりは全部包含《ぜんぶほうがん》されていたのである」（『玉鏡』「亜細亜大陸と素尊の御職掌」）と語《かた》られている。

この場合《ばあい》の高麗《こうらい》や百済《くだら》は、朝鮮半島史《ちょうせんはんとうし》の中《なか》の高麗《こうらい》や百済《くだら》の概念《がいねん》ではなく、東北《とうほく》アジアを馬《うま》で馳《は》せていた扶余《ふよ》の領域《りょういき》といえそうである。

　ウラル、アルタイ語族《ごぞく》としては、日本《にほん》、大韓民国《だいかんみんこく》、朝鮮民主主義人民共和国《ちょうせんみんしゅしゅぎじんみんきょうわこく》、中国東三省《ちゅうごくとうさんしょう》（＝中国東北部の旧称。旧満州の地。黒竜江省・吉林省・奉天省（今の遼寧省）の三省があった。）、モンゴル共和国《きょうわこく》……とつながるものがあり、その領域《りょういき》と、出口聖師《でぐちせいし》のいう高麗《こうらい》の国《くに》、百済《くだら》の国《くに》は重《かさ》なってくる。

　このいわば「大朝鮮《だいちょうせん》」は、学問的《がくもんてき》にも、北方《ほっぽう》ユーラシア文化《ぶんか》との関連《かんれん》で浮《う》かび上《あが》るものだが、イメージとしても語《かた》り継《つ》がれてきたようだ。

　また、朝鮮半島現地研修会《ちょうせんはんとうげんちけんしゅうかい》（１９９３年９月29日～10月３日）で、大伽耶国《だいかやこく》のあった高霊《コリョン》の歴史家《れきしか》・金道允氏《きむどういんし》から、送《おく》られてきた資料《しりょう》には、中国中原《ちゅうごくちゅうげん》（＝中華文化の発祥地。黄河中下流域にある平原のこと。）との関連《かんれん》について触《ふ》れておられ、興味深《きょうみぶか》いものがある。

## 金道允氏レジュメによると

大伽耶《だいかや》とはどういう国《くに》だったか。AD四二年《ねん》（＝ADはラテン語の主の紀元。）に建国されて、五六二年《ねん》新《しら》羅《ぎ》に併呑《へいどん》された。しかし、遡《さかのぼ》れば、大伽耶《だいかや》の源流《げんりゅう》はBC三五〇〇年頃《ねんごろ》、満州《まんしゅう》の遼東半島《りょうとうはんとう》に席取《せきど》っていた少昊国《しょうこうこく》だった。高霊《コリョン》、弁韓《べんかん》、弥烏邪馬国《みうやまこく》、少昊国《しょうこうこく》であった。

少昊国《しょうこうこく》の文献《ぶんけん》には、『山海経《せんがいきょう》』（＝全一八巻。禹の治水を助けた伯益の著というが、戦国時代〜秦・漢代の作。さんかいけい。）、『中国史前史話《ちゅうごくしぜんしわ》』台湾大学教授《たいわんだいがくきょうじゅ》・徐亮之著、中国古代書《ちゅうごくこだいしょ》『三国史記《さんごくしき》』巻《かん》・第《だい》四一・列伝第《れつでんだい》一・金康信（上）等《とう》があり、『朝日新聞《あさひしんぶん》』記事《きじ》（1977年7月16日）を左《さ》に示《しめ》す

## （一）中国文明は六千年前発生　中国学者論文

## 西方伝来を否定　象形文字持ち手工業も

【北京《ぺきん》14日《か》＝共同《きょうどう》】（昭和《しょうわ》52）「これまで中国文明《ちゅうごくぶんめい》の歴史《れきし》は、約《やく》四千年《ねん》とされてきたが、実《じつ》は違《ちが》う。六千年前後《ねんぜんご》というべきである」——中国《ちゅうごく》の歴史学者唐蘭氏《れきしがくしゃとうらんし》は十四日《か》の『光明日報《こうみょうにっぽう》』にこんな革命的論文《かくめいてきろんぶん》を発表《はっぴょう》した。同氏《どうし》の主張《しゅちょう》によると、中国《ちゅうごく》の古代文明《こだいぶんめい》はナイル川《がわ》

下流《かりゅう》に生《うま》れたエジプト文明《ぶんめい》と同《おな》じく六千年前《ねんまえ》にさかのぼり、同様《どうよう》に象形文字《しょうけいもじ》を有《ゆう》していたが、それぞれ独立《どくりつ》して発展《はってん》したもので、ブルジョア学者《がくしゃ》がいう「中国文明《ちゅうごくぶんめい》は西方《せいほう》から伝《つた》わってきた」というのは大間違《おおまちが》いという。唐氏《とうし》の論文《ろんぶん》からその根拠《こんきょ》を拾《ひろ》ってみると…。

これまで中国考古学界《ちゅうごくこうこがっかい》では古代文明《こだいぶんめい》の源《みなもと》として約《やく》四千年前《ねんまえ》の「仰韶文明《ぎょうしょうぶんめい》」と「竜山《りゅうざん》文明《ぶんめい》」（＝中国新石器時代における二大文化のうち、新しい方のもの。古い方の仰韶文化から発展し、中国文化の母胎となる。山東省歴城県竜山鎮の城子崖遺跡によって命名。）までしか発見《はっけん》できなかったが、解放後《かいほうご》見《み》つかった考古学資料《こうこがくしりょう》と古代文献《こだいぶんけん》を改《あらた》めて整理《せいり》してみると、さらに古《ふる》い「大汶口文明《だいもんこうぶんめい》」（＝中華人民共和国山東省を中心に紀元前四一〇〇年頃から紀元前二六〇〇年頃にかけて存在した新石器時代後期の文化。）が存在《そんざい》することがわかり、これは放射性炭素《ほうしゃせいたんそ》の測定《そくてい》によると、五千七百八十五年《ねん》（誤差《ごさ》はプラス・マイナス約《やく》百年《ねん》）前《まえ》のものであることが明《あき》らかになったという。

この大汶口文明《だいもんこうぶんめい》はもともと黄河下流域《こうがかりゅういき》に発生《はっせい》したが、現在《げんざい》の山東省泰安《さんとうしょうたいあん》（済南市《さいなんし》の南《みなみ》約《やく》百粁）付近《ふきん》から江蘇省北部《こうそしょうほくぶ》にまで発展《はってん》した総面積《そうめんせき》六、七万平方粁の広大《こうだい》な文明《ぶんめい》。

文化大革命期《ぶんかだいかくめいき》までに同文明《どうぶんめい》が生《う》んだ象形文字《しょうけいもじ》六つが見《み》つかったほか、山東省寧陽《さんとうしょうねいよう》で発《はっ》見《けん》された墳墓《ふんぼ》からは死者《ししゃ》と一緒《いっしょ》に埋葬《まいそう》された貴重《きちょう》な陶器《とうき》、象牙《ぞうげ》の器《うつわ》、木製《もくせい》のヒツギなど二百点余《てんあま》りを発見《はっけん》、ヒツギなしに埋《う》められた一般埋葬者《いっぱんまいそうしゃ》との比較《ひかく》から、既《すで》に「階級《かいきゅう》」が存《そん》在《ざい》したことがわかった。

唐氏《とうし》はこれらの事実《じじつ》から、大汶口文明《だいもんこうぶんめい》は氏族社会《しぞくしゃかい》の末期《まっき》に位置《いち》するという従来《じゅうらい》の見方《みかた》に反論《はんろん》、「実際《じっさい》には農業《のうぎょう》、手工業《しゅこうぎょう》、牧畜《ぼくちく》なども生《う》まれ、文字《もじ》をも使用《しよう》した高度《こうど》な文明《ぶんめい》だった」と断定《だんてい》している。

論文《ろんぶん》はこのほか、大汶口文明当時《だいもんこうぶんめいとうじ》既《すで》に「少昊《しょうこう》」という国名《こくめい》があったとし、その都《みやこ》は現《げん》在《ざい》の山東省曲阜県《さんとうしょうきょくふけん》にあったと判断《はんだん》している。また歴史書《れきししょ》に基《もと》づき、少昊《しょうこう》を治《おさ》めたのは「質《しつ》」という名前《なまえ》の英雄《えいゆう》だったと指摘《してき》している。

唐氏《とうし》はさらに『竹書紀年《ちくしょきねん》』（＝中国、戦国時代の魏の書。14篇。内容は、夏から魏の安釐王の20年（前２５８）に至るまでの事跡を記してある。）という名《な》の古代歴史書《こだいれきししょ》に書《か》かれている「黄帝《こうてい》から（夏《か》の国《くに》を開《ひら》いた王《おう》の名前《なまえ》）まで三十の王朝《おうちょう》があった」という一説《いっせつ》も紹介《しょうかい》、これを根拠《こんきょ》に黄帝《こうてい》から「少昊《しょうこう》の国《くに》」に至《いた》るまで数《すう》百年《ねん》を要《よう》したはずだとの仮説《かせつ》を立《た》て、放射性炭素《ほうしゃせいたんそ》で測定《そくてい》した約《やく》五千八百年前《ねんまえ》の大汶口文明《だいもんこうぶんめい》にこの数百年《すうねん》をたして「中国文明《ちゅうごくぶんめい》は黄帝《こうてい》に始《はじ》まり大汶口文明《だいもんこうぶんめい》を経《へ》た六千年前後《ねんぜんご》の歴史《れきし》を持《も》つものと見《み》なければならない」と結論《けつろん》している。

論文《ろんぶん》はまた「仮《かり》に中国文明《ちゅうごくぶんめい》がたった四千年《ねん》であるとすれば、夏《か》や商《しょう》の時代《じだい》になぜあのような広大《こうだい》な強国《きょうこく》を築《きず》いたのだろうか。天《てん》から降《ふ》ってきたとでもいうのだろうか。」と旧来《きゅうらい》の〝俗説《ぞくせつ》〟にかみついている。唐氏《とうし》の常識《じょうしき》を破《やぶ》る主張《しゅちょう》が果《は》たして世界《せかい》の歴史《れきし》、考古学界《こうこがっかい》に大《おお》きな一石《いっせき》を投《とう》じるかどうか。

## 樋口隆康京大教授（中国考古学）の話

### 文章化の点　詳報を望む

従来《じゅうらい》、中国《ちゅうごく》の農耕文化《のうこうぶんか》は仰韶《ぎょうしょう》、竜山両文化《りゅうざんりょうぶんか》で代表《だいひょう》されてきたが、最近大汶口文化《さいきんだいもんこうぶんか》の実態《じったい》がだんだんはっきりしてきて、その分布範囲《ぶんぷはんい》も考《かんが》えられていたよりずっと広《ひろ》いものとわかってきた。大汶口文化《だいもんこうぶんか》が仰韶文化《ぎょうしょうぶんか》などと並《なら》ぶ文化《ぶんか》といえるか。注目《ちゅうもく》したいのは仰韶《ぎょうしょう》文化《ぶんか》では文字《もじ》はみつかっていないのに大汶口文化《だいもんこうぶんか》で文字《もじ》がみつかったとされている点《てん》だ。これが単《たん》なる記号《きごう》でなしに、殷《いん》の甲骨文字《こうこつもじ》のように文章化《ぶんしょうか》した文字《もじ》といえるのかどうか。詳《くわ》しく知《し》りたいところだ。文字《もじ》のほかに、王《おう》の存在《そんざい》や都市《とし》の発達《はったつ》が古代文明《こだいぶんめい》のメルクマール（＝目じるし。）になるわけだが、いまの材料《ざいりょう》だけでは、ここに巨大《きょだい》な文明《ぶんめい》が成立《せいりつ》していたといっていいかどうか、問題《もんだい》があるだろう。

（『朝日新聞』１９９７年７月16日）

## （二）大朝鮮主義

（『朝鮮史』武田幸男編　山川出版社　１９８５年）

『朝鮮史《ちょうせんし》』の序説《じょせつ》で大朝鮮主義《だいちょうせんしゅぎ》を次《つぎ》のように簡単《かんたん》に流《なが》している。まだ史学《しがく》では云々《うんぬん》できないものであろうか。すなわち

「……朝鮮《ちょうせん》の歴史《れきし》が展開《てんかい》してきた主《おも》な舞台《ぶたい》は朝鮮半島《ちょうせんはんとう》であったが、それは必《かなら》ずしも半島《はんとう》内部《ないぶ》に局限《きょくげん》されたのではなく、半島以外《はんとういがい》の広《ひろ》い地域《ちいき》に拡大《かくだい》されることがあった。

そしてそこには居住《きょじゅう》したさまざまな種族《しゅぞく》、民族《みんぞく》、国家《こっか》と関連《かんれん》をもち、現代《げんだい》の朝鮮《ちょうせん》が形成《けいせい》される過程《かてい》においてその基本要素《きほんようそ》となったことはいうまでもない（中略）……その上《うえ》で注目《ちゅうもく》されることは、古朝鮮《こちょうせん》・高句麗《こうくり》・渤海《ぼっかい》（＝8～10世紀、中国東北地方の東部および朝鮮半島北部のあたりに起った国。靺鞨（まっかつ）族の首長大祚栄が建国。）を朝鮮《ちょうせん》それ自体《じたい》とみなすのみならず、さらにはいっそう広《ひろ》く東北《とうほく》アジアとその種族《しゅぞく》を、つまり非韓民族的《ひかんみんぞくてき》な諸要素《しょようそ》を、朝鮮《ちょうせん》あるいは朝鮮的《ちょうせんてき》なものとして積極的《せっきょくてき》に評価《ひょうか》し、それを強調《きょうちょう》する傾向《けいこう》が、前近代《ぜんきんだい》から今日《こんにち》に到《いた》るまでしばしば見《み》られるという点《てん》である。こうした見方《みかた》をふつう大朝鮮主義《だいちょうせんしゅぎ》といい、史学的《しがくてき》にも興味《きょうみ》ある研究課題《けんきゅうかだい》であると考《かんが》えるが、今《いま》ここでは、それを支《ささ》える強烈《きょうれつ》な朝鮮自尊《ちょうせんじそん》の自己認識《じこにんしき》を指摘《してき》するにとどめよう」

いくつか、そのような大朝鮮《だいちょうせん》をイメージする文献《ぶんけん》をみてみたい。なお、日本列島《にほんれっとう》と朝《ちょう》鮮半島《せんはんとう》が分離《ぶんり》したのは、一万年前《まんねんまえ》のウルム氷河期《ひょうがき》が終《お》わるころである。

### （三）『丹』金正彬著・武田崇元訳　八幡書店　１９８７年

「百万年《ひゃくまんねん》も前《まえ》にわれらの先祖《せんぞ》は北満州《きたまんしゅう》いったいに礎《いしずえ》をかためた。人類《じんるい》の起源《きげん》はバイカル湖付近《こふきん》の古代桓因《こだいハンイン》の国《くに》である。ここから一群《ぐん》は東《ひがし》へ向《む》かい牛首河（今《いま》の吉林《きつりん》）に至《いた》って桓《かん》雄王朝《ゆうおうちょう》を築《きず》き、別《べつ》の一群《ぐん》は西《にし》へ進《すす》んだのである。

この西《にし》に向《む》かった一群《ぐん》は、シュメール文化《ぶんか》（＝初期のメソポタミヤ文明とされる。）にも影響《えいきょう》を与《あた》えた。シュメールは桓因《かんいん》十二国《こく》のひとつである須密爾《スミリ》であり、シュメールの首都《しゅと》ウルは十二国《こく》の中《なか》の虞婁《ウル》であった」

「わが民族《みんぞく》は、三千年来《ぜんねんらい》の大運《たいうん》を迎《むか》えるようになった。白頭山族《はくとうさんぞく》の全盛期《ぜんせいき》は、三千年前《ぜんねんまえ》の中国殷《ちゅうごくいん》の時代《じだい》であった。殷《いん》の皇族《こうぞく》は、みなわれらの一族《ぞく》であった。その後《のち》、国運《こくうん》が衰《おとろ》え、漢族《かんぞく》の周《しゅう》に奪《うば》われた。その戦《たたか》いがどんなに激《はげ》しいものであったか。血《ち》の川《かわ》が流《なが》れ、血《ち》の塊《かたまり》が毬《まり》のようになって浮《う》かんだといわれる。その時《とき》から中国本土《ちゅうごくほんど》で号令《ごうれい》していたわが民族《みんぞく》は、満州《まんしゅう》一帯《たい》へ退《しりぞ》いたのだ。

その後《のち》も、隋《ずい》や唐《とう》などの中国《ちゅうごく》の統一国家《とういつこっか》の軍隊《ぐんたい》を相手《あいて》に何度《なんど》も敗走《はいそう》させるほど強大《きょうだい》な軍《ぐん》事力《じりょく》をもった高句麗《こうくり》が栄《さか》えたが、高句麗《こうくり》が滅《ほろ》ぶと、わが民族《みんぞく》は衰退《すいたい》の道《みち》をたどるのである」
「殷《いん》の文化《ぶんか》と推定《すいてい》される竜山文化《りゅうざんぶんか》の遺跡《いせき》は山東《さんとう》、遼東方面《りょうとうほうめん》にまで分布《ぶんぷ》しているが、周《しゅう》の文化《ぶんか》と推定《すいてい》される仰韶《ぎょうしょう》（ヤンシャオ）文化《ぶんか》はそこまで及《およ》んでいないことは注目《ちゅうもく》される」

## （四）『神頌　契丹古伝　日韓正宗遡源』　浜名寛祐

（大正15年3月　八幡書店　1986年刊）

「軍人《ぐんじん》の浜名寛祐《はまなひろすけ》が日露戦争中《にちろせんそうちゅう》の明治《めいじ》三十八年《ねん》に奉天郊外《ほうてんこうがい》の黄寺《こうじ》に駐屯中《ちゅうとんちゅう》に発見《はっけん》したもので、契丹族《きったんぞく》（＝四世紀以来、内蒙古河流域にいた、モンゴル系にツングース系の混血した遊牧民族。）の建《た》てた遼《りょう》の名臣《めいしん》・耶律羽之《やりつうし》が古伝《こでん》を編纂《へんさん》して、会同《かいどう》五年《ねん》（９４２）に録《ろく》したものであるという。
幽遠《ゆうえん》の太古《たいこ》に長白山《ちょうはくさん》(白頭山《はくとうさん》)に降臨《こうりん》した神祖《しんそ》は中国《ちゅうごく》の五原《げん》を開拓《かいたく》して「東大神族《とうだいしんぞく》」（しゅうから）の地《ち》と定《さだ》めた。だが「海漠象変《かいばくしょうへん》」と呼《よ》ばれる天災《てんさい》のために西族が侵入《しんにゅう》し、東大神《とうだいしん》族《ぞく》の神号《しんごう》から伏義《ふっき》、神農《しんのう》、小昊《しょうこう》などの伝承《でんしょう》を作成《さくせい》し、みずからの祖《そ》と称《しょう》した。殷王朝《いんおうちょう》はすなわち東大古族《とうたいこぞく》であったが、やがて西族の周《しゅう》に破《やぶ》れ、東大神族《とうだいしんぞく》は中原《ちゅうげん》（黄河下流《こうがかりゅう》）を追《お》われ、満州《まんしゅう》に「辰《し》う殷《いん》」を建《た》てたとする」（『丹』補注288頁）

「……遥《はる》かなる原初《げんしょ》、東海《とうかい》に楔《くさび》なす日祖《にっそ》は神祖《すさのお》を生《う》みだし、コマケケ（天之鳥船《あまのとりふね》）に乗《の》せて白頭山《はくとうさん》へと降臨《こうりん》せしめた。神祖《しんそ》の一族《ぞく》「東大神族《とうだいしんぞく》」は、万邦《ばんぽう》に広《ひろ》がり、韓《かん》・満州《まんしゅう》・日《に》本《ほん》の三大民族《だいみんぞく》として展開《てんかい》した」

一枚の
板でから臼
ふみながら
遊ぶ児童の
あどけなき
かな

子供の遊び

# 第八章　高句麗と百済・新羅・伽耶

前章に触れないように、「朝鮮《ちょうせん》」の歴史《れきし》は太古《たいこ》に遡《さかのぼ》って行《ゆ》くが、いまだ伝説《でんせつ》とはいえ、檀君朝鮮《タングンちょうせん》から、建国《けんこく》の紀元《きげん》が語《かた》られ始《はじ》める。

## 一、古朝鮮

（一）**檀君朝鮮《タングンちょうせん》**　BC二三三三年《ねん》に建国《けんこく》される。（檀君紀元《タングンきげん》）

（二）**箕子朝鮮《キシちょうせん》**　BC四六二年《ねん》に、中国《ちゅうごく》の史書《ししょ》『史記《しき》』世家第八巻《せいかだいかん》、殷《いん》の王族《おうぞく》の賢人箕子《けんじんキシ》を周《しゅう》の部武王《ぶぶおう》が朝鮮王《ちょうせんおう》にした、という記述《きじゅつ》がある。しかし、史実《しじつ》としては確《たし》かめられていない。

**（三）衛氏朝鮮《えいしちょうせん》**「BC一九〇頃〜AC一〇八年《ねん》。漢《かん》の高祖《こうそ》の末年《まつねん》、燕王《えんおう》が反《はん》した時《とき》、燕人衛《えんじんえい》満《まん》が亡命《ぼうめい》して、鴨緑江《おうりょくこう》をわたり、箕子朝鮮《キシちょうせん》の王箕準《おうきじゅん》を追《お》って代《かわ》って王《おう》となり、王険城《おう》（今《いま》の平壌《ピョンヤン》）を都《みやこ》にしたのが始《はじ》まりという。孫《まご》の衛右渠《えいうきょ》の時《とき》、漢《かん》の武帝《ぶてい》に攻撃《こうげき》されて滅亡《めつぼう》した」

（『世界史辞典』　数研出版）

**（四）漢《かん》の支配時代《しはいじだい》**（BC１０８〜AC３１５）

漢《かん》の支配《しはい》といっても、北方《ほっぽう》では高句麗《こうくり》（BC37〜）があり、南《みなみ》には三韓《さんかん》（馬韓《ばかん》、弁韓《べんかん》、辰韓《しんかん》）があったわけであるが、四二三年《ねん》の間《あいだ》、漢《かん》の中国文化《ちゅうごくぶんか》が、現在《げんざい》の平壌付近《ピョンヤンふきん》で栄《さか》え、韓民族《かんみんぞく》にも影響《えいきょう》を与《あた》えた。

**（五）高句麗《こうくり》**（BC37〜AC６６６年）

扶余族《ふよぞく》。中国《ちゅうごく》の遼東半島《りょうとうはんとう》にまで進撃《しんげき》する一大勢力《いちだいせいりょく》となった。三一三年《ねん》、朝鮮半島《ちょうせんはんとう》を南下《なんか》し、漢《かん》（中国《ちゅうごく》）の二郡《ぐん》（楽浪郡《らくろうぐん》、帯方郡《たいほうぐん》）を攻《せ》め滅《ほろ》ぼした。

## 二、三韓（馬韓、弁韓、辰韓）から百済、伽耶、新羅の成立

### （一）百済《くだら》（BC18～AC660年）

扶余族《ふよぞく》

三七一年《ねん》ころから、百済《くだら》と高句麗《こうくり》の覇権《はけん》争《あらそ》いがはじまる。高句麗《こうくり》に押《お》され、四七五年漢城《ねんかんじょう》から熊津《ゆうしん》（現在《げんざい》の公州《コンジュ》）に遷都《せんと》。熊津時代《ゆうしんじだい》は、第《だい》二十五代《だい》武寧王《ムリョワン》（501～523年）は高句麗《こうくり》をしばしば破《やぶ》るほどの力《ちから》をつけたが、すぐに衰退《すいたい》し、五二九年《ねん》春《はる》、泗比《しひ》（さび、現在《げんざい》の扶余《ふよ》）に遷都《せんと》した。六六〇年《ねん》三月《がつ》、新羅《しらぎ》、唐《とう》の連合軍《れんごうぐん》に攻《せ》められ、歴史《れきし》を閉《と》じた。

### （二）伽耶《かや》（BC42～AC562年）

伽耶《かや》も扶余《ふよ》の系統《けいとう》といわれている。（『東《ひがし》アジアの古代文化《こだいぶんか》』68号「伽耶《かや》と倭国《わこく》」一九九一年《ねん》七月「大成洞古墳群《テソンドンこふんぐん》と騎馬《きば》民族征服王朝説《みんぞくせいふくおうちょうせつ》」（奥野正男《おくのまさお》）、「金海《キメ》に出現《しゅつげん》した四世紀代《せいきだい》の王者《おうじゃ》が、高《こう》句麗《くり》や百済《くだら》の支配層《しはいそう》と共通《きょうつう》した扶余《ふよ》と関連《かんれん》する出自《しゅつじ》をもっている可能性《かのうせい》は考古資料《こうこしりょう》からみても故《ゆえ》なしとはいえない」）

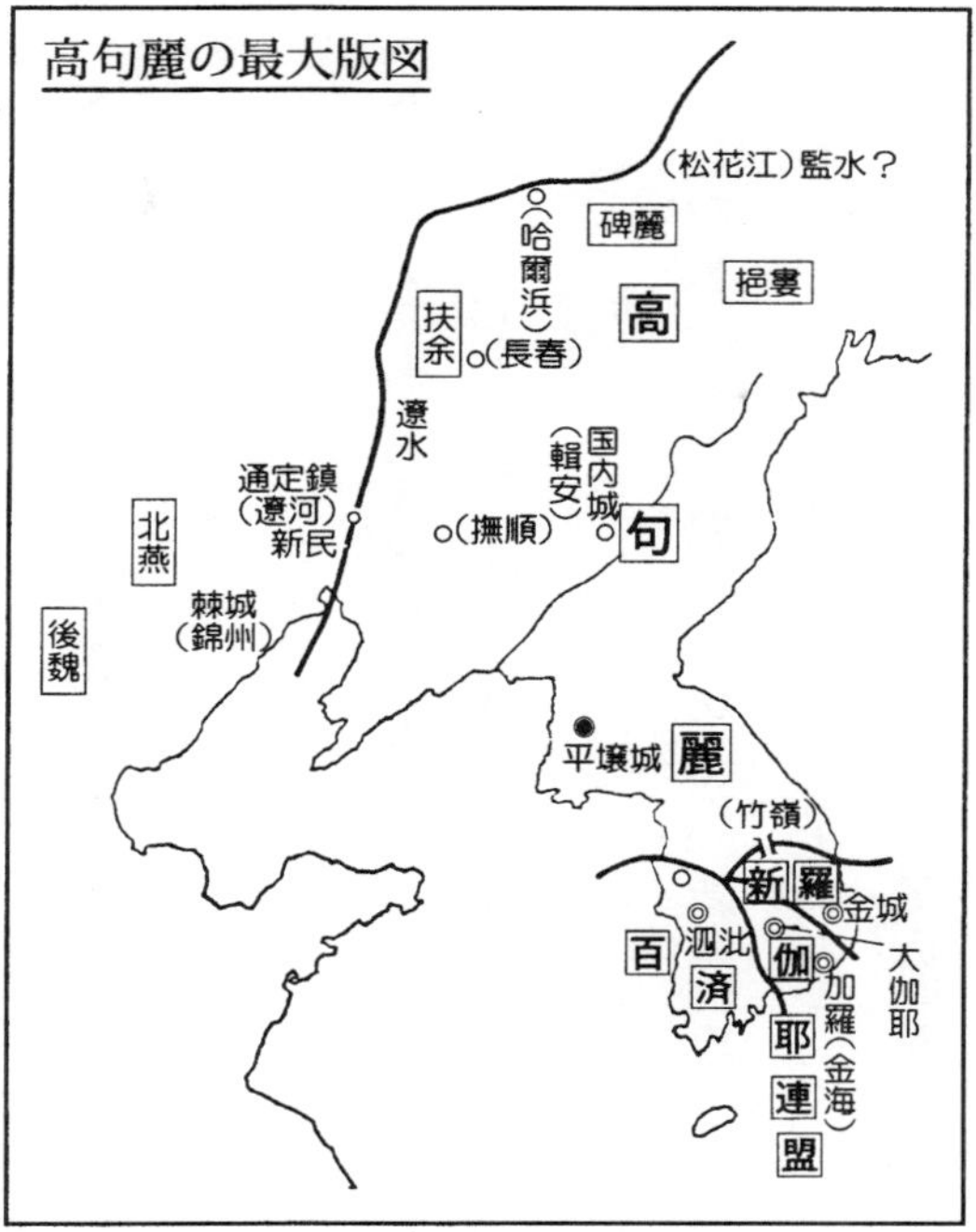


『古代朝鮮』井上秀雄 138 頁

元《げん》の弁韓地方《べんかんちほう》を中心《ちゅうしん》に、洛東江流域《ナクトンガンりゅういき》に六つの国《くに》（六伽耶国《かやこく》）が、ゆるやかな連《れん》合体《ごうたい》を形成《けいせい》していた。

「百済《くだら》や新羅《しらぎ》が領土的《りょうどてき》に拡大《かくだい》してゆくなかで、それに取《と》り込《こ》まれずに残《のこ》っている韓《かん》族《ぞく》の諸小国《しょしょうこく》をさす」（『大伽耶連盟《だいかやれんめい》の興亡《こうぼう》と任那《みまな》』「伽耶琴《かやきん》（カヤグム、カヤッコともいう。）だけが残《のこ》った」田中俊明《たなかとしあき》　吉川弘文館　１９９２年）ということができる。

伽耶《かや》の語源《ごげん》については、「今西龍《いまにしりゅう》氏《し》はかつて、もとは「カンラ」「かんなら」と自《じ》称《しょう》していたものを、中国人《ちゅうごくじん》が「韓《かん》」の字《じ》にあて、またカラとよむ字《じ》にあてた、とした。カンとは干《かん》や旱《かん》で、日本語《にほんご》のカミと同《おな》じく神《かみ》・上《かみ》・酋長《しゅうちょう》・大《だい》の義《ぎ》であり、ナラは国《くに》の義《ぎ》で、結局《けっきょく》カラとは「神《かみ》の国《くに》」「大国《たいこく》」であるという。（『朝鮮古代の研究』）」（同前）

しかし、西《にし》の百済《くだら》からの圧力《あつりょく》や、新羅《しらぎ》に攻《せ》められ、五三二年《ねん》には金官伽耶《きんかんかや》が新羅《しらぎ》に合併《がっぺい》され、五六二年高霊《ねんコリヨン》の大伽耶《だいかや》も滅《ほろ》んで行《ゆ》く。

金官伽耶《きんかんかや》は、『日本書紀《にほんしょき》』で「任那日本府《みまなにほんふ》」があったところと作意的《さくいてき》に書《か》かれているが、それほどに日本《にほん》との交流《こうりゅう》は深《ふか》いものがあった。

## (三) 新羅（AC57～BC935年）

朝鮮半島東南部《ちょうせんはんとうとうなんぶ》（辰韓《しんかん》のあった地方《ちほう》）から興《おこ》り、唐《とう》と結《むす》びつつ、百済《くだら》（660年）、高句麗《こうくり》（668年）を破《やぶ》り、唐《とう》とも戦《たたか》い六七六年《ねん》、朝鮮半島《ちょうせんはんとう》を統一《とういつ》した。（古新羅《こしらぎ》時《じ》代《だい》）

統一新羅《とういつしらぎ》は、都《みやこ》を金城《クムソン》（現在《げんざい》の慶州《けいしゅう》）に置《お》き、仏教《ぶっきょう》を国教《こっきょう》とする。そして、仏国寺《ぶっこくじ》などに見《み》られる仏教文化《ぶっきょうぶんか》が開花《かいか》する。しかし栄耀栄華《えいようえいが》を誇《ほこ》った新羅《しらぎ》も、悪政《あくせい》により農《のう》民蜂起《みんほうき》や反乱《はんらん》を引《ひ》き起《お》こし、九三五年《ねん》、高麗王朝《こうらいおうちょう》に替《か》わって行《ゆ》く。

○

一応《いちおう》、統一新羅《とういつしらぎ》までを簡単《かんたん》に触《ふ》れたのは、古代日本《こだいにほん》の形成《けいせい》にこの国々《くにぐに》が大《おお》きく関《かか》わっているからである。

高句麗《こうくり》はシャーマニズムを基底《きてい》にして仏教《ぶっきょう》や道教《どうきょう》を導入《どうにゅう》し、百済《くだら》、道教《どうきょう》、儒教《じゅきょう》を取《と》り入《い》れていた。伽耶《かや》に関《かん》しては、「伽耶地域《かやちいき》には、伽耶《かや》の寺院址《じいんあと》がなく仏教文化《ぶっきょうぶんか》はなかったようす」(『古代の百済、伽耶と日本』「古代の日本と韓国」3　江坂輝弥)とされている。「韓国民《かんこくみん》はみな同《おな》じ檀君《タングン》の子孫《しそん》だという思想《しそう》」(前出『日韓民族の原型』金容雲)があるとされ、現在《げんざい》でもシャーマニズムがさかんであり、朝鮮半島《ちょうせんはんとう》に息《いき》づく霊界《れいかい》は、どのようなものかと思《おも》われるが、それはさておき、大和朝廷成立前後《やまとちょうていせいりつぜんご》、高句麗《こうくり》、百済《くだら》、伽耶《かや》、新羅《しらぎ》の渡来人《とらいじん》によって日本《にほん》に伝《つた》えられたもので、さらに研鑽《けんさん》を深《ふか》める必要《ひつよう》がある。

天津日の
陰を浴びつゝ
川べりに
朝鮮女の
打つ砧かな

砧打ち

# 第九章　朝鮮半島各地の建国神話

日本《にほん》と朝鮮半島《ちょうせんはんとう》の建国神話《けんこくしんわ》には、「相違点《そういてん》もかなりあるが、類似点《るいじてん》が驚《おどろ》くほど多《おお》い。その類似《るいじ》は、開闢神話《かいびゃくしんわ》の方《ほう》よりも建国神話《けんこくしんわ》の方《ほう》が顕著《けんちょ》なもので、古代日本《こだいにほん》の支配者《しはいしゃ》の文化《ぶんか》が韓半島《かんはんとう》に由来《ゆらい》したことを強《つよ》く示唆《しさ》している」

（『日本神話と朝鮮』「日本神話と韓国」玄容駿著　有精堂　昭和52年）

このように、日本神話《にほんしんわ》の邇邇藝命《ににぎのみこと》の天孫降臨《てんそんこうりん》の話《はなし》と、朝鮮各地《ちょうせんかくち》の建国神話《けんこくしんわ》との類似《るいじ》の指摘《してき》は多《おお》い。

三笠宮崇仁《みかさのみやたかひと》が編纂《へんさん》した『日本《にほん》のあけぼの』にも、「天孫《てんそん》ニニギノミコトがイットモノオを従《したが》え、三種《しゅ》の神器《じんぎ》をたずさえて、高地穂《たかちほ》のクシフルの峰《みね》、またはソホルの峰《みね》に降下《こうか》したという日本《にほん》の建国神話《けんこくしんわ》は、天孫《てんそん》がその子《こ》に三種《しゅ》の宝器《ほうき》をもち、三神《しん》を伴《ともな》って、山上《さんじょう》の檀《だん》という木《き》のかたわらに降下《こうか》させ、朝鮮《ちょうせん》の国《くに》を開《ひら》いたという檀君神話《タングンしんわ》や、六伽耶国《かやこく》の祖《そ》がキシという峰《みね》に天降《あまくだ》ったという古代朝鮮《こだいちょうせん》の建国神話《けんこくしんわ》とまったく同系統《どうけいとう》のもので、クシフルのクシはキシと、ソホリは朝鮮語《ちょうせんご》で都《みやこ》を意味《いみ》するソフまたはソフリと同一語《どういつご》である」云々《うんぬん》と述《の》べている。

以下《いか》、玄容駿の「日本神話《にほんしんわ》と韓国《かんこく》」に列記《れっき》されている韓国各地《かんこくかくち》の建国神話《けんこくしんわ》をみると、檀君《タングン》（古朝鮮《こちょうせん》の建国《けんこく》）、解慕漱《ヘモス》（高句麗《こうくり》の始祖《しそ》）、朱蒙《チエモン》（高句麗《こうくり》の建国《けんこく》）、赫居世《かくきょせい》（新羅《しらぎ》の建国《けんこく》）、首露《スロ》（加耶《かや》の建国《けんこく》）、脱解《タルヘ》（新羅《しらぎ》の補佐《ほさ》）、三乙那《ウルナ》（済州島《チェジュとう》）の七つの建国《けんこく》に関《かか》わる神話《しんわ》である。

## （一）建国神話

韓日神話《かんにちしんわ》の比較研究《ひかくけんきゅう》において、もっとも著《いちじる》しい功績《こうせき》をあげた分野《ぶんや》は、文献神話《ぶんけんしんわ》における建国神話《けんこくしんわ》である。国祖《こくそ》ないし支配者《しはいしゃ》の出現形式《しゅつげんけいしき》や建国《けんこく》の態様《たいよう》が著《いちじる》しく類似《るいじ》していることが諸学者《しょがくしゃ》によって立証《りっしょう》されている。

韓国神話《かんこくしんわ》における国祖《こくそ》ないし支配者《しはいしゃ》の出現形式《しゅつげんけいしき》を要約《ようやく》すると、次《つぎ》のような六つの型《かた》にまとめられる。神話《しんわ》によっては、どれか一つの形式《けいしき》を取《と》っているものもあるが、多《おお》くはそれらのいくつかを組《く》み合《あ》わせた形式《けいしき》を取《と》っている。

A、天《てん》からの降臨《こうりん》

B、海《うみ》の彼方《かなた》からの来訪《らいほう》

C，地中《ちちゅう》からの湧出《ゆうしゅつ》

D，卵生《らんしょう》

E，日光感情出生《にっこうかんじょうしゅっしょう》

F，獣祖《じゅうそ》

この出現形式《しゅつげんけいしき》を神話《しんわ》の事例《じれい》をもってみることにしよう。

**檀君《タングン》**……天神桓因《てんしんかんいん》の庶子《しょし》、桓雄《ファヌン》が父神《ちちがみ》の命令《めいれい》によって、天符印《てんぷいん》三個《こ》を持《も》ち、風伯《ふうはく》、雨師《うし》、雲師《うんし》及《およ》び穀物《こくもつ》、生命《せいめい》、疾病《しっぺい》、刑罰《けいばつ》、善悪《ぜんあく》などを司《つかさど》る神《かみ》の群《むれ》を率《ひき》いて、太白山《テペクサン》（＝1567m。江原道と慶尚北道の境にある韓国の霊山。）上《じょう》の檀《だん》の木《き》（＝真弓。主に弓を作る材料にされる。ミシキギ科の落葉小高木。初夏に淡色の小花を多数つけ、秋に赤い実を結ぶ。）の下《した》に降臨《こうりん》して神市《しんし》を開《ひら》いた。この時《とき》、熊《くま》がヨモギとニンニクを食《た》べて女《おんな》に化身《けしん》し、桓《ファ》雄《ヌン》と結婚《けっこん》して檀君《タングン》を生《う》み、檀君《タングン》が国《くに》を開《ひら》いて国号《こくごう》を朝鮮《ちょうせん》とした。

（『三国遺事』）

**解慕漱《ヘモス》**……天帝《てんてい》が訖升骨城《フルスンゴルソン》に五竜車を乗《の》って降臨《こうりん》し、国《くに》を立《た》てて来《き》た夫余《ふよ》とし、自《みずか》ら名《な》を解慕漱《ヘモス》と称《しょう》した。子《こ》を生《う》み、名《な》を扶婁《ブル》としたが、後《のち》に、上帝《じょうてい》の命《めい》によって、都《みやこ》を東夫余《ひがしふよ》に移《うつ》した。東明帝《とうめいてい》が北夫余《きたふよ》を継《つ》いで興《おこ》り、都《みやこ》を卒本州《ジョルボンジュ》に立《た》て、卒本夫余《チョルボンプヨ》となった。すなわち高句麗《こうくり》の始祖《しそ》である。

（『三国遺事』）

**朱蒙《チエモン》**……東夫余《ひがしふよ》の金蛙王《クムワァワン》が、天帝《てんてい》の子《こ》解慕漱《ヘモス》と私通《しつう》したために追《お》い出《だ》された河伯《ホーポー》（＝中国神話に登場する黄河の神。）の娘《むすめ》、柳花《ユファ》を宮中《きゅうちゅう》に連《つ》れてきて幽閉《ゆうへい》しておいた。柳花《ユファ》は、窓《まど》からやってきた日光《にっこう》を受《う》けて子《こ》を孕《はら》み、大《だい》なること五升《しょう》ばかりの一卵《らん》を生《う》んだ。この大卵《だいらん》から男児《だんじ》が出生《しゅっしょう》、名《な》を朱蒙《チエモン》とした。朱蒙《チエモン》は、卒本《チョルボン》に南下《なんか》して、既《すで》に国《くに》を開《ひら》いていた沸《プ》流王松譲《ルワンソンヤン》から強引《ごういん》に国《くに》を譲《ゆず》らせて高句麗《こうくり》を立《た》てた。
（『東国李相国集』）

**赫居世《かくきょせい》**……各々天《おのおのてん》から山上《さんじょう》に降下《こうか》した六村《そん》の祖《そ》たちが会議《かいぎ》を開《ひら》き、有徳《うとく》の人《ひと》を求《もと》めて君《くん》主《しゅ》として国《くに》を立《た》てようとした。この時《とき》、楊山の麓《ふもと》に、異気電光《いきでんこう》の如《ごと》く地《ち》に垂《たれ》り、白馬《はくば》が跪拝《きはい》している状《さま》があるので、尋《たず》ねてみると一つの紫卵《しらん》がある。馬《うま》は人《ひと》を見《み》ると長《なが》く嘶《な》きながら天《てん》に上《のぼ》ってしまい、この卵《たまご》の中《なか》から嬰児《みどりご》が生《うま》れた。名《な》を赫居世《かくきょせい》とし、君主《くんしゅ》に推戴《すいたい》（＝おしいただく。）して新羅《しらぎ》を立《た》てた。
（『三国遺事』）

**首露《スロ》**……駕洛国《からこく》の諸村《しょそん》の首長《しゅちょう》たちが亀旨峯《クジボン》（＝慶尚南道金海市亀山洞にある小さな峰で。カメの頭の形をしていることから亀旨峰と呼ばれている。）に集《あつ》まり、迎神《げいしん》の祭儀《さいぎ》を行《おこな》っていると、天《てん》から紫縄《しじょう》が垂《た》れて地《ち》につく。縄《なわ》の下《した》を尋《たず》ねてみると、紅幅につつまれた金合子《きんごうす》（＝蓋のある入れ物。）がある。その中《なか》に黄金《おうごん》の卵《たまご》が六つあり、その各々《おのおの》から童子《どうじ》が生《うま》れた。その中《なか》の一人《ひとり》が首露《スロ》である。残《のこ》りの五人《にん》は各々《おのおの》五伽耶《かや》の主《ぬし》となった。

首露《スロ》は、西南方《せいなんぽう》の海《うみ》からやってきた阿踰陀国《アユダこく》（＝インドの国。）の公王《こうおう》、許黄玉《きょこうぎょく》を迎《むか》えて王《おう》后《こう》とした。許王后《きょおうこう》は、上帝《じょうてい》の命令《めいれい》によって、錦繍陀王などを携《たずさ》え、緋色《ひいろ》の帆《ほ》をかけ、赤《あか》い旗《はた》をあげた舟《ふね》に乗《の》ってやって来《き》たのである。

（『三国遺事駕洛国記』）

**脱解《タルヘ》**……倭《わ》の東北《とうほく》一千里《り》にある竜城国《りゅうじょうこく》の王《おう》、含達婆《ガンダルバ》が積女国の王女《おうじょ》を迎《むか》えて、久《ひさ》しく一つの大卵《だいらん》を生《う》んだ。王《おう》は、人《ひと》が卵《たまご》を生《う》んだのは不吉《ふきつ》の徴兆《ちょうちょう》であるとし、櫝《はこ》を造《つく》って卵《たまご》を中《なか》に入《い》れ、七宝《しっぽう》、奴婢《ぬひ》とともに小舟《こぶね》に乗《の》せて海《うみ》に流《なが》した。舟《ふね》は赤竜《せきりゅう》に護《まも》られて新羅《しらぎ》に漂着《ひょうちゃく》し、卵《たまご》から脱解《タルヘ》が生《うま》れた。脱解《タルヘ》は、新羅《しらぎ》の大輔《たいふ》の官職《かんしょく》を勤《つと》めて、政治《せいじ》を補《ほ》佐《さ》しただけでなく、ついに第《だい》四代《だい》の王《おう》となった。

（『三国遺事』）

**三乙那《ウルナ》**……済州島《チェジュとう》（＝朝鮮半島の西南、対馬の西の東シナ海と黄海の間にある火山島。）の毛興穴《モフン》から三神人《しんじん》が湧出《ゆうしゅつ》した。長《ちょう》を良乙那《リャンウルナ》、次《つぎ》を高乙那《コウルナ》、三を夫乙那《プウルナ》という。三人《にん》は遊猟《ゆうりょう》をし、皮衣肉食《かわぎぬにくしょく》をしていたが、ある日《ひ》、三人《にん》は、石函《せつかん》に入《い》れられて東海辺《トンへ》に漂着《ひょうちゃく》した。青衣《あおごろも》の処女《しょじょ》三人《にん》を迎《むか》えて分読娶する。処女《しょじょ》たちは諸駒犢《しょこまとく》と五穀《ごこく》の種子《しゅし》を携《たずさ》えてやってきたのである。はじめて五穀《こく》をまき、駒犢《こまとく》を牧《ぼく》して定着《ていちゃく》した。

（『高麗史』）

以上《いじょう》が文献《ぶんけん》にある主《おも》な建国神話《けんこくしんわ》の要旨《ようし》であるが、これを見《み》ると、六つの出現形式《しゅつげんけいしき》の組《く》み合《あ》わせがわかる。檀君神話《タングンしんわ》の桓雄《ファヌン》はA、熊女《ウンニョ》はF，解慕漱《ヘモス》はA，朱蒙《チェモン》はDとE，赫居世《かくきょせい》はAとD、駕洛国建国神話《からこくけんこくしんわ》の首露《スロ》はAとD、許王后《きょおうこう》はB，脱解《タルヘ》はBとD、済州島《チェジュとう》の三乙那《ウルナ》はC，その配偶《はいぐう》はBというふうな形式《けいしき》をとっている。それにBの海《うみ》の彼方《かなた》からの来訪《らいほう》の形式《けいしき》には、必《かなら》ずといっていいほど、神人《しんじん》が櫝《はこ》、石函《せっかん》など箱型《はこがた》の入《い》れるものに入《い》れられて、漂着《ひょうちゃく》するのが特徴《とくちょう》であるが、この箱《はこ》の要素《ようそ》は、天降《てんこう》モチーフにも組《く》み合《あ》わされて、天下《あまくだ》る駕洛国《からこく》の首露《スロ》も、新羅《しらぎ》の金閼智《キムアルチ》も金合子《きんごうす》または櫝《はこ》に入《い》れられて降臨《こうりん》したとなっている。これらの出現形式《しゅつげんけいしき》をみると、次《つぎ》のような点《てん》に気《き》が付《つ》く。

**第一**《だい》は、支配者《しはいしゃ》の出自《しゅつじ》は、天《てん》からの降臨《こうりん》と海《うみ》の彼方《かなた》からの来訪《らいほう》がもっとも多《おお》く、顕著《けんちょ》で、卵生《らんしょう》や日光感精《にっこうかんせい》などは、その出現《しゅつげん》の方式《ほうしき》に過《す》ぎないこと。

**第二**《だい》は、天《てん》からの降臨《こうりん》は、全国的《ぜんこくてき》に分布《ぶんぷ》する形式《けいしき》であるが、北部地方《ほくぶちほう》のもの程《ほど》純粋《じゅんすい》な型《かたち》になっており、南部地方《なんぶちほう》のものは、卵生《らんしょう》や箱舟《はこぶね》の要素《ようそ》が習合《しゅうごう》されていること。また、海《うみ》からの来訪《らいほう》は南部地方《なんぶちほう》に顕著《けんちょ》で、地中《ちちゅう》からの湧出《ゆうしゅつ》は、最南端《さいなんたん》の済州島《チェジュとう》にだけあること。

**第《だい》三**は、主《しゅ》として天《てん》から降臨《こうりん》したものは、国祖《こくそ》つまり建国者《けんこくしゃ》になっており、海《うみ》の彼方《かなた》から来訪《らいほう》したものは、その配偶《はいぐう》や後代《こうだい》の王《おう》、または官吏《かんり》など、建国《けんこく》ないし国政《こくせい》を補助《ほじょ》するものになっていることである。

天《てん》からの降臨者《こうりんしゃ》は、日本《にほん》の三種《しゅ》の神器《じんぎ》に当《あた》る天符印《てんぷいん》三個《こ》とか、五伴緒《いつとものお》に該当《がいとう》する風《ふう》伯《はく》、雨師《うし》、雲師《うんし》、など、統治権《とうちけん》を保障《ほしょう》する宝器《ほうき》を持《も》ち、職能神《しょくのうしん》を随伴《ずいはん》して、天神《てんしん》の命令《めいれい》によって降臨《こうりん》する。これに対《たい》し、海《うみ》の彼方《かなた》からの来訪者《らいほうしゃ》は、五穀《こく》、駒犢《こまとく》、七宝《しっぽう》、金銀珠玉《きんぎんしゅぎょく》、錦繍綾羅《きんしゅりょうら》など、国《くに》の建設《けんせつ》、人間《にんげん》の生活《せいかつ》に必要《ひつよう》とする貴重《きちょう》な物資《ぶっしつ》を携《たずさ》えて、国開《くにびら》きを助《たす》けるためにやってくるのが特徴《とくちょう》である。

さて、このような支配者起源神話《しはいしゃきげんしんわ》と記紀神話《ききしんわ》が著《いちじる》しく類似《るいじ》するところは、天降《あまくだ》り型《がた》と海《うみ》の彼方《かなた》からの来訪型《らいほうがた》である。

日本《にほん》の天孫降臨神話《てんそんこうりんしんわ》は、韓国《かんこく》の天降《あまくだ》り型神話《がたしんわ》とよく似《に》ている。岡正雄《おかまさお》（＝明治31年～昭和57年。日本の民族学者。）、三品彰英《みしなしょうえい》（＝明治35年～昭和46年。日本の歴史、神話学者。）、大林太良《おおばやしたりょう》（＝昭和4年～平成13年。日本の民族学者。東京大学名誉教授。）諸氏《しょし》は詳細《しょうさい》な比較《ひかく》をし、それが韓半島《かんはんとう》から内陸《ないりく》アジアにつらなるアルタイ系《けい》の遊牧民文化《ゆうぼくみんぶんか》に属《ぞく》するものとみた。

両国《りょうこく》のこの神話《しんわ》の類似《るいじ》は、天神《てんしん》の命令《めいれい》によって、天孫《てんそん》が山上《さんじょう》に降臨《こうりん》するという本筋《ほんすじ》だけでなく、細《こま》かい部分《ぶぶん》にまで及《およ》んでいる。タカミムスビの別名高木神《べつめいたかぎのかみ》と檀君《タングン》が木《き》と関連《かんれん》する名称《めいしょう》になっているものも類似《るいじ》し、天孫降臨地《てんそんこうりんち》の高千穂《たかちほ》のクシフルまたはソホリという名称《めいしょう》が、首露降臨地《スロこうりんち》の亀旨《クジ》または都《みやこ》を意味《いみ》する韓国語《かんこくご》、蘇伐《ソボル》、徐伐《ソボル》（Seoul）と等《ひと》しい。

さらに、三種《しゅ》の神器《じんぎ》は、檀君神話《タングンしんわ》の天符印《てんぷいん》三個《こ》に当《あた》り、天孫降臨《てんそんこうりん》に随伴《ずいはん》した五伴緒《いつとものお》は高句麗《こうくり》の五部族《ぶぞく》と関係《かんけい》がある。こうした細部《さいぶ》に亘《わた》る類似《るいじ》は、日本《にほん》の皇室《こうしつ》の先祖《せんぞ》が韓半島《かんはんとう》から渡来《とらい》したという考《かんが》えを出《だ》すのに少《すこ》しも無理《むり》がない。

天《てん》からの降臨者《こうりんしゃ》が国《くに》を立《た》てるのに対《たい》し、海《うみ》の彼方《かなた》からの来訪者《らいほうしゃ》は、記紀《きき》でも韓国《かんこく》の場合《ばあい》と同《おな》じく、その補助役《ほじょやく》をする話《はなし》が見《み》える。その代表的《だいひょうてき》なのがスクナヒコナであろう。この神《かみ》は波《なみ》の穂《ほ》から羅摩船《かがみのふね》に乗《の》ってやってきて、オオクニヌシと兄弟《きょうだい》になり、国《くに》を作《つく》り固《かた》めた。羅摩船《かがみのふね》は韓国神話《かんこくしんわ》の櫝《はこ》、石函《せっかん》など、箱舟《はこぶね》に当《あた》るわけである。大林太良氏《おおばやしたりょうし》は、このスクナヒコナをまれびとの来訪《らいほう》とし、その文化的背景《ぶんかてきはいけい》を農耕民文化《のうこうみんぶんか》、ことに穀物栽培民文化《こくもつさいばいみんぶんか》に求《もと》めた。ここでは枚挙《まいきょ》できないが、韓国《かんこく》においてもまれびと信仰的要素《しんこうてきようそ》が決《けっ》して少《すく》なくない。韓日両国《かんにちりょうこく》とも、天降《あまくだ》った天孫《てんそん》が建国者《けんこくしゃ》となり、海《うみ》からの来訪者《らいほうしゃ》がその補助役《ほじょやく》をするという、神話的事実《しんわてきじじつ》は、決《けっ》して偶然《ぐうぜん》の一致《ち》とはいえまい。

## （二）天孫降臨と卵がルーツ　韓国の建国神話

前章《ぜんしょう》の他《ほか》に、同《おな》じ神話《しんわ》の要約《ようやく》であるが、『韓国《かんこく》』「天孫降臨《てんそんこうりん》と卵《たまご》がルーツ……韓国《かんこく》の建国《けんこく》神話《しんわ》」金両基《キムヤンキ》（＝1933年～2018年。在日韓国人の演劇学者、評論家。）著（新潮社　1993年5月）を、転載《てんさい》する。

韓《かん》（朝鮮《ちょうせん》）民族《みんぞく》にとって檀君《タングン》は永遠《えいえん》の国父《こくふ》である。毎年《まいとし》、十月《がつ》三日《か》の開天節《かいてんせつ》の日《ひ》は、早朝《そうちょう》から江華島《カンファド》（＝こうかとう。韓国のソウル特別市の北西に位置する島。）にある聖地《せいち》摩尼山《マニサン》の参道《さんどう》は、その頂上《ちょうじょう》にある「塹星壇《チャムソンダン》」（＝檀君が空にむかって祭祀をあげた聖場。）で行《おこな》われる「開天祭《かいてんさい》」に参加《さんか》する老若男女《ろうにゃくなんにょ》の人波《ひとなみ》で、埋《う》めつくされる。人々《ひとびと》は檀君《タングン》が古朝鮮《こちょうせん》を開《ひら》いてくれたことに感謝《かんしゃ》して、祭天儀式《さいてんぎしき》を行《おこな》う。

はるか昔《むかし》、天帝《てんてい》の桓因《ファニン》の庶子《しょし》桓雄《ファヌン》が、地上《ちじょう》の人間《にんげん》たちの祈願《きがん》を叶《かな》えてやるために桓因《ファニン》の許《ゆる》しを得《え》て、天空《てんくう》から神壇樹《シンダンス》とよばれる聖樹《せいじゅ》に天降《あまくだ》った。そのとき、一匹《ぴき》の熊《くま》と虎《とら》が神壇樹《シンダンス》の下《した》で人間《にんげん》にしてほしいと祈《いの》っていた。それをみた桓雄《ファヌン》は神艾《よもぎ》と蒜《にんにく》を与《あた》えて、百日間《にちかん》のお籠《こも》りを命《めい》じる。それから二十一日目《にちめ》に、熊《くま》は女《おんな》（熊女《ウンニョ》）の姿《すがた》になって再《ふた》び神壇樹《シンダンス》の下《した》に詣《もう》でて、子《こ》を授《さず》けてほしいと祈《いの》るのであった。虎《とら》はお籠《こも》りに耐《た》えられず人間《にんげん》になれなかった。

桓雄《ファヌン》はそっと熊女《ウンニョ》と交《まぐわ》い、やがて熊女《ウンニョ》は男《おとこ》の子《こ》を生《う》む。その子《こ》の名《な》を檀君《タングン》といい、檀君《タングン》は国《くに》を開《ひら》き、朝鮮《ちょうせん》（古朝鮮《こちょうせん》）と名《な》づけた。ときは紀元前《きげんぜん》二三三三年《ねん》であった、という。

神壇樹《シンダンス》の下《した》に詣《もう》でる熊《くま》と虎《とら》の光景《こうけい》は「樹下聖獣図《じゅかせいじゅうず》」であり、熊女《ウンニョ》の詣《もうで》る光景《こうけい》は「樹下聖《じゅかせい》女《じょ》（美人《びじょ》）」になり、そのパターンは中近東《ちゅうきんとう》までつながる。はるか昔《むかし》、その信仰《しんこう》と天孫降《てんそんこう》臨神話《りんしんわ》がどこかで合流《ごうりゅう》、合体《がったい》し、檀君神話《タングンしんわ》を生《う》んだのであろう。

韓民族《かんみんぞく》が五千年《ねん》の歴史《れきし》と文化《ぶんか》に輝《かがや》くというのは、この神話《しんわ》に基《もと》づく。前《ぜん》二三三三年《ねん》を前《ぜん》三千年《ねん》に押《お》し上《あ》げて五千年《ねん》にしたまでのことで、むろん歴史的事実《れきしてきじじつ》ではない。が、私《わたし》は信《しん》仰的事実《こうてきじじつ》と考《かんが》えている。それはともかく、そのはるか古代《こだい》を偲《しの》んで、この民族《みんぞく》は檀君《タングン》を国《こく》父《ふ》として敬《うやま》い、慕《した》いつづけてきた。またその熱《あつ》き想《おも》いがたびくの国難《こくなん》の際《さい》にエネルギーに転化《てんか》して、国家《こっか》と民族《みんぞく》の危機《きき》を救《すく》う力《ちから》にもなってきた。

さて、熊《くま》を始祖《しそ》とするトーテム信仰《しんこう》は日本《にほん》に伝《つた》わらなかったようだが、ニニギノミコトが高千穂《たかちほ》のくじふる峰《みね》に天降《あまくだ》る天孫降臨神話《てんそんこうりんしんわ》の原郷《げんきょう》は韓国《かんこく》である。

高句麗《コグリヨ》の始祖高朱蒙《しそコジュモン》は卵《たまご》から生《う》まれた男《おとこ》の子《こ》で、その父《ちち》は天帝《てんてい》の子《こ》解慕漱《ヘモス》母《はは》は水神《すいじん》の娘《むすめ》柳花《ユファ》である。朱蒙《チエモン》は直接天《ちょくせつてん》から降《ふ》ってはこないが、天帝《てんてい》の血《ち》……神統譜《しんとうふ》を継《つ》ぐ。しかも駿馬《しゅんめ》と駄馬《だば》を見分《みわ》けるすぐれた眼《まなこ》をもち、弓《ゆみ》の名人《めいじん》でもあった。そこから天孫《てんそん》が騎馬民族《きばみんぞく》であることがわかる。百済《くだら》（ペクチエ）の始祖《しそ》温祚王《オンジョワン》は朱蒙《チエモン》の実子《じっし》または継子《けいし》というから、これまた同《おな》じ神統譜《しんとうふ》につながる。（＝『記紀・言霊解　龍宮物語』「海幸彦山幸彦の段」及び「王仁巡教・壱岐・対馬」参照。）

新羅《しらぎ》（シルラ）の始祖《しそ》は卵《たまご》の形《かたち》で天空《てんくう》から天降《あまくだ》る。白馬《はくば》が卵《たまご》を地上《ちじょう》にとどけてきた。その大卵《だいらん》のなかから形儀端美《けいぎたんび》な童子《どうじ》が姿《すがた》を現《あらわ》し、のちに新羅《しらぎ》の始祖《しそ》になる。卵《たまご》からかえったとき光《ひか》り輝《かがや》いていたので、その様子《ようす》を姓名《せいめい》に表《あらわ》して朴赫居世《パクヒョッコセ》と名《な》づけられた。朴氏《パクし》が開《ひら》いた新羅《しらぎ》の第《だい》四代王《だいおう》に就《つ》いた昔脱解《ソクタルヘ》も、卵《たまご》からかえった籠城国の王子《おうじ》である。また、のちに新羅《しらぎ》の王位《おうい》をほとんど独占《どくせん》する金氏《きんし》の始祖《しそ》金閼智《キムアルチ》は、天降《あまくだ》ってきた金《きん》の櫃《ひつ》のなかから姿《すがた》を現《あらわ》し、金色《きんいろ》に輝《かがや》いていた童子《どうじ》だという。その生誕《せいたん》の様子《ようす》を姓《せい》に表《あらわ》し金《きん》と定《さだ》めた。密閉《みっぺい》されたなかから生《うま》れる点《てん》では、卵《たまご》も櫃《ひつ》も同《おな》じである。

駕洛国《からこく》（金官国《キムグワンこく》・金官《グムグワン》加耶《カヤ》ともいう）の始祖《しそ》金首露《キムスロ》の降臨神話《こうりんしんわ》では、卵《たまご》と櫃《ひつ》がセットになって登場《とうじょう》する。異様《いよう》な声《こえ》に呼《よ》びよせられて亀旨峰《クジボン》に集《あつ》まった村長《そんちょう》や民《たみ》は、天空《てんくう》から王《おう》を授《さず》かることになる。天《てん》の声《こえ》が命《めい》じるままに迎神歌《げいしんか》をうたい、踊《おど》ると金櫃《きんひつ》が天空《てんくう》から降《お》ろされた、そのなかから六個《こ》の金卵が出《で》てくる。最初《さいしょ》の男《おとこ》の子《こ》が金首露《キムスロ》となり、伽耶連合国《かやれんごうこく》の首領《しゅりょう》をつとめ、他《ほか》の五人《にん》の男子《だんし》が五つの伽耶小国《かやしょうこく》の王《おう》となった。

これらの神話《しんわ》は、一見異《けんこと》なっているように見《み》えるが、このようにつながっているから面白《おもしろ》い。卵《たまご》から生《うま》れた神話《しんわ》を「卵生神話《らんしょうしんわ》」または「卵生感精神話《らんしょうかんせいしんわ》」などというが、いずれの卵《たまご》も天《てん》の力《ちから》が加《くわ》わらないと卵《たまご》からかえらない。しかも、みな男《おとこ》の子《こ》が生《うま》れ、父《ちち》の系譜《けいふ》は天帝《てんてい》と直結《ちょっけつ》している。そこに天父地母信仰《てんぷちぼしんこう》がうかがえる。

---

**◆琵琶湖・人類出生の神秘**

『皇典釈義　素盞嗚尊と近江の神々』（みいづ舎刊）に、日本神代史にはじめて人体を具備されし神のご出生が掲載される。「天照大神と素盞嗚尊の誓約」がそれで、琵琶湖《あめのま》中《ない》の竹生嶋に三女神、近江の醸造郡《かもごおり》に五男神がご出生になられたのが人類出生の始めという。

略記すると、近江の国を斎庭《ゆには》として、天照大神は太陽を機関とし日々に光熱を作りて放ち、素盞嗚尊は太陰を機関として、その所に水性を夜毎に恵みを与え、月夜見命は造化の産霊《むすび》により天の御影、日の御影に春夏秋冬、天地火水の精粋が長年月互いに昇降を繰返すに従い、終に内に神霊機関（一霊四魂、剛柔流、三元八力）が身に備わり、やがて人体として出生される。

天照大神・素盞嗚尊のこの儀式は、国々所々に人種を醸し出す故に、四海悉くみな兄弟なり。至大至真の産霊《むすび》により各々体の至祖と成るものにして「人類学者、進化論者の真面目なる研究を望む」と註釈がある。

琵琶湖・日本海・カスピ海・島々それぞれに素盞嗚尊による、人類誕生の秘話があり、神代を遡れば人は神から生れた兄弟姉妹である。それが長の年月に別れに別れ、いつしか生存競争の世界を作ってしまった。

宇宙の創造から現代の資本主義、民主主義、自己主義、慾望の世界から政治、経済、宗教、教育、芸術、倫理、道徳……すべてが改まるという弥勒の世、後天世界、竜華世界は、円仏教の提唱する大宇宙の「円」の中に総ての善も悪も包含される。

**◆人体と水**　人間はその霊を日の大神様よりうけ、その体は月の大神様瑞の御魂よりうけている。故にその体の大部分は水であって、五分の一しか実質はないものである。

（『玉鏡』）

**◆草花より生ずる虫**　ある時出口聖師は花園《かえん》の中に立ち筆者を招かれた。参ってみると虎の尾に似た、名のしれぬ草花を手にしながらふっておられた。中から無数の羽の生えた小さい虫がとんで出ています。

「気候と温度との具合で、種が虫に変化したのである」とおっしゃいました。「種が虫になる」不思議な事もあるものと訝《いぶ》かしみつゝ、手に取って他の花をふって見るとバラバラと黍《きび》の実が殻からおちるようにどれからも無数の小虫《しょうちゅう》が飛んで出る。

「麦を収穫《とりい》れるに際し、湿気を十分取り去らないと麦は皆小蝶《こちょう》に変化してたってしまう事は、農民周知の事実である。何の不思議もない、足魂《たるむすび》は生魂《いくむすび》、玉留魂《たまつめむすび》に変化し得る素質をもっておる。虫は蒸し生《わか》すの意にて、土から蒸し生《わ》かされるものもあれば、木から蒸し生かされるものもある。栗の木から栗虫がわくが如きもそれである。人間は身体《からだ》を初め木から蒸し生《わ》かされたのであるが、今は夫婦によって造らるゝ事になったのである。………。人間が最初に木から蒸し生かされたと云う事を立証して行けば直に博士になれるよ」と。………。

「学説が根底から覆《くつが》える。植物学も、昆虫学も、我等に植物から昆虫が生れて来ると云う事を決して教えてはくれなかった。だが事実は鉄よりも堅く冷たい」と呟《つぶや》いて居られた。

（『水鏡』）

◆天帝《てんてい》の身体《からだ》を別けていう時は、三つに分けられる。即ち剛《ごう》と柔《じゅう》と流《りゅう》とである。剛とは世の中のあらゆる堅きものを指していう。柔とは世の中のあらゆる柔かきものを指していう。流とは世の中のあらゆる水気《すいき》を指していう。

また宇宙にあるものは、「霊力体《れいりょくたい》」この三つの大原質《だいげんしつ》よりほかには一つもない。霊とは神のこと、人の霊魂も神の一部である。力とは運動の力で、天地の運行、春夏秋冬《しゅんかしゅうとう》の変化、即ち天帝の御力《みちから》である。体《たい》とはすなわち物体である。化学のいわゆる元素というもの、科学はこれを数十元素に区別すれども、神の道では「剛柔流《ごうじゅうりゅう》」の三大元素としてこれを解きあかす。

**玉留魂**《たまつめむすび》（＝剛体素）は山物《さんぶつ》の本質であり、山物とは金や石やマンガン鉄、土の類をいう。しかしその中にも柔・流がふくまれる。

**足魂**《たるむすび》（＝柔体素）は植物の本質であり、植物とは草木、稲、麦などの類《たぐい》をいう。しかしその中にも流・剛がふくまれる。

**生魂**《いくむすび》（＝流体素）は動物の本質であり、動物とは人、獣、魚、虫などをいう。しかしその中にも柔・剛がふくまれる。

（『道の栞』「第一巻・中」参照）

# 第十章　渡来人の系譜

日本《にほん》にも、縄文時代《じょうもんじだい》から続《つづ》く環状列石《かんじょうれっせき》や磐座《いわくら》を神《かみ》の依代《よりしろ》とする神祀《かみまつ》りがあった。しかし「神社《じんじゃ》」という形式《けいしき》は新羅《しらぎ》から来《き》たものといわれ、祭神《さいじん》なども、朝鮮半島《ちょうせんはんとう》との交流《こうりゅう》、半《はん》島《とう》からの流入《りゅうにゅう》などを考慮《こうりょ》して考《かんが》えて行《ゆ》かなければならないであろう。

前章《ぜんしょう》で見《み》たように、朝鮮半島《ちょうせんはんとう》に残《のこ》る建国神話《けんこくしんわ》と日本《にほん》の建国神話《けんこくしんわ》とは、相通《あいかよ》うものが多《おお》い。その神話《しんわ》や信仰《しんこう》は、朝鮮半島《ちょうせんはんとう》から渡来《とらい》した人々《ひとびと》によってもたらされたわけであり、日本神《にほんしん》話《わ》（「記紀神話《ききしんわ》」）の成立《せいりつ》を考《かんが》える時《とき》、渡来人《とらいじん》の動《うご》きを無視《むし》するわけにはゆかない。また、物部《もののべ》（神道《しんどう》）と蘇我《そが》（仏教《ぶっきょう》）の闘争《とうそう》なども、大和朝廷内《やまとちょうていない》における新羅系《しらぎけい》と百済系《くだらけい》の抗争《こうそう》にかかわるとされるなど、日本宗教《にほんしゅうきょう》を考《かんが》える上《うえ》でも、朝鮮半島《ちょうせんはんとう》の宗教《しゅうきょう》、ひいてはモンゴロイドの宗教《しゅうきょう》について視野《しや》を広《ひろ》めてゆくことは必須《ひっす》のこととなってくる。
ここでは、どんな渡来人《とらいじん》が日本《にほん》の国土《こくど》に、いつごろ来《き》たのかを整理《せいり》するにとどめる。

## （一）伽耶と九州王朝

今回《こんかい》、高霊《コリョン》での講師《こうし》・金道允先生《きむどういんせんせい》のレジュメによると、紀元前後《きげんぜんご》に弁韓《べんかん》（伽耶《かや》）から多《おお》くの渡来人《とらいじん》が九州《きゅうしゅう》に来《き》たことが書《か》かれている。すなわち、
BC一九四年《ねん》から一〇八年頃《ねんごろ》、多数《たすう》の弁韓《べんかん》の人達《ひとたち》が九州《きゅうしゅう》地方《ちほう》に定着《ていちゃく》し、故郷名《こきょうめい》の弥烏邪《みおや》馬《ま》である邪馬台国《やまたいこく》を建設《けんせつ》し、その後《のち》、孫達《まごたち》が、故郷《こきょう》の任那《みまな》、即《すなわ》ち高霊《コリョン》と度々《たびたび》連絡《れんらく》した。
神武天皇《じんむてんのう》の東征《とうせい》により山門《さんもん》すなわち邪馬台国《やまたいこく》が大阪《おおさか》の南地《なんち》に移《うつ》り、大倭《おおやまと》が変《かわ》って大和《やまと》となり、大和《やまと》は邪馬台国《やまたいこく》と音読《おんどく》するようになった。
邪馬台国《やまたいこく》が一時《じ》北九州《きたきゅうしゅう》にあったが、その勢力《せいりょく》を受《う》けついだのが、畿内《きない》に移《うつ》り、神権《しんけん》をうちたてた。後《のち》に南朝鮮《みなみちょうせん》から騎馬民族《きばみんぞく》（少昊国《しょうこうこく》→伽耶国族《かやこくぞく》）が、九州《きゅうしゅう》を経《へ》て畿内《きない》に進《すす》み、

先《さき》の神権的政権《しんけんてきせいけん》との合作《がっさく》が大和政権《やまとせいけん》である。（『邪馬台国《やまたいこく》の謎のすべて』）

○

古代伽耶族《こだいかやぞく》が九州王朝《きゅうしゅうおうちょう》を建《た》てたことについては、『韓半島《かんはんとう》からきた倭国《わこく》　古代伽耶族《こだいかやぞく》が建《た》てた九州王朝《きゅうしゅうおうちょう》』（金鐘恒著　兼川晋訳　新泉社　１９９０年）などの書籍《しょせき》がある。

また九州《きゅうしゅう》のみならず、隠岐《おき》の島《しま》に残《のこ》る「木《こ》の葉《は》人《じん》」の伝説《でんせつ》、各地《かくち》の「伽耶《かや》」と関連《かんれん》する地名《ちめい》など、これから研究発掘《けんきゅうはっくつ》が進《すす》みそうだ。

神素盞嗚大神《かむすさのをのおほかみ》の神跡地《しんせきち》である大伽耶国《だいかやこく》からの伊吹《いぶき》が、大和朝廷以前《やまとちょうていいぜん》の日本《にほん》には漂《ただよ》っていたのではなかろうか。

## （二）「伽耶国」についての研修書

●『大伽耶連盟の興亡と任那』「伽耶琴だけが残った」
田中俊明著　吉川弘文館　１９９２年８月

●『日本は伽耶にあった』　保坂俊三著　新人物往来社　1993年3月
●『古代の百済・伽耶と日本』「古代の日本と韓国3」　江坂輝弥・金基雄・金達寿・李進燕　学生社　1990年1月
●『東亜アジアの古代文化』1991年夏号　「伽耶と倭国」　大和書房　1991年7月
●『伽耶はなぜほろんだか…日本古代国家形成史の再検討』　鈴木靖民他　大和書房　1991年2月号
●『韓半島からきた倭国……古代伽耶族が建てた九州王朝』　李鍾恒　兼川晋訳　新泉社　1990年3月
●『新版　古代の日本　2　アジアからみた古代日本』「伽耶をめぐる国際環境」　田中俊明　角川書店　1990年2月5日
●「隠岐の木の葉人の伝説（『伊末自由来記』）」について、『スサノオの来た道』　朴炳植　毎日新聞社　1888年現代語訳と解説がある。

### （三）『朝鮮半島からきた倭国　古代伽耶族が建てた九州王朝』金鍾恒著の「はじめ」に

稲作文明《いなさくぶんめい》が韓半島《かんはんとう》から真《ま》っ先《さき》に渡《わた》っていったところは日本《にほん》の九州《きゅうしゅう》であった。その技術《ぎじゅつ》をもたらしたのは古代伽耶人《こだいかやじん》で、彼《かれ》らがそこに建《た》てた国《くに》が日本列島《にほんれっとう》の中《なか》の最初《さいしょ》の国家《こっか》であった。大陸《たいりく》や韓半島《かんはんとう》の文化《ぶんか》が日本列島《にほんれっとう》に流入《りゅうにゅう》する玄関《げんかん》こそ九州《きゅうしゅう》だったのだから、古代《こだい》における日本《にほん》の先進地域《せんしんちいき》は九州北部《きゅうしゅうほくぶ》以外《いがい》にあるはずはない。

日韓古代史《にっかんこだいし》にみられる倭《やまと》または倭人《わじん》というのは、もともと日本列島《にほんれっとう》に住《す》んでいた原住民《げんじゅうみん》ではなく、韓半島南部《かんはんとうなんぶ》にいた伽耶人《かやじん》で、彼《かれ》らは韓民族《かんみんぞく》と同一《どういつ》の文化《ぶんか》、同一《どういつ》の血脈《けつみゃく》に属《ぞく》する人々《ひとびと》であった。彼《かれ》らは伽耶人《かやじん》であると同時《どうじ》に、倭人《わじん》の名前《なまえ》でも呼《よ》ばれていたのである。

この伽耶人《かやじん》が北部九州《ほくぶきゅうしゅう》に打《う》ち建《た》てた国《くに》が倭奴国《わどこく》であり、卑弥呼《ひみこ》が支配《しはい》した邪馬台国《やまたいこく》である。五世紀《せいき》に中国《ちゅうごく》と通行《つうこう》したいわゆる「倭《わ》の五王《ごおう》」も九州《きゅうしゅう》王朝《おうちょう》の王《おう》たちであった。中国《ちゅうごく》の隋《ずい》の煬帝《ようだい》（＝隋の第二代皇帝。）に「日出《ひい》づる処《ところ》の天子《てんし》、書《ふみ》を日没《ひぼつ》する処《ところ》の天子《てんし》に致《いた》す」という国書《こくしょ》を送《おく》り、隋《ずい》と対等《たいとう》な国《くに》であることを誇示《こじ》した王《おう》も九州王国《きゅうしゅうおうこく》の王《おう》なのであった。

九州王国《きゅうしゅうおうこく》は時代《じだい》によってその名称《めいしょう》を変《か》えながらも、西暦紀元前後《せいれききげんぜんご》から七世紀《せいき》の前半《ぜんはん》まで、一貫《かん》して日本列島《にほんれっとう》の宗主国《そうしゅこく》として韓半島《かんはんとう》や中国大陸《ちゅうごくたいりく》の歴代王朝《れきだいおうちょう》と通《つう》じながら、『旧唐《くとう》書《じょ》』（＝唐代の正史の一。本紀20巻、志30巻、列伝１５０巻。5代後晋の劉らの奉勅撰。９４５年成る。）にも日本伝《にほんでん》と同《おな》じ比重《ひじゅう》と位置《いち》を占《し》めるものとして記《しる》されている王国《おうこく》なのである。

広開土王陵碑文《こうかいどおうりょうひぶん》（＝高句麗第19代の王。仏教を篤信(とくしん)。その旧都(鴨緑江西岸の輯安、今の中国吉林省集安県)にある同王の事跡を記した碑。４１４年建立。）には、倭《やまと》が海《うみ》を渡《わた》って百済新羅《くだらしらぎ》を討《う》ち、高句麗《こうくり》と大《おお》いに戦《たたか》ったことが文字《もじ》に刻《きざ》まれているという。その倭《やまと》を日本《にほん》の大和朝廷《やまとちょうてい》だと信《しん》じ、そのころすでに、大和朝廷《やまとちょうてい》は韓半島《かんはんとう》まで武力進《ぶりょくしん》出《しゅつ》するだけの力《ちから》を持《も》っていたとする日本《にほん》の学者《がくしゃ》もいるが、しかし、筆者《ひっしゃ》にいわせればそれは完全《かんぜん》な誤解《ごかい》である。碑文《ひぶん》の上《うえ》にみられる倭《やまと》の実体《じったい》は、韓半島内《かんはんとうない》にいた倭人《わじん》、すなわち韓民族《かんみんぞく》と同族《どうぞく》の伽耶人《かやじん》であり、決《けっ》して近畿大和《きんきやまと》に住《す》んでいた日本《にほん》の住民《じゅうみん》ではなかった。

現代《げんだい》の天皇家《てんのうけ》の出自《しゅつじ》に関《かん》しても、いろ〱な主張《しゅちょう》がありながら、やはりそれは伽耶人《かやじん》が北部《ほくぶ》九州《きゅうしゅう》に建《た》てた九州王朝《きゅうしゅうおうちょう》の一支脈《しみゃく》で、神武《じんむ》、崇神《すじん》、応神《おうじん》と、大《おお》きく三次《じ》にわたって大和地方《やまとちほう》に進出《しんしゅつ》し、そこで成長《せいちょう》し、七世紀後半《せいきこうはん》に宗家《そうけ》にあたる九州王朝《きゅうしゅうおうちょう》を併合《へいごう》して、名《めい》実《じつ》ともに日本列島《にほんれっとう》の支配者《しはいしゃ》になったものと考《かんが》えられる。天皇家《てんのうけ》も遠祖《えんそ》は九州王国《きゅうしゅうおうこく》の始祖《しそ》から派生《はせい》した倭人《わじん》、伽耶人《かやじん》の後裔《こうえい》としてみるべきだというのが筆者《ひっしゃ》の意見《いけん》である。

## （四）天の日槍集団の渡来（古来、古渡り）

金達寿《キムダルス》（＝1919〜1997。作家。朝鮮慶尚南道の生まれ。昭和5年日本に移住。小説「玄海灘」ほか、朝鮮渡来文化の発掘・紹介に尽力。著作に「太白山脈」「日本の中の朝鮮文化」など。）は、「近江王朝《おうみおうちょう》は天日槍《あめのひぼこ》を象徴《しょうちょう》とする新羅《しらぎ》・伽耶系渡来人集団《かやけいとらいじんしゅうだん》によってつくられたものではないか」（『渡来人と渡来文化』「日本の中の天日槍」河出書房新社）とし、兵庫県北部《ひょうごけんほくぶ》のみでなく、各地《かくち》に天日槍《あめのひぼこ》の影《かげ》を指摘《してき》している。

また、崇仏派《すうぶつは》の蘇我氏《そがし》と争《あらそ》い破《やぶ》れた物部族《もののべぞく》は、天日槍系《あめのひぼこけい》ではなかったか（金達寿《キムダルス》）と言《い》われるが、物部系《もののべけい》の『旧事記《くじき》』（＝『先代旧事本紀・訓注』大野七三編・批評社参照。）に見《み》られる神話《しんわ》など、「古渡《こわた》り」の渡来人《とらいじん》との関係《かんけい》が深《ふか》い。

○

古来《こらい》、古渡《こわた》り……天《あめ》の日槍集団《ひぼこしゅうだん》……新羅《しらぎ》・伽耶系《かやけい》……農耕文化《のうこうぶんか》と鉄《てつ》の文化《ぶんか》の伝搬《でんぱん》、まず天日槍《あめのひぼこ》については、その概要《がいよう》を『国史大辞典《こくしだいじてん》』の当該項目《とうがいこうもく》を示《しめ》す。

**【あめのひぼこ】**　天日槍《あめのひぼこ》　『古事記《こじき》』では天之日矛《あめのひぼこ》。記紀《きき》などにみえる帰化人《きかじん》（渡来人《とらいじん》）伝説《でんせつ》の中《なか》の人名《じんめい》で、新羅《しらぎ》の王子《おうじ》とされている。記《き》では「応仁天皇段《おうじんてんのうのだん》」に、また『日本書紀《にほんしょき》』では「垂仁天皇《すいにんてんのう》三年条《ねんじょう》」に記《しる》されているが、本来《ほんらい》は帰化人《きかじん》の始祖伝説《しそでんせつ》として語《かた》られていたもので、年次的《ねんじてき》には不明《ふめい》とすべきである。

記《き》による伝説《でんせつ》の大要《たいよう》は、昔新羅《むかししらぎ》の沼《ぬま》のほとりで女《おんな》が昼寝《ひるね》していると、日光《にっこう》が女《おんな》の陰上《いんじょう》を照《て》らし、それによって女《おんな》はらみ赤玉《あかだま》を生《う》んだ。新羅王子天之日矛《しらぎおうじあめのひぼこ》はその赤玉《あかだま》を得《え》たが、その女《おんな》は阿加流比売《あかるひめ》と呼ばれ、夫《おっと》のもとを去《さ》って日本《にほん》に渡《わた》ったので、それを追《お》って天之日矛《あめのひぼこ》も日本《にほん》に渡来《とらい》し、筑紫《つくし》・播磨《はりま》・摂津《せっつ》・近江《おうみ》・敦賀《つるが》などを遍歴《へんれき》して、最後《さいご》に但馬《たじま》の出石《いずし》にとどまった。出石神社《いずしじんじゃ》は天日槍《あめのひぼこ》が将来《しょうらい》した八種《やくさ》の神宝《しんぽう》を祭《まつ》ったところである。その子孫《しそん》は出石《いずし》を根拠地《こんきょち》として繁栄《はんえい》して、その後裔《こうえい》には常世《とこよ》の国《くに》に使《つかい》した田道間守《たじまもり》（＝非時香菓（ときじくのかくのこのみ）・橘の実を求めて常世の国へ。）や、神功皇后《じんぐうこうごう》（＝海外に行幸になった第9代開化天皇のひ孫。第14代仲哀天皇の皇后。琵琶湖の北東息長一族の娘。）など有名《ゆうめい》な伝説《でんせつ》上《じょう》の人物《じんぶつ》がある。さて天日槍《あめのひぼこ》は出石《いずし》一族《ぞく》の始祖《しそ》であり、アメノヒボコと呼《よ》ばれたものの原態《げんたい》は日神招祷《にっしんしょうとう》の呪矛で、それを人態化《じんたいか》したものである。この伝説《でんせつ》は満蒙系《まんもうけい》の日光感生《にっこうかんせい》型《がた》の流《なが》れを汲《く》むもので、大陸系《たいりくけい》のシャーマニズム的宗儀《てきしゅうぎ》を語《かた》っており、出石系《いずしけい》の人々《ひとびと》はそうした北方《ほっぽう》アジア系宗儀《けいしゅうぎ》の将来者《しょうらいしゃ》であり、またその宗儀《しゅうぎ》と神楽《かぐら》を発展《はってん》させたのであった。

神功皇后《じんぐうこうごう》もその系統《けいとう》を継《つ》ぐ巫儀《みこぎ》の実修者《じっしゅうしゃ》であり、ヤマトの宮廷《きゅうてい》におけるミタマフリの神楽《かぐら》にもこの系統《けいとう》の要素《ようそ》が多《おお》く採《と》り入《い》れられている。（三品彰英『国史大辞典』より）

## (五) 今来《いまき》の集団 (百済、安耶系)

安耶《あや》は、安羅《あら》とも書き、新百済派《しんくだらは》の加羅《から》の有力国《ゆうりょくこく》であった。百済《くだら》、安耶系《あやけい》の渡来人《とらいじん》は、六六〇年《ねん》の百済滅亡以前《くだらめつぼういぜん》から、日本《にほん》に渡来《とらい》していたわけであるが、六六〇年《ねん》の亡国《ぼうこく》とともに、大量渡来《たいりょうとらい》が始《はじ》まることになる。

韓国《かんこく》で「百済政権《くだらせいけん》がそっくり大和《やまと》に移《うつ》った、だから大和《やまと》は百済《くだら》だ」と韓国旅行《かんこくりょこう》で話《はな》していたガイドさんがいたが、大和政権《やまとせいけん》の中《なか》で大《おお》きな勢力《せいりょく》になったことは疑《うたが》えない。

伽耶《かや》などからの「古渡《こわた》り」の渡来人《とらいじん》、百済系《くだらけい》、新羅系《しらぎけい》、高句麗系《こうくりけい》と、系統《けいとう》による色分《いろわ》けなども、指摘《してき》されはじめている。その文献《ぶんけん》を列挙《れっきょ》すると、

●『古代日本史《こだいにほんし》と朝鮮《ちょうせん》』金達寿《キムダルス》

蘇我氏《そがし》は百済派《くだらは》の頭領《とうりょう》。東漢氏《やまとのあやうど》も百済派《くだらは》。聖徳太子《しょうとくたいし》は新羅派《しらぎは》。秦族《はたぞく》が新羅系《しらぎけい》。京都《きょうと》

をひらいたのも、秦族《はたぞく》。（亀岡《かめおか》も秦《はた》一族《ぞく》）
蘇我氏《そがし》は百済《くだら》八大姓《だいせい》のひとつの木姓の出自《しゅつじ》。

●『渡来人《とらいじん》と渡来文化《とらいぶんか》』金達寿《キムダルス》
近江王朝《おうみおうちょう》は天日槍《あめのひぼこ》を象徴《しょうちょう》とする新羅《しらぎ》・伽耶系渡来人集団《かやけいとらいじんしゅうだん》によってつくられたものではないか。

●六六〇年《ねん》、百済滅亡後《くだらめつぼうご》、日本《にほん》に来《き》た百済人《くだらじん》たちの多《おお》くが枚方《ひらかた》に住《す》み着《つ》いた。また、中河《なかかわ》内《ち》、平野区《ひらのく》あたり、八尾市《やおし》、京都《きょうと》の八坂神社《やさかじんじゃ》（祇園《ぎおん》）は高句麗系《こうくりけい》。

●『日本古代史《にほんこだいし》と朝鮮《ちょうせん》』金達寿《キムダルス》
六四六年《ねん》の「大化《たいか》の改新《かいしん》」（百済系渡来《くだらけいとらい》の豪族《ごうぞく》・蘇我氏《そがし》の排除《はいじょ》）は、朝廷内《ちょうていない》の新羅系《しらぎけい》が主導権《しゅどうけん》をもっておこなったもの。

●第《だい》三六代《だい》・孝徳天皇《こうとくてんのう》（在位《ざいい》６４５～６５４年《ねん》）……新羅系《しらぎけい》から百済系《くだらけい》に。
六四五年《ねん》、中大兄皇子《なかのおおえのおうじ》らによる蘇我氏討滅後《そがしとうめつご》、姉皇極天皇《あねこうぎょくてんのう》を継《つ》いで即位《そくい》、大化《たいか》と改元《かいげん》し、皇太子中大兄皇子《こうたいしなかのおおえのおうじ》（新羅系《しらぎけい》）や内臣藤原鎌足《うちつおみふじわらのかまたり》（新羅系《しらぎけい》）の補佐《ほさ》をうけて、「大化《たいか》の改新《かいしん》」を行《おこな》う。六五三年《ねん》、難波《なんば》の長柄豊碕宮《ながらのとよさきのみや》に遷都《せんと》。

●第《だい》三七代《だい》・斉明天皇《さいめいてんのう》（皇極天皇《こうぎょくてんのう》の再祚《さいそ》）……徹底《てってい》した百済系《くだらけい》。

●第《だい》三八代《だい》・天智天皇《てんちてんのう》（中大兄皇子《なかのおおえのおうじ》）六七二年《ねん》の「壬申の乱《じんしんのらん》」（天智天皇没後《てんちてんのうぼつご》の皇位継承《こういけいしょう》の争《あらそ》い）は、新羅系《しらぎけい》（大海人皇子《おおあまのおうじ》）と百済系《くだらけい》（大友皇子《おおとものおうじ》）の争《あらそ》い。

●第《だい》三九代《だい》・弘文天皇《こうぶんてんのう》（大友皇子《おおとものおうじ》）……百済系《くだらけい》で「壬申の乱《じんしんのらん》」に破《やぶ》れて自殺《じさつ》。天智天皇《てんちてんのう》の第《だい》一皇子《おうじ》。

●第《だい》四〇代《だい》・天武天皇《てんむてんのう》（大海人皇子《おおあまのおうじ》）……新羅派《しらぎは》、高句麗派《こうくりは》。

●第《だい》四一代《だい》・持統天皇《じとうてんのう》……百済派《くだらは》。

●大津皇子《おおつのおうじ》（天武天皇《てんむてんのう》の皇子《おうじ》）、六八五年《ねん》謀反《むほん》の疑《うたが》いで、新羅《しらぎ》の僧行心《そうこうじん》と共《とも》に殺害《さつがい》される。

●宮内省坐園神三座《くないしょうにますそのかみざ》（延喜式《えんぎしき》）……園神《そのかみ》は新羅《しらぎ》、韓神《からかみ》は百済系《くだらけい》。

●『渡来人《とらいじん》と渡来文化《とらいぶんか》』金達寿《キムダルス》

『続日本紀《ぞくにほんき》』七七二年《ねん》、大和《やまと》の高市郡《たかいちぐん》は漢氏族《あやうじぞく》が全人口《ぜんじんこう》の八〜九割《わり》を占《し》めていた。これは百済《くだら》、安耶系《あやけい》。

●東大寺《とうだいじ》……新羅系《しらぎけい》。
飛鳥寺《あすかじ》……百済系《くだらけい》。百済《くだら》と高句麗《こうくり》がミックスしたもの。
行基《ぎょうき》……百済系《くだらけい》、王仁氏系《わにしけい》。

●『日本書紀《にほんしょき》』は百済系《くだらけい》の史家《しか》によって成立《せいりつ》している。（すでに亡《ほろ》びてなくなってしまっているその「母国《ぼこく》」を百済《くだら》の属国《ぞっこく》であったかのように記述《きじゅつ》し、新羅《しらぎ》はこれを敵視《てきし》し、「蛮国視《ばんこくし》」するという具合《ぐあい》にもっていった）（『古代日本史と朝鮮』）

●白鳳文化《はくおうぶんか》は新羅《しらぎ》の影響《えいきょう》が大《おお》きい。（『〃』）

●信州《しんしゅう》は高句麗系《こうくりけい》（『〃』）

●関東《かんとう》の高句麗系渡来人《こうくりけいとらいじん》（『入門朝鮮の歴史』朝鮮史研究会　三省堂）

# 第十一章　朝鮮半島の宗教との交流

出口聖師《でぐちせいし》は、一宗《しゅう》一派《ぱ》にとらわれることなく、諸宗教《しょしゅうきょう》と出会《であ》い、交流理解《こうりゅうりかい》し、相《あい》ともに世界平和《せかいへいわ》のために活動《かつどう》することの重要性《じゅうようせい》を一貫《かん》して説《と》き、実践《じっせん》された。

仏教《ぶっきょう》、キリスト教《きょう》、儒教《じゅきょう》、道教《どうきょう》、イスラム教《きょう》、神霊主義《しんれいしゅぎ》の諸団体《しょだんたい》など、交流提携《こうりゅうていけい》された教団《きょうだん》、集団《しゅうだん》は多《おお》い。

ここでは、朝鮮半島《ちょうせんはんとう》における宗教《しゅうきょう》と出口聖師《でぐちせいし》の提携《ていけい》をみてゆきたい。

## (一)東学系侍天教《とうがくけいじてんきょう》

朝鮮半島関連《ちょうせんはんとうかんれん》では、『霊界物語《れいかいものがたり》』「入蒙記《にゅうもうき》」第《だい》四章《しょう》に、

「自分《じぶん》も一度《ど》「侍天教《じてんきょう》」の教主宋秉駿《きょうしゅそうへいしゅん》伯《はく》と大正《たいしょう》六年《ねん》の夏提携《なつていけい》して以来《いらい》、会《あ》っていないから、機会《きかい》を得《え》たら一度会《どあ》って今後《こんご》の宗 教的活動方法《しゅうきょうてきかつどうほうほう》につき懇々《こんこん》と相談《そうだん》してみたいと、かねておもっていた矢先《やさき》、朝鮮《ちょうせん》の「普天教《ふてんきょう》」と提携《ていけい》ができたのを幸《さいわ》い、万障《ばんしょう》を繰合《くりあわ》して見《み》たいと思《おも》っているが、何分御承知《なにぶんごしょうち》の通《とお》りの身《み》の上《うえ》だからその機《き》を得《え》ず（＝第一次大本事件未決の身。）今《いま》までグズグズしていたのだ。……済南母院《さいなんぼいん》の参拝《さんぱい》をかね悟善社《ごぜんしゃ》へも行《い》ってみたいと考《かんが》えている。……。」

とかかれている。

しかしこの「侍天教《じてんきょう》」との提携《ていけい》は、当時《とうじ》の機関誌《きかんし》（『神霊界《しんれいかい》』）には掲載《けいさい》されていない。後《あと》でふれる「普天教《ふてんきょう》」の場合《ばあい》もそうであるが、日本総統府《にほんそうとうふ》が監督《かんとく》する当時《とうじ》であり、あまりおおっぴらにできなかったのかもしれない。

○

侍天教《じてんきょう》は、東学系《とうがくけい》の宗 教《しゅうきょう》である。

東学《とうがく》については、いろいろな紹介《しょうかい》があるが、『丹』の脚注《きゃくちゅう》に武田崇元《たけだすうげん》氏《し》が記《しる》しているものを紹介《しょうかい》する。

**東学《とうがく》**　「李朝末期《りちょうまっき》に発祥《はっしょう》し、近代韓国史《きんだいかんこくし》に大《おお》きな足跡《そくせき》を残《のこ》した民衆宗教《みんしゅうしゅうきょう》。慶州《けいしゅう》の没落《ぼつらく》両《ヤン》班《バン》（＝高麗朝・李朝の朝鮮で、文官（東班）と武官（西班）の総称。のちに主として特権的な文官の身分と、それを輩出した支配層を指す。儒教倫理の実践を重んじ、独特な生活様式と気風を生んだ。）出身《しゅっしん》の崔済愚《さいせいぐ》（号《ごう》・水雲）が、一八六〇年《ねん》（＝日本の幕末期、万延元年。）、神霊《しんれい》の内流《ないりゅう》を得《え》て立教《りっきょう》する。東《とう》学《がく》とはすなわち西学《せいがく》＝キリスト教《きょう》に対《たい》する民族固有《みんぞくこゆう》の霊学《れいがく》という意味《いみ》である。

人間《にんげん》は自《みず》からの内《うち》なる霊《れい》の修養《しゅうよう》によって天心《てんしん》に感応《かんおう》し、天《てん》と融合一体化《ゆうごういったいか》することが出来《でき》るとする「人《ひと》すなわち天《てん》」の思想《しそう》、天地開闢後《てんちかいびゃくご》五万年《ねん》を経《へ》た東学《とうがく》の出現《しゅつげん》によって、聖賢《せいけん》が天《てん》に代《かわ》り人々《ひとびと》を導《みちび》く「先天《せんてん》の時代《じだい》」が過《す》ぎ去《さ》り、天霊《てんれい》の直接降臨《ちょくせつこうりん》によりすべての人間《にんげん》が神仙《しんせん》と化《か》す「千年《ねん》王国《おうこく》」の時代《じだい》が到来《とうらい》したとする「後天開闢《こうてんかいびゃく》」の思想《しそう》によって特徴《とくちょう》づけられるその教義《きょうぎ》は、開祖崔済愚《かいそさいせいぐ》にまつわる様々《さまざま》な奇蹟談《きせきだん》や、霊符《れいふ》による治病《ちびょう》、シャーマニズム的《てき》な祭祀《さいし》を通《つう》じ、李朝末期《りちょうまっき》の民衆《みんしゅう》の間《あいだ》に急速《きゅうそく》に浸透《しんとう》、これに恐《おそ》れをなした政府《せいふ》は一八六四（元治《げんじ》元《がん》）年《ねん》、崔済愚《さいせいぐ》を処刑《しょけい》して厳《きび》しい弾圧《だんあつ》を加《くわ》えたが、第《だい》二代教主《だいきょうしゅ》・崔時亨《さいじこう》（＝1898年逮捕処刑される。）は、南部朝鮮《なんぶちょうせん》一帯《たい》に教線《きょうせん》の拡大《かくだい》をはかり、教祖《きょうそ》の免罪《えんざい》を晴《は》らす東学《とうがく》の合《ごう》法化運動《ほうかうんどう》を展開《てんかい》、この動《うご》きは、従来《じゅうらい》の散発的《さんぱつてき》な農民反乱《のうみんはんらん》を統合《とうごう》する指導原理《しどうげんり》として東学《とうがく》を浮上《ふじょう》せしめ、九四年《ねん》の愛国的反乱《あいこくてきはんらん》（「甲午農民戦争《こうごのうみんせんそう》」（＝1894（明治27）年（甲午）朝鮮で起きた農民の内乱。関与者に東学の信者がいたことから「東学党の乱」とも呼ばれる。なお、大韓民国では東学農民運動や東学農民革命と呼ばれている。当初は非戦論的な立場を取っていたが、日本軍の干渉後は教主として農民戦争に参加せざるをえなくなった。この戦争の処理を巡って、大日本帝国と清国の対立が激化し、日清戦争に発展する。）へと突入《とつにゅう》する歴史的過程《れきしてきかてい》に深《ふか》く関与《かんよ》することになる。

○

農民軍《のうみんぐん》の敗北《はいぼく》により、大弾圧《だいだんあつ》をうける中《なか》、幹部《かんぶ》の李容九《りようきゅう》は親日分派《しんにちぶんぱ》の「一進会《しんかい》」を結《けつ》成《せい》するが、第《だい》三代教主《だいきょうしゅ》・宋秉駿《そうへいしゅん》は道統護持《どうとうごじ》の立場《たちば》から李容九《りようきゅう》一派《ぱ》を除名《じょめい》、一九〇五年東《ねんとう》学《がく》の正統《せいとう》を継《つ》ぐ教団《きょうだん》として天道教《てんどうきょう》を宣布《せんぷ》、一九一九年《ねん》に「三一独立運動《さんいちどくりつうんどう》」（＝大正8年3月1日、京城（ソウル）で起った朝鮮民族の反日独立運動。朝鮮独立万歳を叫んで市内をデモ行進したので万歳事件ともいう。運動は次第に全国に波及し、参加者は二百万に達した。朝鮮総督府はきびしい弾圧を加えたという。）に大《おお》きな役割《やくわり》を果《はた》す。韓国《かんこく》の近現代史《きんげんだいし》は、このようなラディカルな霊的運動《れいてきうんどう》の直接的歴史介入《ちょくせつてきれきしかいにゅう》という点《てん》でもあらためて照射《しょうしゃ》されるべきものがあるといえよう」

なお、東学《とうがく》の思想《しそう》は、韓国《かんこく》の国民的詩人《こくみんてきしじん》・金芝河《キムジハ》（＝韓国の詩人・思想家。李承晩政権を倒した4月革命に参加し、以降学生運動を主導した。1970年には長編譚詩（たんし）「五賊」を発表し、反共法違反により投獄される。釈放後も民主化闘争に参加するなど、詩作以外にも活動を広げる。）が一九八九（昭和64）年《ねん》以来《いらい》展開《てんかい》しているハンサルリム運動《うんどう》の中《なか》でも、中心的思想《ちゅうしんてきしそう》として活《い》かされている。（『ソンベ』第6号高橋巖発行　1990年《ねん》に「ハンサムリム宣言」の全文《ぜんぶん》が紹介《しょうかい》されている）

## （二）普《ふ》天《てん》教《きょう》

『霊界物語《れいかいものがたり》』「特別篇《とくべつへん》」第《だい》四章「微燈《びとう》の影《かげ》」に、普天教教主《ふてんきょうきょうしゅ》と会談《かいだん》してきた側近《そっきん》の松村《まつむら》真澄《まさずみ》の報告《ほうこく》を次《つぎ》のように記《しる》している。

（普天教《ふてんきょう》と大本《おおもと》との交流《こうりゅう》については、『大本教学《おおもときょうがく》』17号《ごう》172頁参照《さんしょう》。）

朝鮮普天教《ちょうせんふてんきょう》の幹部《かんぶ》金勝玟氏《きんしょうぶんし》が、大本《おおもと》を訪《おとず》れたのは大正《たいしょう》十三（1924）年《ねん》九月《がつ》三日《か》であった。普天教《ふてんきょう》は、朝鮮慶尚南道井邑郡《ちょうせんキョンサンナムドチョンウプぐん》に本部《ほんぶ》を有《ゆう》する新《あたら》しい宗教団体《しゅうきょうだんたい》であるが、金勝玟氏《きんしょうぶんし》の参綾《さんりょう》以来《いらい》、大本《おおもと》との関係《かんけい》ができ、松村真澄《まつむらまさずみ》、安藤唯夫《あんどうただお》の両氏《りょうし》が先方《せんぽう》に派遣《はけん》され、金氏《きんし》は再三《さいさん》記者《きしゃ》として大本《おおもと》に来《き》て提携《ていけい》が成立《せいりつ》していた。

普天教《ふてんきょう》では信徒《しんと》六百万人《にん》を網羅《もうら》し、東亜平和《とうあへいわ》の主旨《しゅし》の下《もと》に同教幹部《どうきょうかんぶ》が主《しゅ》となり時局大同団《じきょくだいどうだん》が組織《そしき》され、「日鮮融和《にっせんゆうわ》」のため積極的《せっきょくてき》に活動《かつどう》を始《はじ》めることになり、従来《じゅうらい》の沈黙《ちんもく》を破《やぶ》り全鮮《ぜんせん》に向《むか》い大宣伝《だいせんでん》をなすことになった。

○

大正《たいしょう》十四年《ねん》五月《がつ》二十九日《にち》、朝鮮普天教幹部《ちょうせんふてんきょうかんぶ》・金炯郁、崔宗鎬、金勝玟《きんしょうぶん》の三氏《し》が、大国《おおくに》宣伝使《せんでんし》と共《とも》に参綾《さんりょう》した。

金炯郁氏《し》は普天教最高幹部《ふてんきょうさいこうかんぶ》四柱《はしら》の一人《ひとり》で役名《やくめい》は「西交」といい、外交監督《がいこうかんとく》にあたっている人《ひと》である。

教主《きょうしゅ》は従来世《じゅうらいよ》にかくれて居《お》られたが神勅《しんちょく》により今年中《ことしじゅう》に出世《しゅっせ》する旨《むね》を宣旨《せんじ》し、それについて本部所在地《ほんぶしょざいち》、金羅北道井邑郡《ぜんらほくどうチョンウプぐん》笠岩面大里に三千坪《つぼ》の敷地《しきち》に神殿《しんでん》、総正院《そうせいいん》、教主殿《きょうしゅでん》、内政院《ないせいいん》、仙化院《せんかいん》などの諸殿堂《しょでんどう》を建設《けんせつ》することになり、その第《だい》一期工事《きこうじ》の経費《けいひ》だけでも六十万円《えん》を要《よう》する大規模《だいきぼ》の工事《こうじ》で目下《もっか》すでに材料《ざいりょう》の四分《ぶん》の一は搬入《はんにゅう》ずみとなっていた。

同教《どうきょう》六百万の信徒《しんと》はすべてを神《かみ》に捧《ささ》げて神業《しんぎょう》に奉仕《ほうし》し、相互扶助《そうごふじょ》し和合《わごう》一致御用《ちごよう》を楽《たの》しむ天国的団体《てんごくてきだんたい》を形成《けいせい》し、孜々《しし》として神業《しんぎょう》の完成《かんせい》に務《つと》めていた。

甑山大法師《そざんだいほうし》の上天後今日《じょうてんごこんにち》にいたるもいまだ正式《せいしき》に葬祭典《そうさいてん》が執《と》り行《おこな》われていないので、今年中《ことしじゅう》教主《きょうしゅ》の出世《しゅっせ》の祭典《さいてん》とともに盛大《せいだい》に行《おこな》われることになり、同教《どうきょう》はこの教主《きょうしゅ》の出世《しゅっせ》によっていよいよ表面《ひょうめん》に立《た》ちて活躍《かつやく》することになっていた。

従来《じゅうらい》、官憲《かんけん》からは「普天教《ふてんきょう》は朝鮮独立陰謀団体《ちょうせんどくりついんぼうだんたい》」なるかの如《ごと》く誤解《ごかい》されていたが、近来右《らいみぎ》の誤解《ごかい》は解《と》けて来《き》た。

なお、同教《どうきょう》にては時局大同団《じきょくだいどうだん》を組織《そしき》し、全鮮《ぜんせん》にわたり、「日鮮融和運動《にっせんゆうわうんどう》」を開始《かいし》しているが、この運動《うんどう》は、同教《どうきょう》の教義《きょうぎ》である「一心相生《いっしんそうしょう》、去病解怨《きょびょうかいえん》」の精神《せいしん》を実行《じっこう》に移《うつ》したのであって、日本《にほん》は朝鮮《ちょうせん》を植民地《しょくみんち》として軽蔑《けいべつ》し、朝鮮人《ちょうせんじん》は日本人《にほんじん》に怨《うら》みを持《も》っているが、同教《どうきょう》の教義《きょうぎ》にしたがい、万民《ばんみん》は一心《いっしん》であり、相生《そうしょう》、即《すなわ》ち共存共栄《きょうぞんきょうえい》し、解怨《かいえん》するが本来《ほんらい》の宗教的立場《しゅうきょうてきたちば》にあることを主張《しゅちょう》するもので、これは独《ひと》り日鮮融和《にっせんゆうわ》のみが終局《しゅうきょく》の目的《もくてき》でなく、東洋人《とうようじん》に次《つ》いで世界人類《せかいじんるい》の融和《ゆうわ》を宗教的《しゅうきょうてき》になすもので、現在《げんざい》の「日鮮融和運動《にっせんゆうわうんどう》」はその第一歩《だいぽ》を踏《ふ》み出《だ》したものであった。他《た》の日鮮融和運動《にっせんゆうわうんどう》とはその趣《おもむき》を異《こと》にせるものであることはいうまでもない。

しかしこの運動《うんどう》を開始《かいし》するや、大々的《だいだいてき》の反対運動《はんたいうんどう》がおこった。それは朝鮮《ちょうせん》の思想団体《しそうだんたい》、キリスト教徒《きょうと》などである。

本年《ほんねん》の三月《がつ》三日《か》、釜山青年会《ふざんせいねんかい》の首謀《しゅぼう》にて市民大会《しみんたいかい》を催《もよお》し、その足《あし》で約《やく》八千名位《めいくらい》の大衆《たいしゅう》は、普天教釜山正教部《ふてんきょうふざんせいきょうぶ》を襲《おそ》い、「普天教《ふてんきょう》は親日派《しんにちは》なればわれわれの仇敵《きゅうてき》である」とて、乱暴《らんぼう》にも聖殿《せいでん》を破壊《はかい》し、器具《きぐ》を毀《こぼ》ち、投石《とうせき》をなし遂《つい》に当日参拝《とうじつさんぱい》せる六十二名《めい》の内《うち》五十八名《めい》は殴打《おうだ》、あるいは投石《とうせき》のため重軽傷《じゅうけいしょう》を受《う》けたことは、当時《とうじ》の新聞紙《しんぶんし》に報道《ほうどう》された通《とお》りで、普天教《ふてんきょう》は右様《みぎよう》の如《ごと》き悲痛極《ひつうきわ》まる迫害《はくがい》をも甘受《かんじゅ》して教《おしえ》のために活躍《かつやく》していたのである。

因《ちなみ》に金氏《きんし》等《ら》は参拝《さんぱい》もおえ、三代教主《だいきょうしゅ》、うちまる氏《し》、中野岩太氏《なかのいわたし》、大国以都雄氏《おおくにいつおし》とともに記念撮影《きねんさつえい》をなし、即日午後《そくじつごご》七時《じ》五十分発《ぷんはつ》の列車《れっしゃ》で帰途《きと》についた。

その後《ご》、金勝玟氏《きんしようぶんし》は両《りょう》三回大本《かいおおもと》を訪《おとず》れているが、大正《たいしょう》十五年《ねん》八月《がつ》十二日《にち》、普天教《ふてんきょう》の崇礼士、尹張守両氏《りょうし》が要件《ようけん》を帯《お》びて来訪《らいほう》し、二代教主《だいきょうしゅ》宇知丸氏《うちまるし》らに面接《めんせつ》して普天教《ふてんきょう》の近況《きんきょう》を報告《ほうこく》し、また神苑内各神社《しんえんないかくじんじゃ》および天王平奥津城《てんのうだいらおくつき》に参拝《さんぱい》した。十五日《にち》尹張守氏《し》は亀岡《かめおか》の大祥殿《だいしょうでん》において講演《こうえん》をなし、ひきつづき天恩郷《てんおんきょう》に滞在《たいざい》して二十日退郷《かたいきょう》した。

大本《おおもと》と普天教《ふてんきょう》とは関係《かんけい》があったのであるが、朝鮮総督《ちょうせんそうとく》から圧迫《あっぱく》をうけるために、普天《ふてん》教《きょう》の記事《きじ》は大本《おおもと》の新聞雑誌《しんぶんざっし》に掲載《けいさい》せぬようにしてもらいたいという普天教《ふてんきょう》からの要望《ようぼう》があり、それ以来同教《いらいどうきょう》に関《かん》する記事《きじ》は載《の》せなかった。

| 年 | 月 | 日 | |
|---|---|---|---|
| 大正11 | 秋 | | 金勝玟来苑《きんしょうぶんらいえん》 |
| 12 | 12 | 19 | 松村真澄《まつむらまさずみ》、安藤唯夫《あんどうただお》両人朝鮮普天教へ　同教主車潤洪と会談。提携なる |
| 13 | 9 | 3 | 金勝玟来綾 |
| | 11 | 29 | 〃 |
| 14 | 5 | 24 | 〃　金烔郁両氏来訪 |
| | 7 | 13 | 金烔郁他一名参綾 |
| | 7 | 20 | 森良仁《もりりょうじん》　金烔郁と共に渡鮮 |
| 15 | 8 | 15 | 普天教の尹張守、大祥殿にて普天教教義の講演をなす |

**文献（『神の国』から）**

雑誌「神の国」　大正14・1・25　99頁
「普天教について」　〃　14・3・25　68頁
「普天教近情」　〃　14・6・10　76頁

## (三) 教祖《きょうそ》姜甑山《カンチンサン》(かんそざん)(1871〜1910)

近代韓国《きんだいかんこく》の民衆宗教《みんしゅうしゅうきょう》の系譜《けいふ》は、主《しゅ》として東学系《とうがくけい》と甑山教《そざんきょう》(吽口多数　フンチ)系《けい》の二流《りゅう》に分類《ぶんるい》されるが、その一方《いっぽう》である甑山教系《そざんきょうけい》の開祖《かいそ》、全羅北道《チョルラブクト》の井邑郡《チョンウプぐん》の出身《しゅっしん》。幼小《ようしょう》にして、異能《いのう》の才《さい》を現《あらわ》し、一八九四年《ねん》の東学《とうがく》の一斉蜂起《せいほうき》に際《さい》しては、反乱《はんらん》の挫折《ざせつ》を予言《よげん》、一九〇一年《ねん》、全州《チョンジュ》の母岳山大願寺《モアクサンだいがんじ》に参籠中《さんろうちゅう》、豁然《かつぜん》として天地《てんち》の大道《だいどう》を悟得《ごとく》し、仙道《せんどう》(=仙人の方術。仙術。)、風水《ふうすい》、五行《ごぎょう》、易学《えきがく》、仏教《ぶっきょう》などの秘教的統合《ひきょうてきとうごう》をめざした。

霊的治病《れいてきちびょう》によって民衆《みんしゅう》の人望《じんぼう》を得《え》るとともに、自《みずか》らの霊的《れいてき》イメージを雲《くも》の形《かたち》に投影《とうえい》するなどさまざまな奇蹟現象《きせきげんしょう》を起《おこ》し、来《きた》るべきユートピア「後天仙境《こうてんせんきょう》」においては、天地《てんち》の運行《うんこう》が正《ただ》され、地上《ちじょう》よりあらゆる病《やまい》が消滅《しょうめつ》、人《ひと》はすべて神人《しんじん》となるとし、各地《かくち》を歴訪《れきほう》して「天地公事《てんちくじ》」と称《しょう》する霊的儀式《れいてきぎしき》を行《おこな》い、「後天仙境《こうてんせんきょう》」の到来《とうらい》を準備《じゅんび》した。甑山《そざん》によれば、現代《げんだい》はいまなお「天地開闢時代《てんちかいびゃくじだい》」に属《ぞく》し、「天地仙境《てんちせんきょう》」の到来《とうらい》によって、はじめて天地創造《てんちそうぞう》の神業《しんぎょう》が完成《かんせい》するとし、祖国《そこく》をとりまく国際的《こくさいてき》な政治的力学《せいじてきりきがく》の現実《げんじつ》に対《たい》しては、その象徴的対抗勢力《しょうちょうてきたいこうせいりょく》としてみずからを位置《いち》ずけ、日本《にほん》の韓国支配《かんこくしはい》とその没落《ぼつらく》をも予見《よけん》、みずからは金山寺《クムサンサ》（＝百済時代の599年に、金堤（キムジエ）市母岳山（モアッサン）の麓に、建立された。）の弥勒仏《みろくぶつ》となって再生《さいせい》すると予言《よげん》し、短《みじか》くはあるが、その驚異《きょうい》にみちた三九年《ねん》の生涯《しょうがい》を閉《と》じた。

（『丹』52頁註釈　武田崇元記）

○

またこの甑山教《そざんきょう》について、宮田登著《みやたのぼるちょ》『ミロク信仰《しんこう》の研究《けんきゅう》』（未来社　1975年）に、韓国《かんこく》の新宗教《しんしゅうきょう》とみろく信仰《しんこう》の関係《かんけい》でとりあげている。その第八章《だいしょう》「ミロクの世《よ》」の構造《こうぞう》、第五節《だいせつ》「先天《せんてん》の世界《せかい》と後天《こうてん》の世界《せかい》」の一部《ぶ》を転載《てんさい》する。

## 「先天の世と後天の世」

さて最後《さいご》の問題《もんだい》としてあげたいのは、朝鮮《ちょうせん》の新宗教《しんしゅうきょう》とミロク信仰《しんこう》との関連《かんれん》である。とくに韓国《かんこく》に展開《てんかい》した新宗教《しんしゅうきょう》の研究《けんきゅう》は近年《きんねん》全北大学《チョンブクだいがっ》の李康《りこう》五の手《て》によって詳細《しょうさい》にまとめられつつあり、最新《さいしん》のデータも提出《ていしゅつ》されている。小論《しょうろん》ではそれをくわしく論《ろん》じる余裕《よゆう》はないので別稿《べっこう》に譲《ゆず》ることにするが、新興宗教《しんこうしゅうきょう》の思想的軸《しそうてきじく》としては、後天開闢《こうてんかいびゃく》の観念《かんねん》と新都建《しんとけん》設運動《せつうんどう》が二大支柱《だいしちゅう》として存《そん》するものと思《おも》われる。後天開闢《こうてんかいびゃく》は、先天《せんてん》の世《よ》をうけて後天《こうてん》の世《よ》が実現《じつげん》するという考《かんが》えであり、その内容《ないよう》は複雑《ふくざつ》な中国《ちゅうごく》の易姓革命《えきせいかくめい》（＝中国古来の政治思想。天子は天命を受けて天下を治めるが、もしその家（姓）に不徳の者が出れば、別の有徳者が天命を受けて新しい王朝を開くという中華思想のこと。）、正造末《しょうぞうまつ》の末法思想《まっぽうしそう》、陰陽五行説《おんみょうぎょうせつ》などの複合化《ふくごうか》したものと考《かんが》えられている。筆者自身《ひっしゃじしん》は先天《せんてん》の世《よ》、後天《こうてん》の世《よ》の変革観《へんかくかん》は朝鮮《ちょうせん》民族《みんぞく》の伝統的思想《でんとうてきしそう》を基軸《きじく》としたものと考《かんが》えるが、そのことは後《あと》で触《ふ》れたい。

現在《げんざい》が先天《せんてん》の世《よ》の末《すえ》であり、やがて後天《こうてん》の世《よ》になるという思考《しこう》の型《かた》は、多《おお》くの新興宗《しんこうしゅう》教《きょう》が当然整理《とうぜんせいり》の上《うえ》で積極的《せっきょくてき》に取《と》り入《い》れている。朝鮮《ちょうせん》の新宗教《しんしゅうきょう》として著名《ちょめい》な東学党《とうがくとう》の後《のち》に出《で》た甑山教《そざんきょう》（別名《べつめい》吽哆教）も教祖姜一淳《きょうそカンイルスン》の考案《こうあん》した天地公事《てんちくじ》の計画《けいかく》の中《なか》で、先天《せんてん》↓後天《こうてん》のプログラムが作《つく》られている。それによると、現代《げんだい》は先天《せんてん》六万年《ねん》が終《お》わり、後天《こうてん》六万年《ねん》に移行《いこう》する過渡期時点《かときじてん》であり、先天《せんてん》の末世《まっせ》にあたる。ちょうどそれは二十世紀初《せいきはじ》めであり世界大《せかいたい》戦《せん》が迫《せま》るまでの諸事件《しょじけん》を後天《こうてん》の世出現《よしゅつげん》の前提《ぜんてい》とする。

例《たと》えばヨーロッパ人《じん》の野心《やしん》が拡大《かくだい》するのに対《たい》し、それを押《お》さえるための役事《やくじ》（役割《やくわり》）を日本《にほん》に担当《たんとう》させたこと、中国《ちゅうごく》・朝鮮《ちょうせん》を侵略《しんりゃく》するロシアを押《お》さえるために日露戦争《にちろせんそう》を起《お》こさせ、甑山《そざん》が東南風《いなさ》を吹《ふ》かせてロシアを敗戦《はいせん》させた。朝鮮《ちょうせん》は悪政《あくせい》の積重《つみかさ》ねで能力《のうりょく》が弱《よわ》まっていたから、日本《にほん》に一時《じ》だけ役事《やくじ》をまかせたが、その後何《のちなに》も持《も》たさせずに日本《にほん》を後退《こうたい》させて、朝鮮《ちょうせん》を上等国《じょうとうこく》に仕上《しあ》げてきた。そして世《よ》に至《いた》り後天仙界造化政府《こうてんせんかいぞうかせいふ》を組織《そしき》する予定《よてい》である。

○

さて後天世界《こうてんせかい》は次《つぎ》のように約束《やくそく》されている。天下《てんか》は統一《とういつ》され、衆生《しゅじょう》は教化《きょうか》される。階《かい》級性《きゅうせい》が消《き》え、官民《かんみん》の二階層《かいそう》となる。百姓《ひゃくしょう》は怨恨《えんこん》を失《な》くし、相克闘争《そうこくとうそう》もなくなる。貪《どん》・淫《いん》・瞋《しん》・痴《ち》がなくなり声音笑貌《せいおんしょうぼう》が満《み》ち溢《あふ》れ、人《ひと》は皆不老長生《みなふろうちょうせい》、貧富《ひんぷ》の差《さ》なく、衣食《いしょく》は豊《ゆたか》である。人《ひと》はまた雲車《うんしゃ》にのって、飛行《ひこう》できるようになる。人間《にんげん》の知恵《ちえ》が発達《はったつ》し、過去《かこ》・現《げん》在《ざい》・未来《みらい》を通達《つうたつ》できるようになる。水火風《すいかふう》の三つの災《わざわ》いがなく瑞気《ずいき》に満《み》ちる。火《ひ》を用《もち》いず御飯《ごはん》ができ、土《つち》に手《て》を触《ふ》れずして農業《のうぎょう》ができ、種子《しゅし》を一回蒔《かいま》けば毎年《まいとし》芽《め》が出《で》る。土《つち》が三尺《じゃく》三寸《すん》の深《ふか》さまで焼《や》けて肥田沃土《ひだよくど》となる。各家《かくいえ》ごとに灯台《とうだい》が一つずつ立《た》つことで、全《すべ》ての村《むら》が太陽《たいよう》のように明《あか》るくなる。機関車《きかんしゃ》のつかない汽車《きしゃ》が遠方《えんぽう》まで運行《うんこう》できる。ドアの把《と》手《て》、帽子《ぼうし》かけ、靴《くつ》が全《すべ》て黄金《おうごん》で作《つく》られる。正陰正陽《せいいんせいよう》となり、男女同権《なんにょどうけん》になる等々《などなど》があげられている。

先天《せんてん》↓後天《こうてん》において、陰《いん》が陽《よう》に勝《まさ》り、女《おんな》が男《おとこ》より優位《ゆうい》に立《た》つこともはっきりしている。後天《こうてん》の世《よ》が理想的《りそうてき》な世《よ》であることは明《あき》らかであり、その中味《なかみ》は文明《ぶんめい》の高度《こうど》な発達《はったつ》に即応《そくおう》したイメージが描《えが》かれていることも事実《じじつ》である。

甑山教《そざんきょう》の教祖《きょうそ》は一八七一～一九一〇年《ねん》の在生《ざいせい》でしかなかったが、弟子《でし》たちへの影響《えいきょう》はきわめて強《つよ》かった。

○

彼《かれ》は全羅北道井邑郡《チョルラブクトチョンウプぐん》梨坪面斗地里に生《うま》れ、二十一歳《さい》の時《とき》金堤郡《キムジェぐん》草処面内住坪鄭氏《ていし》と結婚《けっこん》、儒仏仙《ユルブソン》の諸家書《しょかしょ》と医卜《いぼく》、陰陽《おんみょう》、術数《じゅっすう》などを学《まな》んで、人々《ひとびと》から非凡人《ひぼんじん》と畏怖《いふ》されていた。その頃《ころ》、国《くに》は外敵《がいてき》の侵入《しんにゅう》で存亡《そんぼう》の時《とき》であり民生《みんせい》は塗炭《とたん》の最中《さいちゅう》であった。ちょうどキリスト教《きょう》が伝来《でんらい》し思想界《しそうかい》に大《おお》きな影響《えいきょう》を与《あた》えた。東学党《とうがくとう》は当時《とうじ》一大勢力《だいせいりょく》となっており、姜一淳《カンイルスン》も入信《にゅうしん》したがあきたらず自《みずか》ら大道《だいどう》を開《ひら》くことを決意《けつい》した。三十歳《さい》の頃《ころ》より道通工夫《どうつうくふう》という修業《しゅぎょう》にはげんだ。時《とき》には虎遁《ことん》（虎《とら》に変身《へんしん》）して、昼夜《ちゅうや》をわかたず山中《さんちゅう》を巡歴《じゅんれき》、大声《おおごえ》を発《はっ》したので狂人《きょうじん》と思《おも》われた。そうした過程《かてい》で、後天世界《こうてんせかい》を開闢《かいびゃく》する権能《けんのう》を得《え》たという。

○

次《つぎ》のような話《はなし》がある。修業《しゅぎょう》の最中世界《さいちゅうせかい》の救《すく》い主《ぬし》である九天上帝《てんじょうてい》に会《あ》ったところ、たまたまマテオリッチ（フランス人宣教師《じんせんきょうし》）が九天《てん》に昇《のぼ》ってきた。マテオリッチは世界《せかい》を救《すく》うため中国《ちゅうごく》へ下《くだ》って宣教《せんきょう》したところ意《い》のままにできなかったので、九天上帝《てんじょうてい》に世界《せかい》の危機《きき》を救《すく》うように願《ねが》いに来《き》たのだと述《の》べたという。姜一淳《カンイルスン》はそこから世界救済《せかいきゅうさい》のために下界《げかい》に下降《かこう》するが、最初《さいしょ》にエッフェル塔《とう》に下《くだ》った。そこで見渡《みわた》すと東洋《とうよう》が危《あぶ》ない。とくに朝《ちょう》鮮《せん》が危《あぶ》ないと分《わ》かったので、ふたたび飛翔《ひしょう》してくると、たまたま三十三尺《じゃく》に達《たつ》する弥勒《みろく》の石像《せきぞう》が目《め》についたので、そこへ依《よ》りつくことにした。

この弥勒《みろく》の石仏《せきぶつ》は現在全羅北道金提《げんざいチョルラブクトキムジエ》にある金山寺《クムサンサ》の弥勒仏《みろくぶつ》である。甑山教《そざんきょう》がミロク信仰《しんこう》を重《おも》んずるのは、教祖《きょうそ》がシャーマン性《せい》を発揮《はっき》していることからうかがえる。そのことはみずからの霊《れい》をして天空飛翔《てんくうひしょう》させたことでも明《あき》らかだが、そこで金山寺《クムサンサ》の弥勒仏《みろくぶつ》と接合《せつごう》した点《てん》は興味深《きょうみぶか》い。マテオリッチ云々《うんぬん》は彼《かれ》がキリスト教布教《きょうふきょう》とも関連《かんれん》したことをものがたる証拠《しょうこ》でもある。

姜一淳《カンイルスン》は生前《せいぜん》中弟子《ちゅうでし》たちに再生《さいせい》を約束《やくそく》したという。それは金山寺《クムサンサ》の弥勒仏《みろくぶつ》になるということであった。そして後天世界《こうてんせかい》が竜華世界《りゅうげせかい》であるとも言《い》った。竜華世界《りゅうげせかい》五万年《ねん》といい後《こう》天世界《てんせかい》と観念的《かんねんてき》には一致《ち》するものである。また、竜華世界《りゅうげせかい》・後天世界《こうてんせかい》になる際、全羅北道《チョルラブクト》群山《クンサン》より病気《びょうき》が広《ひろ》まり人類《じんるい》は全滅《ぜんめつ》するが、甑山教徒《そざんきょうと》のみ生《い》き残《のこ》る。そのための秘薬《ひやく》の作《つく》り方《かた》などを教《おし》えている。これらミロク信仰《しんこう》の中《なか》には終末観《しゅうまつかん》が明確《めいかく》に看取《かんしゅ》できるのが特徴《とくちょう》といえる。二つの世界《せかい》の交替《こうたい》が一つの世界《せかい》の破滅《はめつ》を前提《ぜんてい》に確立《かくりつ》しているのである。

○

教祖《きょうそ》の高弟《こうてい》の一人《ひとり》金亭烈は、金山寺《クムサンサ》ミロクを中心《ちゅうしん》に一派《ぱ》を開《ひら》き弥勒仏教《みろくぶつきょう》を称《しょう》した。これは姜一淳《カンイルスン》の言葉《ことば》に、自分《じぶん》は元来弥勒仏《がんらいみろくぶつ》であり、人生《じんせい》に還生《かんせい》して、五万年《ねん》の竜華世界運度《りゅうげせかいうんど》を行《おこな》うということに基《もと》づいて創唱《そうしょう》されたものである。一九一八年《ねん》に創始《そうし》された。姜一淳《カンイルスン》を「ミロク下生《げしょう》」の具体的《ぐたいてき》な姿《すがた》と信《しん》ずる者《もの》は多《おお》く、とくに仏教上《ぶつきょうじょう》の末法《まっぽう》の世《よ》と現在《げんざい》とが一致《ち》するものと思《おも》われた。彼《かれ》の説法《せっぽう》により、衆生《しゅじょう》は再度《さいど》され後天《こうてん》五万年《ねん》の竜華世界《りゅうげせかい》に入《はい》ると信《しん》じられた。金亭烈の場合《ばあい》は、金山寺住職《クムサンサじゅうしょく》をも引《ひ》きつけ、信者数約《しんじゃすうやく》五千名《めい》に達《たっ》したが、一九二〇（大正《たいしょう》9）年《ねん》に弾圧《だんあつ》され失墜《しっつい》した。

○

一九三二年《ねん》に金亭烈は死《し》に教勢《きょうせい》が衰《おとろ》えたが、ふたたび鄭虎杓の手《て》によって再興《さいこう》されている。鄭虎杓は一八九七年生《ねんうま》れ、全羅北道完州郡《チョルラブクトワンジュぐん》所陽の人《ひと》、金山寺《クムサンサ》の弥勒仏《みろくぶつ》の霊《れい》が自分《じぶん》に憑依《ひょうい》したとして信者《しんじゃ》を集《あつ》めた。とくに日本《にほん》を滅《ほろ》ぼすという「日亡無地《ひぼうむち》」を旗《はた》に記《しる》し、日本《にほん》の敗北《はいぼく》を予言《よげん》した。日本《にほん》が破《やぶ》れると後天世界《こうてんせかい》が明《あ》けるという考《かんが》えであり、当時《とうじ》の日本警察《にほんけいさつ》によってとらえられ、終戦《しゅうせん》と同時《どうじ》に釈放《しゃくほう》され全羅北道井邑郡《チョルラブクトチョンウプぐん》泰仁面に教堂《きょうどう》を建《た》てた。とくに予言《よげん》が的中《てきちゅう》したというので信者《しんじゃ》は増加《ぞうか》した。一九五五（昭和《しょうわ》30）年《ねん》に死亡《しぼう》したが、それ以後《いご》は後継者争《こうけいしゃあらそ》いで教団《きょうだん》は分裂状態《ぶんれつじょうたい》にある。

○

◇なお、朝鮮総督府時代《ちょうせんそうとくふじだい》のものであるが、『朝鮮《ちょうせん》の類似宗教《るいじしゅうきょう》』（昭和10年9月10日刊行、朝鮮総督府調査資料四十二嘱託・村山智順著）に、東学系《とうがくけい》、フンチ系《けい》、仏教系《ぶっきょうけい》、崇神系《すじんけい》、儒教系《じゅきょうけい》の「類似宗教《るいじしゅうきょう》」の歴史《れきし》や教義《きょうぎ》、組織《そしき》などが一覧《らん》されている。

この『朝鮮《ちょうせん》の類似宗教《るいじしゅうきょう》』には、今回《こんかい》ご縁《えん》あって訪問《ほうもん》する「円仏教《えんぶっきょう》」も「仏教系類似《ぶっきょうけいるいじ》宗教《しゅうきょう》」の筆頭《ひっとう》にある「仏教研究会《ぶっきょうけんきゅうかい》」の後身《こうしん》である。

そこに「円仏教《えんぶっきょう》」についての説明に『朝鮮仏教史《ちょうせんぶっきょうし》』（鎌田茂雄１９８７年　東京大学出版会）がある。次章に、『円仏教経典《えんぶっきょうきょうてん》』の付録小冊子《ふろくしょうさつし》を掲載《けいさい》する。

---

**◆出口王仁三郎聖師と朝鮮独立の志士**

大正《たいしょう》の初《はじ》めごろと思《おも》われる、出口聖師《でぐちせいし》をかこみ、七八人《にん》の朝鮮服《ちょうせんふく》の人達《ひとたち》が、綾部《あやべ》の神《しん》苑《えん》でとった写真《しゃしん》を、奇異《きい》な思《おも》いで見《み》た私《わたし》は、第二次大本事件《だいじおおもとじけん》（昭和《しょうわ》10年《ねん》12月《がつ》8日《か》）の保《ほ》釈《しゃく》で出獄《しゅつごく》（昭和《しょうわ》17年《ねん》8月《がつ》7日《か》）されて間《ま》もない頃《ころ》の出口聖師《でぐちせいし》に、その云《い》われをお訪《たず》ねしたことがある。

「日韓合併《にっかんがっぺい》（日韓合併条約、明治43・１９１０年。）でやかましかったとき、民族自決《みんぞくじけつ》が正《ただ》しいことや、合併《がっぺい》は日韓《にっかん》お互《たが》いのために良《よ》うない、という主旨《しゅし》の文章《ぶんしょう》を新聞《しんぶん》に投書《とうしょ》したことがある。ところがえろう反響《はんきょう》があって、ひところ朝鮮独立《ちょうせんどくりつ》の志士《しし》たちが、よう綾部《あやべ》に訪《たず》ねて来《き》たことがあったのや」と、その時、聖師《せいし》はそうおっしゃられた。このことは資料《しりょう》が紛失《ふんしつ》したため『大本《おほもと》七十年史《ねんし》』には漏《も》れているが、『道《みち》の栞《しおり》』に「大和魂《やまとだましい》とは、平和《へいわ》、文明《ぶんめい》、自由《じゆう》、独立《どくりつ》、人権《じんけん》を破《やぶ》る者《もの》に向《む》って、あくまで戦《たたか》う精神《せいしん》をいうなり。無理非道《むりひどう》なる強《つよ》き悪魔《あくま》を倒《たお》して、弱《よわ》き者《もの》の人権《じんけん》を守《まも》る精神《せいしん》なり」と述《の》べていられるのに照《て》らしても、さもあったことと思《おも》われる。……

日本《にほん》のアジア諸民族《しょみんぞく》に対《たい》する優越感《ゆうえつかん》は、明治以来《めいじいらい》の欧米追従政策《おうべいついじゅうせいさく》の中《なか》で、欧米白人《おうべいはくじん》種《しゅ》に対《たい》する劣等感《れっとうかん》と裏《うら》はらに培《つちか》われた。富国強兵《ふこくきょうへい》を至上《しじょう》とする国策《こくさく》のもと、大陸《たいりく》への侵略政策《しんりゃくせいさく》は、近隣諸民族《きんりんしょみんぞく》を劣敗者《れっぱいしゃ》とさげすむ風潮《ふうちょう》を生《う》んだ。侵略政策《しんりゃくせいさく》にともなう権謀《けんぼう》術数《じゅつすう》は、李王朝《りおうちょう》の退廃《たいはい》に乗《じょう》じ、朝鮮《ちょうせん》の民意《みんい》を全《まった》く無視《むし》して、「日韓合併《にっかんがっぺい》」を強行《きょうこう》した。土地調査《とちちょうさ》の名目《めいもく》のもとに、農地《のうち》を奪《うば》われた多数《たすう》の農民《のうみん》は、食《く》わんがために海《うみ》を渡《わた》り、また戦時下《せんじか》の労働力不足《ろうどうりょくぶそく》を補《おぎな》うため、多《おお》くの壮丁《そうてい》（成年に達した男子。）が強制的《きょうせいてき》に鉱山《こうざん》や工場《こうじょう》に連行《れんこう》された。五十八万余《まんよ》の在日朝鮮民族《ざいにちちょうせんみんぞく》は三十六年《ねん》にわたる日本《にほん》の朝鮮統治《ちょうせんとうち》による犠牲者《ぎせいしゃ》として祖国《そこく》を離《はな》れ、偏見《へんけん》と差別《さべつ》のなかで日本《にほん》に住《す》みついているのである。

国《くに》の政策《せいさく》が人間《にんげん》の心情《しんじょう》に影響《えいきょう》することは、差別《さべつ》と偏見《へんけん》の歴史《れきし》をみれば明《あき》らかである。明《めい》治《じ》百年《ねん》（平成30年は150年。）、日本《にほん》はヨーロッパと肩《かた》を並《なら》べる先進国《せんしんこく》になったといわれている。おりから白人勢力《はくじんせいりょく》の退潮《たいちょう》著《いちじる》しいアジアにおいて、はたすべき平和的使命《へいわてきしめい》がありとすれば、近隣《きんりん》の諸民族《しょみんぞく》に対《たい》する優越感《ゆうえつかん》と偏見《へんけん》を育《そだ》てた日本近代史《にほんきんだいし》をさぐり、「大《やま》和魂《とだましい》」を明《あき》らかにしておかなければなるまい。

（『おほもと』昭和43年4月号「巻頭言」・斎司・出口新衛）

黄緑江
流す筏に
暢気なる
鮮人
煙草
吹かして下だる

黄緑江の筏

# 第十二章　円仏教について（円仏教事典依拠）

## 一、概観

円仏教は一九一六年（円紀元年・大正5年）三月二十六日（旧暦）少太山《ソテサン》、朴重彬《パクジュンビン》大《だい》宗師《そうし》が「一円相の真理」を大覚《だいかく》されたことに由因《ゆいん》して、創立された宗教である。

大宗師は、全羅南道《チョルラナムド》霊光《ヨングァン》郡《ぐん》白岫面吉竜里で、二十六歳の時宇宙の真理を悟り「真理的宗教」の信仰と「事実的道徳の訓練」を提唱した。しかして彼は「波瀾苦海の一切生霊を拡大無量な楽園に導く」ために、円仏教を開設したと「生典」に開教の動機を解明している。

円仏教の教名に対して鼎山宗師《ていざんそうし》は「円」を形而上的《けいじじょうてき》に説明すれば、言語と名相《めいしょう》が断絶された境地であって何をもってもこれを形容することはできない。しかし、形而下的《けいじかてき》には宇宙万有はこの「円」をもって表現されるので、これはすなわち万法の根源であると共に、また万法の実在である。故にこの世に存在するあらゆる教法は、例え色々表現を異にするだろうが、その実際においては「円」以外にはまた一つの方も存在しない、と。

また「仏はすなわち悟るということ」であり、または「心という意味」であって、円の真理がいかに円満で、万法をあげて、包容するといえども悟る心がなければこれは、ただ空虚な理論にすぎない。故に「円仏」の二字は、元来二でない一つの真理であって、相離れられない関係がある。（鼎山宗師法語経綸編第一章）と言った。それでは円仏教と、仏教との関係はいかがであろうか。

大宗師は大覚《だいかく》の後「釈迦牟尼仏《しゃかむにぶつ》は本当に聖人中の聖人である。」「わが淵源をみ仏に定める……仏法を主体として、完全無欠な大会上《だいえじょう》をこの世に建設しよう」という一句がある。（大宗経序品第二《たいそうきょうじょほん》）これにかんがみるに円仏教は仏教に淵源《えんげん》しているのを知ることができる。しかし、外面上目立つのは、象徴とする信仰の対象を異にし、教団の形成過程、運営方式、制度などが、既成仏教とは異なった組織を持つ教団であることを知ることができる。根本たる心理面においては、相通じているといえども、教理の部分的解釈においては、従来の制度をそのまま踏襲しようとしないのである。円仏教は、単なる仏教の改革にとどまらず、これを超越して現代宗教の新しい方向を提示したとみるべきであろう。

少太山《ソテサン》大宗師の提唱された革新の内容に時代化、生活化、大衆化に標準をおいている。時代化というのはいかなる時代に処しても、その時代相に相応してよく同和するようにしながらより高い次元に人びとを指導しうる法だということであり、生活化というのは生活の中から、直接仏法を会得して、仏法によって、生活することをいう。仏法は、すなわち生活の智慧を明らかにした教えだという意味である。集団的、全体主義で追い立てるのではなく、だれにも一様に生きがいを見いだしうるように教えるという意味である。

## 二、少太山宗師の求道

少太山《ソテサン》は法号であり、彼の本名は朴重彬《パクジュンビン》である。大宗師とは、教祖にささげた尊称である。大宗師は、一八九一年三月二十七日（旧暦）全羅南道霊光郡白岫面吉竜里永村で平凡な農民、朴晦傾氏の三男として生れた。彼は幼時から特異な点が多く、七歳の時にすでに宇宙の自然現象に疑問をおこし、九歳の時には人間万事にまで、大きな疑問をおこしたという。これらの疑いを解決しようとして、あるいは、山神に会えるように祈祷をささげたり、あるいは道士を訪ねまわったりしたこともあった。

しかし、目的を達せず、結局、自ら悟る外に道はないとあきらめ、祈祷と苦行を継続しながら十四、五年の年月を費やした。十五歳の時、梁氏（夏雲）を娶り世帯を持って、二男一女の父となったが、これという「生」の価値を見いだしえなかった。父母の庇護《ひご》の下にようやく生計をたてながら、求道《ぐどう》に専念するうちに、二十歳の時父を失うや、彼は最も深刻な心の衝動を受けた。ついに彼は「まさに、私の切なる願いをどうしようぞ、というただの一念に深くとどまってしまった。彼の求道的渇望は万事をうち忘れたまま昏沈状態に陥ることもあった。これから五年の歳月が流れた。隣りの人たちは彼を全く廃人扱いにした。彼が二十六歳の一九一六年三月二十六日（旧暦）の明け方、ふと、一念が明るくさえわたるとともに、全身が爽快になり、あらゆる疑問が次々と解けはじめた。これがまさに彼の大覚を成就した境地であった。

大宗師は大覚の心境を「万有は、一つの体性であり、万法は一つの根源である。この中に生滅のない道と因果報応のことわりが相もといとなって、まどらかな機《はずみ》をなしている」（大宗経序品第一章）と言われた。今までの彼の長い間の疑問が解かれ、智慧の眼をもって現世を観照した光景であった。彼が生れた一九〇〇年を前後した国内外の情勢は、日に日に急変してゆく時期であった。

また西洋人の到来を通じて天主教が導入され、国内の宗教状況はおびただしい変化をもたらし、伝統宗教との間には深刻な衝突をおこした。一九一〇年には、韓日合併事件がおきた。当時大宗師は、大覚を得た境地から宇宙自然の真理を明らかにされたのであるが、今後、将来する世界情勢に対応するには、何より人間の精神革命が急事であることを悟って、新しい道徳の確立を探索するに至った。彼は「物質は開闢《かいびゃく》される、精神を開闢しよう」という開教標語を掲げて、彼の出生地全羅南道霊光《チョルラナムドヨングァン》において精神的開闢の旗じるしをあげたのであった。

## 三、創　教

大宗師は円仏教を創立して教団を形成した過程を考察すれば、生れた郷里において道をなしとげ、まだ彼の創教理念を実現した場所も同じく郷里であった。

一九一七年（円紀2年）には郷里の同志を集めて貯蓄組合を組織し、「勤倹貯蓄《きんけん》」と「禁酒禁煙」を奨励して経済的基礎をたて、翌年三月には九人の弟子とともに自力で、十万余坪の干潟地防堰《ひがたじぼうえん》工事に着工、あらゆる苦難を克服して、一年目にいったん竣工した。これは隣近住民の生業《なりわい》の下ごしらえをしたようにもなり、一面、霊肉双全《そうぜん》（＝両方とも完全にそろっている。）の開拓精神をよびおこしたことになるので、近代韓国開拓史の嚆矢《こうし》だとも言えるであろう。

三・一運動がおこった一九一九年（円紀4年）、当時大宗師は民衆に公益の価値と奉公の精神を振作《しんさく》（＝盛んにすること。振興。）するため標準弟子九人に特別祈祷をささげるようにした。世界一家を目ざして、正気を涵養《かんよう》しようとする精神的働きであり、大同団結力を示すことでもあった。大宗師を団長に十人一団は祈祷三ケ月目に奇しくも血印誓天《けついんせいてん》の大聖事が生じたという。

三・一運動は外に向う抵抗であったとすれば、開拓事業に続く祈祷行事は対照になる重要な内的準備の一つでもあった。

一九二四年（円紀9年）、本部を今の全羅北道裡里市新竜洞（現円仏教中央本部）に移し、「仏教研究会」という臨時名称を揚げて荒蕪地《こうぶち》を開墾して、現在の六万余坪にわたる円仏教中央本部になるべき基礎をつくったのである。大宗師は当時集まって来た弟子たちをひきいて、制度された定期訓練法と常時訓練法によって人材を養成した。

昼間には農業部の一員となって開墾と建設に努力し、夜間には宗教と道徳に基づいて精神訓練を受けさせた。これがすなわち、彼が実現しようとする真理的宗教の信仰と事実的道徳の訓練であり、霊肉双全理事並行の実践であった。このような開拓精神と訓練方式は、勤勉で着実な指導者像の養成を目標としたのであった。

一九二六年には、一般の生活の儀式を改革するために新定儀礼準則を発表し、従来の儀式に対し革新の必要をひろく宣揚した。

一九三五年（円紀20年・昭和10年）産業機関として、薬社（普和堂）を開設して、教役者をして直接これを経営させた。これは将来の宗教は生産性のある自立経済の基礎を立てた宗教であらねばならないことを予示《よし》されたのであった。

一九四〇年には（円紀25年）全羅北道完州郡参礼村岫渓里に農場を新設して産業宗教の面目を新たにしたのであったが、今は農作、薬草園、果樹園、畜産、養蚕業などの大なる総合農場となっている。

彼は教団の事業目標を教化、教育、慈善に定め、衆生《しゅじょう》を導く大道の理念を活かして、創教当時の理念を固めたのである。

## 四、教　理

大宗師は、彼の悟った真理を「〇《えん》」をもって象徴し、不正不滅の真理と因果報応の真理は相共に基になっていると言われた。円仏教の教理はこの一円相の真理を最高宗旨とし、人生の要道《ようどう》として、四恩四要と、勤勉の要道として三学八条を開明している。一円相の真理はあらゆる存在を互いに可能にさせる大なる力の法則で形成されている。なくては生きられないこの力の関係を「恩」であると言われた。人間はこの大恩を自覚ししてつねに感謝し報恩するならば真理の威力を得るようになり、自身はいつも相生相和《そうしょうそうわ》の気を得るようになると言われた。この恩恵を「天地恩」「父母恩」「同胞恩」「法律恩」の四つに分けこの四恩に報いる道を解明したのが信仰門である。

これに対して、大宗師はまた、修業門を解明した。人間の本性は一円相のごとく円《まどや》かであって過誤がなく、かき乱されることもなく、愚かでもないというのである。しかし、その本来の心がさまざまな境界に引きずられて、欲心をおこすようになったので、ここで人間は本性を失うようになったとみるのである。ゆえに精神を修養し、事理《じり》（＝物事のすじみち。）を研究し、作業を取捨することによって間断なく修業に精進すれば、一円相のごとく円満で偽りのない真なる本来の心にもどり、その心をよく活用すれば無窮な恩恵と威力を得るようになるというのである。この道を解明されたのが修業門である。

また自力養成、智者本意、他子女教育、公道者崇拝の社会改革上四つの実践要目を「四要」と言い、四恩と四要を合わせて人生としてふみ行うべき要道として定めている。

修業門においてはさらに信《しん》・忿《ふん》・疑《ぎ》・誠《せい》の四つの条目を進行四カ条と言い、不信、貪欲、懶、愚四つの条目を捨損四カ条と称して、三学と八条を合わせて人生として必ず修練すべき勉強の要道と定めている。

以上の内容は円満具足であり、至公無私な法身仏一円相を信仰の対象にしようと言うことである。宇宙万有は、天地、父母、同胞、法律の四恩をもって連結されているので、人間は寸時もこの恩恵から離れられないことを悟って（処処仏像《しょしょぶつぞう》、事事仏供《じじぶく》）つねに感謝に生きるようにし、また敬いおそれる心をもって、世間万事を処理してゆこうとするのである。しかし他人に依頼する心を捨てて自力を養うようにし、あらゆる不自然な階級を打破して、ただ智慧のある者を先導者として、だれでもみな智者になりうるようにつとめ、力の及ぶ限り自他を超えて他人の子女をも教育するようにし、何よりも公益心をもって働き、公道者を崇拝しようというのである。また一方においては、円満具足であり、至公無私な法身仏一円相を修業の標本として、いつ、どこでも、禅を修める心がけで（無時禅、無処禅）修養・研究・取捨の三大力を養成し、信《しん》・忿《ふん》・疑《ぎ》・誠《せい》をもって精進し、不信、貪欲、懶《ものぐさ》、愚を除去しようというのである。結局、このような信仰と修行を通じてついに円満具足であり至公無私な法身仏一円相と契合して、自ら成仏し、進んでは衆生を済度し済生医世《さいせいいよ》の誓願を達成しようとするのである。

## 五、活　動

大宗師は、彼の制定した教理に立脚して弟子たちを訓練させた。彼は、精神と物質を並進する円満な道徳文明を建設しようとした。しかし、大宗師の生涯は時局がすこぶる不安な時代であった。大宗師は救世の精神で世界の大勢を考察しながら、万難の中に発刊された正典（今の正典と仏祖要経《ぶっそようきょう》の合本）によって弟子たちを訓練し、人間の精神革命に尽力されるうち、一九四三年六月一日（円紀28年・昭和18年）解放二年を前にして五十三歳で世を去られた。

直後、「仏法研究会」では鼎山宗奎法師《ていざんそうけいほうし》として推戴《すいたい》した。ちょうど日帝末葉《にっていまつよう》の戦時下であったので、朝鮮人団体に対する苛酷な弾圧を受けながら鼎山宗法師は解放を迎えた。一九四五年（円紀30年）解放とともに鼎山宗師《ていざんそうし》は、臨時的名称であった「仏教研究会」の看板を下ろしてすでに内定してあった「円仏教」の教名を宣布した。鼎山宗法師は戦災同胞救護事業、教育事業、建国事業（ハングル普及）を大目標と定め、これの実践に努力した。ここにおいて円仏教では、ソウル、裡里《イリ》、全州《チョンジュ》、釜山地方に救護所を設置して、海外から帰国する同胞の案内、給食、防疫および治療に力を尽した。

一方では親戚、家族を失ってさまようよるべのない同胞たちを保護した。また今の「ソウル」徳成女学校の場所に学兵帰国者を集めて建国のための思想講演会も催した。鼎山宗法師の領導するこの宗団は教育立国を前提として「唯一学林」（円光《ウォングァン》大学校前身）を設立して難民地教育から脱皮するよう英才たちに自主性ある教育を施した。とくに失った国語教育の急なることを認めて、各地方の文盲退治運動の先頭に立たせた。われわれにめぐまれた解放とはいえ、人的物的に極度に貧困であり、すべてが混乱きわまる時局であった。この時期に当って鼎山宗師《ていざんそうし》は、宗教指導者としての立場から「建国論」を執筆した。「建国論」の中に政局指導の大意を述べ、これを実践するようにさせ、各方面に教化を施した。

しかし、宋鼎山は少太山大宗師の「大世界主義」にのっとり、まず、これを韓国から実践しようとする抱負であったために、おいおい政局が安定され政府が樹立されるにつれて、円仏教教団の方向目標を教化、教育、慈善の三方面にわたって再整備した。それでは鼎山宗法師の統率以後の円仏教は社会面、文化面にいかなる事業をなしたか。その重要事業だけをあげてみれば、まず教育事業においては、一九五一年（円紀36年）六・二五動乱直後に、従前の唯一学林専門部を円光大学に改編し、唯一学林中等部を男女別に、円光中・高等学校、円光女子中・高等学校に分離設立して認可を得た。

一九五三年（円紀38年）東山禅院を開設して、教団の将来をになうべき人材の訓練を行った。社会事業機関としては、一九四五年「ソウル」に孤児院を設立し、一九五〇年にはまた、本部構内に療養院と東華病院を、一九五三年には裡里に孤児院を設立した。文化活動としては一九五一年に出版と印刷施設をかねた円光社を発足させ、文化事業の一翼を担当した、円仏教の機関誌「円光」がここで発刊され、その他、教材および教養書籍を刊行することによって、円仏教文化活動の揺籃《ようらん》となった。

一九五五年には、裡里市内に臨時かん缶詰工場（三昌公社）を設立して、地方都市の労働者たちに職場を提供した。同年円仏教の発祥地たる霊光《ヨングァン》に、二次防堰工事に着手し、農耕地を拡張した。一九五八年（円紀43年）教書編集機関として、正化社を設立した。

とくに鼎山宗法師は一生を通じて、この教団の基礎をかためた事業の中で、最も偉大な事業として評価されるべき事業は、少太山大宗師の思想と、抱負と、経綸を集大成した教書の編述であった。これは韓国の現代精神史においても実に高く評価されるべき文化事業であろう。編述された重要教書としては改訂版「正典」「大宗経《たいそうきょう》」「仏祖要経」「礼典」「聖歌」などである。

鼎山宗法師は一九六二年（円紀47年）一月二十二日偈頌《げじゅ》（＝仏徳を讃嘆し教理、真理を述べたもの。）として**「同源道理《どうげんどうり》」「同気連契《どうきれんけい》」「同拓事業《どうたくじぎょう》」**の三同論理の伝授を最後に、享年六十三歳で世を去った。同年二月、鼎山宗法師の宗統を大山金大挙法師が継承して宗法師に就任した。大山宗法師は教祖の根本的精神と鼎山宗法師の経綸を継承して、一九六三年（円紀48年）に開教半百年記念事業を発足させた。この事業が成就されるや大山宗法師は、今後の教団は内外的に充実した実力をそなえ、全世界に向って実践拡張することを強調しながら、先師《せんし》かたがたの志を受け継ぎ「真理は一つ、世界も一つ、人類は一つの家族、世界は一つの職場、開拓しよう一円世界」と、世界の一円化の思想を宣揚して、国内の多数教徒を集合して団合大会を催した。大山宗法師は教団の方向を内的には実力ある教団に（精神の自主力、肉体の自主力、経済の自活力)、外的には奉公する教団「出家奉公会、在家奉公会、国家《こっか》奉公会、世界奉公会」になるよう力説している。

## 六、特徴

円仏教は歴史的状況の下に一つの宗教として、若干の特徴を見いだすことができる。宗教的面でみれば

**第一**に、韓国から生れた宗教だという点である。仏教の「仏」を主体思想として、韓国において生まれた革新された宗教である。しかし、韓国で生まれた宗教だとはいえその内容が単に国家的宗教、民族的宗教として、局限されてはならない。

いかなる宗教でも、宗教がみな世界を指向してはいるが、その宗教たるやまず、自分が生れて生きて行く地域に発展的変化をもたらさない限り、その宗教は大衆化、生

活化されることはできないのである。この点において円仏教は韓国で生れたのであるが、静かなうちに変化を試図《しと》しながら人間の意識構造と人間の生活様式を転換させる、一つの革新的態度で進んで来た点である。

**第二**は、自他力並進の教理を提唱した点にある。大宗師は宇宙自然の道理を悟り、その悟りの内容を文字とか、言語を用いず一円相を図形で表現したのである。しかして円の象徴した真理の真諦を、自他力並進の信仰体系に形成したのである。自力信仰か他力信仰かの一方にかたよらず、これを調和させた点である。

**第三**は、仏法をもって教理体系を立て、これを主軸として時代化、生活化、大衆化させた点である。大宗師はほぼ二十年の求道《ぐどう》の結果、ついに、大覚を成就された。しかし、その成道《じょうどう》の過程とか出発点において、いかなる宗教の影響も受けなかった。ただ自身の悟りは仏陀の悟りに一致することをさとって、その一致した「法」を主軸として教化を施した。われわれは、まずその妙なる法に基づいて己の精神を明確に樹立すべく、その確率された精神に立脚して、己の身はすなわち仏であり、法堂であり、己の精神はすなわち仏であり、法になりうるという深い境地にまで進《すす》み入って、あい互いに交流し合い相克されることなく、和合する生活をするようにしたのである。

**第四**は、宗教論理を提示した点である。地域と空間を狭めた現代の状況において、宗教を信仰している人びとは横的に互いに兄弟愛の精神と、相互一致感をもつべきである。他の宗教を低く見なし自分の宗教だけが絶対的であるというような宗教倫理はこれからは止揚《しよう》されねばならない。宗教家と宗教指導者たちはまず、宗教を信じない人びとを誘導して縦的に自家宗教の教理を宣伝する前に他宗教とまたは他宗教の指導者たちと和解の倫理を提示せねばならない。

このような点から円仏教においては「三同倫理」という思想を提示した。

その**一つは同源道理**《どうげんどうり》で、すなわち宇宙万有の根本になる道理は、一つであるということである。

その**二つは同《どう》気《き》連契《れんけい》**で、気は一つに通じる。すなわち生命をもった存在は、すべて生き生きとした一つの気をもって相通じるということである。

その**三つは同拓事業**で、異なった各地域でどのような異なった仕事をするにせよ、目的は同一であるという信念で進むべきであるという倫理である。

これら「三同倫理」は、宗教は互いに同和しうるという可能性を最も適切に提示した点である。

○

また思想的面でも若干の特徴を見いだすことができる。

**第一**は、少太山大宗師は当時、存在哲学を提示した点である。この心理的存在を一円相をもって標榜したために一円哲学だとも言える。ここにおいて西洋人のような分析的態度からみる存在とはその存在概念を異にする。

大覚の境地からみたこの宇宙には、いきいきと躍動する気が充満しているのを発見した。しかして哲学的根拠を立てて新しい宗教としての方向を示した。それは一種の象徴的哲学であるとも言えよう。

**第二**は、報恩思想を提起した点である。恩を知り恩に報いねばならぬという当為的人間関係の倫理だけを言うのではない。この宇宙には無限な生命力があり、ここには基本的な原則がある。これが因果の法則である。大宗師は人間の自覚を通して「恩」の方向として、因果報を受け入れた。しかして具体的な生命哲学を提起したのである。まず、この宇宙には永久に死滅したものは一つもないという事実を自ら体験して、生命が因果のことわりによって存在するという事実を知るべきだというのである。

**第三**は、科学思想と道徳思想の一致である。大宗師は「物質は開闢される、精神を開闢しよう」という開教標語で、科学と道徳を一致させる理念を指導者たちに教えた。物質は科学文明を意味し、精神は道徳文明を意味する。道徳をもって軸として、科学を活用するように道徳と科学を併進させつつ社会になることを強調しているのである。

**第四**は、新たな歴史観を提示したのである。大宗師は「強者、弱者、進化上の要法」を提示した。強者と弱者がつねに敵対意識を持つとすれば、人間の歴史は進展されないということを説明している。

強者は強を永遠に維持しようとすれば、弱者をして強者になるようにつねに助けてやり、弱者は強者を先導者として学び、団結力を養い互いに団結して、指導力を形成するようにせよというのである。このようにする時こそ、その社会の強者は永遠の強者になり、弱者もおいおい強に進み均衡をとれるようになるというのである。このような面で、大宗師は平和的な歴史観を提示したと見なされる。

○

また一方、社会的に寄与する面からみれば

**第一**、大宗師は開拓精神を振るい起こした。貯蓄組合をはじめとして、教団創業の過程をたどってみれば個人、団体、社会を論せず自力更生の開拓精神を強調する経綸を見いだすことができる。

各自は、一円相の真理の下にその理念と恩恵を実現する媒介の役割を果しうるようにと強調している。

**第二**は、人間化の訓練である。訓練された人間が多くなればなるほど社会は進展する。大宗師は聡明であり、正義心に燃え、斬新な精神をもった人間になるように訓練させるため、経済面を伸張させながら教団の発展を図った。人材養成のために昼は働き、夜は修業につとめさせた。訓練された人の中から専務出身と名づけた教役者を輩出させた。

**第三**は、婦女子の生活革命である。

大宗師はその当時男尊女卑思想のため女子はろくに教育も受けられず、しばられた制度の中から信者たちを通じて果敢に、婦女子の教育と訓練をさせたのであった。訓練を受けた彼女らの中には、男子と同一な資格で、各教堂を担当する教役者として、活動している者もある。また既婚の婦女子には、ゆえなく依頼する寄生的生活を禁じ、社会と家庭の一員として、感謝一念で義務を履行しうるように訓練させた。また、男子と同様の教育を受けるように善院を設け、進んで高等教育機関も設立するようになったのである。

**第四**は、大宗師は民主化の先駆者だとみることができる。大宗師は教団を創立してから教団組織法を制定したが、その当時の文献をたどって見れば、民主主義の方式で構成されまた運営するようになっている。教法を伝えるのも、単伝でなければならない。男子首位団と女子首位団をともに組織して、民主主義方式によって総意に基づいて教団が運営されてゆくようにした。首位団員と宗法師の選出も選挙によるようにしたのであった。

**第五**は、礼法の改革である。大宗師は旧態の生活様式から脱皮できるように礼法を改正し、「礼典《れいてん》」を発刊した。形式にかたよらず、公益を主とする実質的制度を制定したのであった。しかして教役者が先導者となって、まず、一つ一つ実践することによっておいおいそれが市民化されるとき、その礼法の本意はあらわれ、それによって広く教化されるのである。結局、円仏教は他の宗教とは異なる若干の特徴が見いだされる。その特徴は宗教の本質を実現することによって、個人と、社会、国家、世界の教化上好影響が及ぼされるように体系化されたという点である。

## 七、円仏教とのご縁に思うこと

出口　三平

計画したあとで気づいたが、九月二十九日（平成5年）からの現地研修旅行は、韓国の五連休と重なっていた。しかも九月三十日は旧八月十五日、旧盆のこの日は韓国では正月元旦と並ぶ大事な日である。迂闊にもそんな日に円仏教の金杋坤《キムパルゴン》先生に「お話しを…」と頼みこんでいた。

その日は出口聖師が六十年前に『天祥地瑞』のご口述を開始された日であり、金先生のお話しを聞く頃は、仲秋の月光が公州の山河に細やかに降りそそいでいた。お盆で霊界も楽しそうな様子（と思った）。優しい雰囲気の夜だった。

現界の旅は、同時に霊界の旅である。金先生の愛娘・京善《キョンセン》さんやお友達の千先恵《センサンヘイ》さん達とのこの節分でのご縁に始まり、二月末には窪田英治さんや西山明さんと裡里《いり》の金先生宅にお世話になり、円仏教本部も訪問し、爽やかな渓流を遡って、今、満月に照らされ広がる静かな湖に出てきた、そんな感じであった。

金先生は、『神の国』に掲載されていた出口聖師のお歌を引用し、円仏教の教祖・少太山大宗師《しょうてさんだいそうし》が開示した世界と豊かに通いあうことから、話しを始めてゆかれた。

円仏教は一九一六年（大正5年）に、少太山・朴重彬《バクジュンビン》師《し》によって創唱開教された新宗教である。道院・紅卍字会やカオダイ教（＝ベトナム。）の開教も大正期であった。試練続きのアジアのために、神界から準備されたものであろう。

いただいた『円仏教教典』にある基本教義（一円相、四恩四要、三学、八カ条、四大綱領など）を、出口聖師の「教旨《きょうし》」、「三大学則」、「四大主義」、「四大綱領」などと合わせ読むと、神観、宇宙観、人生観と、相通う教えが多い。出口聖師の場合は、「三十五万年前の人類史」とか、「宇宙論」や「言霊論《ことたまろん》」、「霊界情報」に歌にダジャレと、祝祭的な要素も賑やかであるが、円仏教はまことに堅実な教風との印象だ。主なる神のもと、天地、父母、同胞、法律の四恩を感謝し、日常生活のただ中で、祈りと努力を積み上げて行く。信徒数百万を数える韓国有数の大教団であるが、本部聖域は質実で静穏だった。

出口聖師時代は、侍天教、普天教など、当時の朝鮮の宗教と交流提携があった。今回の韓国現地研修のためだけでなく、スサノオの霊性につながる韓国の精神世界への道程として、また日本のみに終わらない「愛善苑」の内面世界の広がりを求めて、韓国で今を生きている、それも韓国の大地で育った霊性の集団と関わりが持てるようにと、それだけは神さまに祈ってきた。

日本に生まれた私達には、日本という場所での、私達なりの役目がある。その最大の役目は、世界に平和な天国を建設することである。そのためには「対外的戦備」や「国家的領土の閉鎖」という有形的障壁の撤廃が求められるが、その大前提となるのが、無形の障壁である国民・人種間、特に宗教教団間のこだわりを取り除くことである

（霊界物語64巻上・5章）。

同じ主の神に愛され元気に生きている仲間達と出会い、地上天国建設という同じ目的に向かって兄弟姉妹のような交流を進めてゆくうちに、自ずから国家・人種・宗教・言語の障壁はクリアされてゆくものとおもう。

金杁坤先生は、円仏教の国際宗教協力委員会の副委員長であり、円仏教の精神を社会的に展開する「新しい生活運動」もこの春から開始されている。円光大学の哲学教授でもあり、知見も広い。長女は日本語を専攻され、次女の京善さんは音楽で父君の活動の手伝いをされている。いい先生に出会えたし、円仏教という韓国の大地に根ざす宗教との出会い

も果たせた。大きな喜びと力をいただいたが、さらにこの喜びを深めてゆきたいし、新たな出会いへの歩みにしてゆければと祈っている。

【余白歌】

997　大《だい》亜細亜《アジア》中《なか》の御国《みくに》の人《ひと》の祖《そ》は正哉吾勝《まさかあかつ》の神《かみ》に坐《ま》します

998　太平洋《たいへいやう》の南西島《なんせいしま》の人《ひと》の祖《そ》は天菩日神《あめのほひのかみ》の命《みこと》に坐《ま》すなり

999　欧州《おうしふ》の大民族《だいみんぞく》は天津彦根神《あまつひこねかみ》の御裔《みすえ》と定《さだ》められける

1000　阿弗利加《アフリカ》の民族《みんぞく》の祖《そ》は活津彦根神《いくつひこねかみ》の御裔《みすえ》と神定《かむさだ》めなる

1001　亜米利加《アメリカ》の民族《みんぞく》の祖《そ》は熊野樟日神《くまのくすびかみ》の御裔《みすえ》と定《さだ》められける

1002　天照皇大神《あまてらすすめおほかみ》の神言《みこと》もちて人《ひと》の祖先《そせん》を間配《まくば》り給《たま》へる

（注・余白歌の内容を証明するのは難しい。）（『朝嵐』みいづ舎刊）

# 第十三章　スサノオと牛頭山・研修会講和

## 白雲《しらも》から出雲《いづも》まで スサノオの歩いた道　金道允《きんどういん》

一九九三（平成5）年十月一日　加耶山山麓
海印寺ホテルにて

大加耶郷土史研究会会長
加耶文化研究会総務幹事
慶尚北道国際親善委員会
文化芸術文化委員長
高霊文化院理事
加耶文化研究室個人運営

十月一日、韓国は連休のため道路渋滞し、高霊への到着は三時間も遅れた。夕暮れ迫る加耶山麓を急ぎ、白雲地区高天原で、ようやくソシモリ山に礼拝。トップリ暮れた山道を海印寺ホテルに。夕食後、金道允先生に一時間とお願いしての講座であった。

スサノオゆかりのこの加耶の地は、日本史学界でも古代日本の淵源として昨今急速に関心が深まっている。私達にとっても、大加耶の地は、東アジアから中央アジアへと広がるスサノオの霊性に導かれる大きなステップの一つである。金道允先生は、大加耶郷土史研究会会長であり、ソシモリ山のある大加耶から日本への壮大な歴史の流れを、手にとるように分かりやすくお話下さいました。ここにその講座のほぼ全体を掲載させていただきます。

（出口三平）

この加耶山《かやさん》南麓一帯を白雲《しらも》と言いますが、この白雲《しらも》の地とスサノオゆかりの出雲の地は、深い関わりがあります。これからお話しますが、スサノオノミコトが白雲から出雲へ行かれたという、そういう歴史的背景があるからです。

まず、白雲もそこにありますこの大加耶の地と日本の交流についてお話を始めて行きたいと思います。

## （一）大加耶とはどういう国であったか

加耶国は、現在の韓国東南部の慶尚南道《けいしょうなんどう》、慶尚北道《けいしょうほくどう》といわれる慶尚道、そこを流れる洛《らく》東江《とうこう》流域に、紀元後四二年ころに成立した六つの国からなる地域でした。

今皆さまがおられるこの地は、六加耶の中の一国で、大加耶の地でした。私の住んでいる高霊《コリョン》はその大加耶の都です。紀元後四二年から五六二年まで、五二〇年間の都でした。

この大加耶の源流を遡りますと、加耶国は三韓の中では弁韓《べんかん》にあたりますが、その弁韓をさかのぼると弥烏邪馬国《みうやまこく》があって、その弥烏邪馬国を遡ると、紀元前三千五百年前に、満州の遼東半島にあった少昊国《しょうこうこく》という国にたどりつきます。そこが大加耶の源流です。ですから歴史は五千五百年前に遡るのです。こういう歴史的事実を書いた文献としては、中国『山海経《せんがいきょう》』、また『三国史記』、そして徐亮之台湾大学教授の書いた『中国史前史話』、あるいは一九七七年七月一六日の朝日新聞の記事にも少昊国について言及されています。

このような文献を見てゆくと、大加耶の源流である少昊国は、当時この地球上で一番優れた文化をもっていたといわれています。その主なものを述べて行くと、①彼らはこの地球上で最初に船を作った。②弓を作って狩猟をした。③養蚕と紡績をした。④無文土器を作った。⑤音楽を創作し、楽器を作った。⑥太陰暦法を作った。⑦石契《せっけい》文字を使用した。⑧鳳凰《ほうおう》の飾りを創作した。⑨優れた鉄文化をもっていた騎馬民族だった、など、注目すべき文化内容をもっていました。

このような少昊国の部族が、満州の方から南下する過程において、弥烏邪馬国、三韓の弁韓、大加耶、そして高霊というように、歴史がつながってきたのです。

加耶国を立てた加耶族は騎馬民族であり、その後、大加耶の優れた鉄の文化を持って九州あるいは出雲に渡り、弥生文化や日本建国の主体勢力になっていったわけです。

このような古い歴史と豊かな文化性をもつ大加耶国が、高霊を都として五百二十年間続いてきたわけです。

ここで皆さまに紹介したいのは、大加耶の建国神話です。

建国神話は、韓国だけでなく、日本でも『古事記』や『日本書紀』にもありますし、全世界に分布しています。歴史上の事実というよりも、部族や民族が伝えてきた伝承であり、そこに登場する人物が歴史的に実在したというわけではないのですが、しかし決してでたらめな作り話ではありません。古代人の生活体験に深く根ざしたイデオロギーですから、柔軟な目で正しく研究することが大事だと思っています。

この大加耶の建国神話は、時は紀元後四五年、場所は今みなさまがいらっしゃるこの加耶山、ソシモリ山一帯が舞台です。『新増東国輿地勝覧』という本がありますが、この本の第二十九巻「高霊県条」に記録されています。天神・夷毘訶《いびが》と加耶山神・正見母主との間に、二人の男の子が生まれました。兄は伊珍阿鼓《イジンアシ》で大加耶（高霊）の王となり、弟は悩窒青裔《ネジユリチユゲ》といって、金官加耶の王、つまり釜山空港のある金海《キメ》の加耶の王様になったという神話です。

ところで、この海印寺のある加耶山は、昔は大加耶の領土で、加耶山と呼ばないで、ウブサンといわれていました。加耶山という名称は、インドから仏教が入って以来の名称で、古代はこの山を「牛の頭の山」と呼びました。「牛」は韓国語で「ソ」、「頭」は「モリ」で、韓国語での名称は「ソシモリ」です。仏教がはいりその影響を受けて、ソシモリ山を加耶山というようになったのです。

なぜ古代の人が、この加耶山をソシモリと呼んだか。

まず、皆さんが先ほど礼拝された白雲の高天原から加耶山を見ますと、山全体が大きな牛がすわっているような形をしています。そして、この山には次のような三つの特徴があります。

その最初は、加耶山は一四三〇メートルで全山岩石なのですが、その頂上に小さい「牛《ウ》鼻井《ビソン》」と呼ばれている水が浸みだしている小さな泉があります。それは一年中どんなに旱魃がつづいても、枯れることがないのです。牛の鼻に湿り気がなかったら、牛は死ぬといいます。牛の鼻に湿り気があったら、牛は元気なのです。私も五六回登ったのですが、旱魃だと水は少ないですが、ちゃんとやはり水気があります。貯まった水をくみ出し水気を布で拭き取っても、瞬間的に水が浸みだしてくるのが分かります。この「牛鼻井」が一番目の特徴です。

二番目の特徴は、みなさまが今日礼拝した場所・高天原もそのなかに含まれているのですが、白雲という村があります。白雲里、正確に言えば、慶尚北道星州郡白雲里、そこを昔からシラモといっています。シラモは韓国語でパニメともいい、後でお話しますが、「歴史の始点」という意味をもっています。

三番目の特徴は、加耶山の神である正見母主の神壇祉《しんだんあと》です。山頂に至る中腹に大きな岩があり、何百年という老木も生えています。そこは、七十五、六年前まで、牛を殺し、その頭を祭物にして、祈りをした場所なのです。その牛の頭をお供えした大きな石がありました。

また海印寺《ヘインサ》境内に、牛頭天王の碑があります。天王がかわって、天皇になったわけですね。江戸時代までは、日本でもスサノオノミコトを天王といったのではないですか。これが三つ目の特色です。

ソシモリ、牛頭天王、スサノオノミコトなどと関わる加耶山の三つの特色です。

ここで皆さまに注意してほしいのは、『日本書紀』には「素戔嗚尊、その御子五十猛神を帥《ひき》ゐて、新羅国に降到《あまくだ》りまして、曽戸茂梨の処に居します」(神代上)というように、新羅のソシモリと書いてあります。しかし、新羅にはソシモリはありません。

加耶のソシモリを新羅のソシモリと書いたわけです。六加耶のうちで高霊の大加耶が一番終わりに新羅に滅ぼされましたが、それは西暦五六二年です。『日本書紀』が完成したのは、一五八年後の七二〇年です。加耶の領土が全部新羅に征服された後に、『日本書紀』が書かれたわけで、加耶のソシモリが新羅のソシモリにかわってしまったのです。

「牛の頭」のことでもうしますと、『日本書紀』第六巻垂仁《すいにん》天皇条に、都怒我阿羅斯等《つぬがあらひと》のことが書いてあります。出雲を経て敦賀《つるが》に額に角が二つ生えた怪しい男が現れた。あなたはどこから来たかと尋ねると、「私は意富加羅国《おほからこく》の王の子」と語っています。〝角がはえた〟とは何を表すか。高霊の博物館の中に加耶の王冠がありますが、その王冠をかぶると、その飾りがちょうど牛の角のように見えます。韓国の有名な学者・金元竜《キンウンニョン》博士は、『美術史』の十五巻で、これは加耶王冠をかぶった加耶の王様が現れたから、それを牛の角にまちがえたんだという風に説明されています。これも、牛頭山であるソシモリのある大加耶と日本の関わりを示唆するものではないでしょうか。

## (二) 大加耶の文化

ゆっくりお話する時間もありませんので、次は大加耶の文化についてお話してゆきます。大加耶の文化には、いろいろ要素がありますが、その代表的な一つをとりあげますと、その鉄の文化です。

去る一九八八年七月に出雲商工会館で、広島大学の潮見浩先生などとともに、「大加耶と鉄器文化」の題で講演をしたことがあります。朝鮮の「三大鉄山」といわれているものの一つが、この加耶山の近くにあり、今から十七年前に発見し、その鉄鉱石を私は東京工大の高塚先生にもってゆき、分析したことがありました。

いわばスサノオノミコトの鉄文化、鉄の武器を作ったその場所は、陜川《きょうせん》郡冶炉《やろう》にあります。この冶炉は、昔は赤火《せきか》県といっていました。そして、この発見した冶鉄地《やてつち》の地名は、日本語の鞴《ふいご》、韓国語でプネコという場所だったのです。

スサノオノミコトの鉄文化が、この加耶山や高霊の近くに昔から息づいていたわけです。加耶は、韓国の中では戦略的には非常に不利な地理的立場です。百済、高句麗、新羅に三方から囲まれ、南は海です。四方を全部囲まれていることになります。最初の六加耶も、古寧《こね》加耶と星山《せいざん》加耶は建国されて三〇年もたたぬうちに新羅に滅ぼされます。六加耶が四加耶になりました。一時は戦いに勝利して十二加耶までになったこともありますが、周囲から攻められ、阿羅《あら》加耶は五一五年に滅びますし、金海《きんかい》加耶も五三一年に滅びます。

金海加耶が滅び、他の加耶国もすでに全部新羅に征服された後も、この大加耶だけはそれから三十年間持ちこたえましたが、五六二年にとうとう滅んで行きます。

しかし、大加耶が最後までがんばれた底力はどこにあったか。それは鉄なのです。鉄で武器を作り、農機具を作った。加耶諸国は洛東江《らくとうこう》の流域ですから、平野の農耕地はとても多い。その当時は木製農具の時代でしたが、加耶だけは鉄で作った農機具であった。米を生産したり、鎧《よろい》やカブトや武具もつくった。馬にも乗ったわけで、いわゆる騎馬民族です。

古代社会において、鉄文化をもって馬に乗る騎馬民族といったら、その当時は、今の原子爆弾より恐ろしい存在です。

韓国に鉄文化がはいってきたのは紀元前五世紀ころですが、大加耶では鉄文化が高度に発達し、当時の優れた鉄文化の遺物が、高霊の池山里《ちさんり》古墳にみられます。明日はみなさま、慶州にゆかれるとおもいますが、慶州の古墳よりも大きな古墳郡が池山里には七十二基もあります。高霊は、紀元後四二年から五六二年までの五二〇年間の大加耶の都ですから、その王様の古墳が残されているわけです。それだけの、大きな鉄の文化をもっていた、国力をもっていたということが、窺われます。

大加耶の文化については、鉄文化について少し話したのですが、先ほど皆さまが大加耶国楽堂でお聞きになりました加耶琴のことも、いろいろ話したいことです。時間がなく、今日はその現場に行けなかったのですが、大加耶時代に、この加耶琴を作った楽聖・于勒《ウル》という方がいました。紀元後五五二年頃、高霊の琴谷・チョンヂョンゴルというところで初めて加耶琴を制作しました。日本の正倉院に残っている新羅琴の源流は加耶琴なのです。軍事や生産に関わる鉄文化、加耶琴という芸術文化、そして生活土器の文化もこの大加耶にはありました。新羅土器の源流も、やはり加耶土器です。加耶時代からは時代を下りますが、鹿児島の薩摩焼、福岡の高取焼を伝えたのは、ここ高霊の人達です。文禄・慶長の役のとき、黒田長政に捕虜となって連れて行かれた陶工達が日本で始めた焼き物でした。

このように、加耶の文化は、多くの影響を日本に与えていったと思います。

## (三) 白雲から出雲まで

地理的にも、韓半島は大陸文化の影響を日本よりも先に受けます。高句麗、百済、新羅、加耶の四国が共に日本に影響を与えたのは事実ですが、この四国の中でも最も早く、またもっとも大きな影響を日本に与えたのは、加耶でした。それは次のような理由です。

その第一の理由は、紀元前後より二、三世紀までは、まだ百済や高句麗は、韓半島の北部か中部に陣取っています。日本海域までは、まだ進出しなかった時代で、影響の及ぼしようもありませんでした。

二番目の理由は、先ほど申し上げました通り、加耶の鉄をはじめ、大加耶の文化が優れていて、自ずと九州、山陰地方にその文化が早い時期に伝わっていったわけです。

三番目の理由は、日本との距離は、加耶が一番近いわけです。特に山陰地方への距離は、直線距離でわずか三百キロないし四百キロです。季節風を利用したら、ほんのすぐです。島根県へは五、六回講演などでゆきましたが、「一眠りするうちにもはや出雲か」という言葉があることは何度も聞きました。山陰地方の海岸線にいったら、韓国製品の浮遊物、漂着物がうるさいほど浜辺に寄せています。それほど近いのですね。

『日本書紀』では、スサノオノミコトの子供が木の実を日本に持って行ったことが書かれています。この木の実はドングリではないでしょうか。今日の夕食にも出ていましたが、黒いトウフのようなもの、あれはドングリが材料です。ドングリを古代社会から食物として使ったのです。

七、八年前に東京のテレコムTVというテレビ会社から五人の人が私の研究室にやってきました。日本では本州、四国、九州の三箇所に、ドングリ、韓国語でいう「ムック」を作って食べるところがあるそうです。いつごろ、誰を通じてその食文化が伝わったのかを調べるために、私のところに取材に来たのです。これもスサノオノミコト系の文化で、その鉄の文化とともに、日本に伝わって行ったのだといえますね。

スサノオのミコトが白雲から下りて、金海《キメ》（＝大韓民国慶尚南道沿海部の市。釜山広域市と道庁所在地昌原市の間に位置する。）、その横に鎮海《ちんかい》（チネ）（＝現在の昌原市。古代の伽耶のエリアで、新羅時代は熊只県。朝鮮王朝時代の行政区画。釜山と共に日朝貿易の拠点。現韓国最大の軍港。）がありますが、その中間地点に熊川《くまがわ》（ウンチョン）というところがあります。そこから舟にのって、季節風を利用したら、自然に出雲の海岸に着くのです。

なぜスサノオノミコトが、島根県の出雲である簸川《ひかわ》にいったといえるのか。島根県と慶尚北道の姉妹縁組みのときに、私は島根で大蛇退治の神楽をみました。大蛇には頭が八つある。頭が八つついた蛇など実在しませんね。これは何をあらわすかというと、この簸川の支流が八つあり、砂鉄がものすごく多く産出される。そして大雨になると、この簸川支流は暴れ川になり、川筋が大蛇のように動くわけですね。そして、その砂鉄から剣などができることから、八岐大蛇と草薙《くさなぎ》の剣の神話もでてきたとおもうのです。スサノオや鉄文化ということからも、加耶と出雲は切り離せませんし、加耶から出雲へという文化の流れがあったと思うのです。

大加耶の白雲は、韓国語ではパニメといいます。パニメとは、朝日が登る、その朝日に最初に照らされるハイライト部分、これをパニメといいます。

だからシラモというのは、歴史の源流、歴史の祖先の地という意味があるのですね。

また天照大御神は女神ですね。加耶山の正見母主も女神です。天を照らす大きな神で、天の信仰ともいえますが、日本の国旗も日章旗ですが、韓国の国旗も太極旗《たいきょくき》で、この太極とは、宇宙万有の根本的なものを現すものです。そして創造主が万物を作るとき、一番最初につくったのは光です。先ほどもいうように、白雲はパニメ、朝日が登るとき最初に照らされる部分、ハイライト部分で、歴史の源流、歴史の始点という意味が、このソシモリ山の白雲という地名に込められています。

その白雲にある〈高天原〉という地名も示唆的です。

一般に高天原とは、「天の世界にあり、人間生活の投影された信仰上の世界」というふうにいわれます。または「天孫民族の祖国」であるとか、「多くの天の神のいると信じられた神聖な天上の世界」といっています。

日本民族を天孫民族と言ったりしますね。これは、古代社会において鉄器民族が大陸から南下する様を象徴的に表現しています。

時間がなく、詳しくお話できないのが残念ですが、朝鮮民族の一番最初の祖先が「檀《タン》君《グン》」です。象徴的に檀君は一柱ですが、しかし『恒檀古記《かんだんこき》』という本には、檀君は四七代までであり、その檀君時代は、紀元前二三七〇年から紀元前二九五年まで、二千七十五年間続いたと記されています。

スサノオノミコトも、象徴的には、檀君と同じく加耶最初の建国者という意味ですが、その文化的な流れもスサノオノミコトと言えるのではないでしょうか。

この四月に島根県隠岐に招待され、講演にゆきました。私は一九八九年に松江で『伊未《えみ》自由来記《じゆらいき》』という本を発見しました。五六三年前に書かれたもので、隠岐の都万《つま》村の安部さんが保管していた古い本でした。

この本によれば、縄文時代、二千二、三百年前に、誰も住んでいない隠岐の島に、男女ふたりづれが上陸した。その身なりをみると、頭の毛が足まで延び垂れているし、下の衣服は動物の皮で、上の着物は、桑の葉とか大きな木の葉を塩水に浸して、柳の細い木皮で綴ったものを着ていたという。目はクルクルと恐ろしい姿であったとありますが、人柄はとてもよかったと書いてあります。火を使用した、また釣り道具ももっていた。あやしいこの男女は、どこから来たかということです。

その『伊未自由来記』には、「西方千里加羅《さいほうせんりから》」と書かれています。隠岐から見たら韓国は西で、直線距離で隠岐から加耶までキッチリ四百キロです。日本では四キロは一里ですが、韓国では四キロが十里ですから、ちょうど千里となります。また加羅は加耶《かや》です。

このように、隠岐島最初の上陸者は加耶の人であったわけです。

また隠岐の古歌を研究しましたが、隠岐の人達が歌っている古歌の「キタイショウ」は、それを歌っている人がその意味がわからない。『万葉集』も意味がわからない歌がありますが、これは古代韓国語で研究すると分かるのですね。「おまちください」という言葉が、韓国語の「キタイショウ」で、「朝に」というのが「アチネ」、また「よいお天気ですね」というのが「チョンナイ」。そんな古代韓国語が、子守歌とか餅つき歌などに残っている。縄文時代の最初の上陸者以来、加耶の文化がそこには残っています。

先ほど申しましたが、島根で大蛇退治の神楽を見たのですが、そこで流れてくるリズムは「タンタ・タンタ・タンタン、タンタ・タンタ・タンタン」という八分の一拍子です。

これは古代韓国そのままのリズムで、韓国では「チュインチュインムンゾソー　ムナンニャモンカラヨ」というのですが、そのままのリズムが流れてきたのです。

今までお話してきましたように、スサノオノミコトが白雲《しらも》から鉄の文化とドングリを携えて、洛東江の熊川から海を渡り出雲に上陸し、簸の川上で落ちつかれた。島根にも冶鉄地がありますが、その源流は赤火県の冶炉《やろう》であったと思います。

また、新羅のソシモリでなく、加耶のソシモリであることは、明らかですし、そのソシモリがいた一帯が高天原で、その下が白雲、というように、歴史地理的な証拠もあります。
六、七年前でしたが、藤の木古墳発見後、まだ発掘されない段階の時です。なぜ発掘しないのかとの話で、韓国の学者たちは「発掘すれば被葬者は必ず韓国出身だから発掘しないのだろう」と言っていたものです。しかし秘密にすればするほど、人間はわかりたいものです。発掘しなければならない状態になり、その頃、私も行きました。発掘までは、藤の木古墳の被葬者は、百済出身だ、高句麗出身だ、新羅出身だと意見が別れていて、誰一人も加耶出身とはいわなかった。私は四十年間古代史を研究してきましたし、確信をもって「藤の木古墳の被葬者は加耶出身だ」と断言していました。発掘すると証拠がでてきました。加耶出身だったのです。『歴史読本』（新人物往来社）の八九年十一月号の一一九頁をご覧になってほしい。藤の木古墳の被葬者は「任那《みまな》人」だと書いてある。「任那」は加耶のことです。

『聖書』に「石が声を立てる」という言葉があります。歴史学者でも歴史記述を贋作《がんさく》する悪い学者もいました。「広開土王碑《こうかいどおうひ》」（＝好太王碑ともいう。現在の中国吉林省集安市に在する。高句麗の第19代大王陵。）などの解釈が一番いい例です。しかし石が声をたてるというように、宇宙のすべてのものは、正しい方向に帰ります。最後の勝利は、真なのです。方々で古墳を発掘します。すると、数千年間地下で眠っていたその遺物たちが、間違っていた学説や通説に「そうじゃない」と大きな声をたてるわけです。間違っていた歴史が出土する遺物によって、正しく直されて行きます。「藤の木古墳」もそうでした。発掘すると、加耶出身の被葬者であったことがはっきりして、反対しようとしても、できないわけです。

いろいろ面白い研究もしたことがあります。

島根大学の内藤正中先生と、姓氏や血液型を調査したことがあります。日本には「アラ」とか「金」とかの基本発音を含む姓氏が多く見られます。明治八年に一般民にも姓氏が許可されますが、その時に祖国の阿羅加耶や金官加耶を憧れ、「アラ」とか「金」とかの姓氏が多くなったのですね。

余談ですが、金海加耶の初代王は金首露ですが、一九一五年に、当時の朝鮮総督府は、金海を本貫とする金海金氏の『金海族藩《チョッポ》』という系譜の発行を禁止しました。その理由は、日本天皇の祖先が、この系譜とつながるからでした。

また島根県の血液型と加耶地区の血液型とはとても似ている。島根の速見保孝先生と共同に研究したのですが、島根県人の血液型は、A型の血液型が全体の四〇、三パーセント、スサノオゆかりの出雲の人は、四二、九パーセント、こちらの加耶地区の人は、四二、八パーセント。こういう結果がでてきたわけです。

いろいろ述べてきました。まだお話ししたいこともたくさんありますが、時間が来てしまいました。

しかし、今日お話ししましたところからも、この大加耶の地・加耶山《ソシモリ》から日本へ、白雲から出雲へと向かうスサノオノミコトの流れを、お祭しいただけたことと思います。

やんばんが
騎馬にまたがり
市や野を
悠々然と
めぐる朝鮮

やんばん

# 第十四章　スサノオの聖跡地

## 素尊の気吹きに触れて
### ―韓国研修旅行の中での実感―

窪田英治

今回は（平成五年）九月二十九日から十月三日までの四泊五日にわたる「韓国研修旅行」に随行して、あらためて素盞鳴尊の足蹟をたどることが出来ました。

実はこの団体研修旅行が計画されると、その下見のために出口三平、西山明両氏と三人して、二月二十三日から二泊三日の旅をもったことは、『神の国』四月号で報告さしていただいた通りですが、その時に立ち寄れなかった地へも行けたことは何よりの喜びでした。それにしても、今回の「研修資料」を作製するための出口三平氏の資料収集作業はスサマジイものでした。山のように積まれた資料の中から凝縮された研修資料『出口王仁三郎と朝鮮半島』を手にして「なるほど、学者だなー」と、ほとほと感心させられたものです。その意味でも、参加された方は、もう一度この「韓国研修資料」にジックリと目を通していただきたいものです。

そこで、とりあえず「資料」の中から、聖師さまお示しの「古代朝鮮の範囲」についてご紹介しましょう。

○

「蒙古とは古の高麗の国のことである。百済の国というのは今の満州(注・現在は中国)で、新羅、任那の両国を合したものが今の朝鮮の地である。これを三韓というたので、今の三韓だと思うのはまちがいである」

（「義経と蒙古」『月鏡』）

○

「神典にいう葦原の国とは、スエズ運河以東のアジア大陸をいうのである。ゆえに神典の意味からいい、また太古の歴史からいえば日本国である。三韓のことを〝根の堅洲国〟

ともいう。新羅、高麗、百済、ミマナ等のことであるが、これには今の蒙古あたりは全部包含されていたのである」（「亜細亜大陸と素尊の御職掌」『玉鏡』）

そして出口三平氏は「この場合の高麗や百済は、朝鮮半島史の中の高麗や百済の概念ではなく、東北アジアを馬で馳せていた扶余の領域といえそうである。ウラル・アルタイ語族としては、日本、大韓民国、朝鮮民主主義人民共和国、中国三東省（旧満州）、モンゴル共和国（旧蒙古）……とつながるものがあり、その領域と、聖師さまのいう高麗の国、百済の国は重なってくるものである。このいわば「大朝鮮」は、学問的にも、北方ユーラシア文化との関連で浮かび上がるものだが、イメージとしても語り継がれてきたようだ」とコメントされています。

つまり現在の、かたくなに閉ざされた国境を、遥かにく乗り超えた考えで見る必要があるようです。

それと『霊界物語』には、「長白山」におけるドラマが随所に描かれています。長白山は現在の中国三東省と北朝鮮との間に聳え立つ「白頭山」のことです。そのお山に「檀君」が降臨し国を開いたという神話があるのです。

ちょうど私たちが韓国に出発する、しかもその朝の一九九三年九月二十九日の『朝日新聞』朝刊に、「古代朝鮮の始祖〝檀君神話〟を北朝鮮が実在を主張」という記事が大きく紹介されていたのです。「檀君」とは「スサノオ」という、その現地研修にむかう、その朝の出来事だけに驚きでした。

檀　君　像

その記事には、「檀君」は高麗時代の歴史書『三国遺事』によると、四千年以上前に、天神の孫として朝鮮を建国。最初は大衆の間で信仰が広まったが、十五世紀には李朝の世宗が朝鮮全土の祭神とした。韓国では一部の新聞が現在も檀君暦と西暦を併記しているのです。そして朝鮮社会科学院歴史研究所のカン・インスク博士の論文から「檀君はわが民族史の最初の開国始祖であり、建国は紀元前二三三三年で、今年は四三三六年目に当たる」として、檀君の実在を主張した、とありました。なんともタイミングな出来事でした。

そんな幸先のよい旅立ちを胸に輝かせながら、九月二十九日の朝、大阪空港から大韓航空七二一便で一行四十六名は韓国の首都ソウルに向かいました。わずか一時間二十分で現地入りです。ソウルの金浦空港では福岡空港から大韓航空七三三便で来られた九名の方と合流して、一行は五十五名となり、バス二台に分乗して、いよいよ韓国の現地研修のはじまりです。

一号車は李栄善通訳案内部長、なかなかの博識《はくしき》で、いろんなことを情熱的に語ってくれ、いいガイドさんに会って勉強になったと、出口和明さんや川崎勝美さんから後で伺ったことでした。二号車は金英姫通訳。私たちは二号車でした。この金さんは三十六歳（申年）で未婚、公務員経験後ガイドになったとか。笑顔のいい美人でした。

窓外に展開する一面の黄金の稲田は、まだ稲刈り前でした。バスの中で日本円を韓国通過と交換、一万円が七万五千ウォンでした。

さて韓国は旧盆の真っ只中とあり、しかも今日から休みに入るというのです。明日三十日は旧盆で韓国全土が民族移動（里帰り）して祖先のお墓参り、明後日一日は国軍の日、十月三日は開天節と連休だというのです。だから今日は帰省の日で車が多く渋滞が心配されるというのです。素晴らしい日でもあ

社稷公園

り、動くのには困難な日でもあるというわけです。

ともかく雄大な流れの漢江《かんこう》を渡って、南ソウルから北ソウルの市街へ。近くに見える北《きた》漢山《かんざん》は花崗岩の岩肌を露出する禿山です。

「両班」という半地下の店で、石焼きビビンバという名の昼食。急いでまぜないと焦げつく熱い熱い食べ物でした。飲み物のビールは三五〇〇ウォンでした。

そして、まず最初は仁旺山ギルを越えて「壇君」を祀る社稷公園《サジツこうえん》へ。十五世紀に李朝の「世宗」が朝鮮全土の始祖として祀った由緒地ですが、現在は建造物も失われたままで、鳥居のような柵門が土塀の間に立ち締まったままで、中には入れませんでした。そしてずっと奥の方に、壇君の銅像だけが見えていました。公園のあちこちに案内板が立てられていましたが、ハングル文字ばかりでサッパリわかりません。やはり、当方の「研修資料」を見た方が得策です。

まず壇君神話を簡単に要約すると、「天神桓因の庶子・桓雄が父神の命令によって、天符印三個を持ち、風・雨・雲および穀物・生命・疾病・刑罰・善悪などを司る神の群を率いて太白山（白頭山）上の檀の木の下に降臨して神市をひらいた。この時、熊がヨモギとニンニクを食して女人に化し、桓雄と結婚して檀君を生み、檀君が国を開いて国号を朝鮮とした」という神話です。

聖師さまは、直接的に「檀君がスサノオだ」という表現はされてません。しかし、お示しになっている幾つかの要素（長白山について、ソシモリについて、スサノオと檀山のこと……）を重ねてゆくと、檀君が神素盞嗚大神の顕現であることが窺われるのです。

また「資料」には「檀君と熊」について、

「檀君の母が熊であるように、熊（コム）は扶余族（古代朝鮮族）の神であった。熊に対する信仰は、アジア、ヨーロッパ大陸から北アメリカにまで広く分布しているが、朝鮮半島各地でも、聖なる地の地名にあらわれるなど顕著であり日本にもそれは及んでいる。また、それを論じた本も多い。

出口聖師にも、熊との関連は切り離せない。

その名も高熊山でのご修行、ご修行中の岩窟内での熊との出会い、島根・和歌山の熊野大社との関わり、『霊界物語』で描かれる熊野、綾部産土である「熊野神社」、古代朝鮮と関わり深い「熊本菊池の不動岩」、晩年お住まいの家を「熊野館」、素尊の御陵といわれる岡山県の「熊山」などく。檀君の世界と出口聖師の世界は、重なってくるものが多い」とも書いてあります。もっと詳しくは、「研修資料」をひもといてご勉強願いましょう。

次いで景福宮《キョンボックン》へ。ここは朝鮮李朝の王宮です。一三九四年の造営ですが、一五九二年の豊臣軍の出兵の時にほとんど壊され、また今度の

景福宮正面に建つ元朝鮮総督府（現・国立博物館）

日本占領時代にまた壊されたといいます。最盛期には二百棟を越える建物があったそうですが今は十棟ほど。しかも光化門と勤政殿《クンチョンジョン》（李朝の王が、公式行事を行ったり、外国からの使者に接見したりした場所）の間に、元日本の朝鮮総督府の建物（現在は国立博物館）が傲然と建っています。なんとも、いじわるなことをしたものです。宮廷前の大通りを完全に目隠ししているのです。いま、国民感情として、韓国ではこの建物を取除くことが決定しているそうですが、日本人として感慨無量な思いでした。

建春門《コンチュンムン》から入り、敬天寺の十層石塔（国宝86号。）の前で記念写真。勤政殿の長い回廊も極彩色なら建

景福宮　勤政殿

物はみな極彩色でした。ただ中国とは少し色の使い方は違うようです。さすがに建物は北に北岳山（３２０メートル）を背景とする自然の美が活かされています。勤政殿の裏の思政殿《サジョンジョン》、ここは王が政治を執ったところ。左隣は千秋殿といって、ここでハングル文字がつくられたということでした。次いで国立中央博物館（元朝鮮総督府）に立ち寄り、館内をざっと一巡散策。当時、日本の威信をかけて造ったものだけに、総大理石造りの壮大な建物でした。

次いで、今度はソウル市内の旅行社案内の免税店へ。朝からの強行軍でいささかバテ気味の私は、店内の様子もそこそこに、表のベンチにどっかと腰をおろして休憩です。そして再びバスに

南大門

搭乗、今夜の宿へと向かいました。

有名な南大門を左に見ながら、昭和四年十月十五日、聖師さまのお泊りになった笑福旅館はこのあたりとのことです。

◇自動車と電車の往復織る如き

　　南大門通り賑はしきかな

これは聖師さまのその時、笑福旅館で詠まれたお歌の一つです。当時の旅情を忖度《そんたく》するいとまもなく、バスはソウル駅前に出て、坂道を上り下りしながら夕方五時三五分、梨泰院《イテウォン》洞《ドン》通りのキャピタルホテルに到着。荷物を各自の部屋に入れ、すぐに夕食はバスでカルビー（牛のアバラ骨つきの肉）専門店へ。

帰ってすぐ、ホテルの三階で会合。植田英世団長の先達で天津祝詞と御神号を奏上、出口三平氏の今回の韓国現地研修旅行についてその資料の概要説明を兼ねて、見所のポイントなど話があり、私も驥尾《きび》に付して一言。さすがに皆疲れ気味の様子なので一時間以内で終えこの日の行事を閉じました。

若い人たちは繁華街にくりだす方たちもありましたが、私は真直ぐ部屋へ引き上げました。合部屋となった岡山の小中護氏は竹中工務店を退職されて今は悠々自適の身分の方でした。それだけに職業柄海外事情には詳しく、ことに中国や韓国は何ども所要で足を運ばれているだけに、得がたい情報通の話に魅きつけられながら韓国研修旅行の第一夜を安々とおくることとなりました。

明けて九月三十日（旧8月15日。）、韓国現地研修第二日目、少し寒さを感じる朝でしたが快晴。韓国の旧盆、各家で盆の行事がおこなわれる大祭日です。われわれにとっては、六十年前のこの日、出口聖師が『霊界物語』「天祥地瑞」のご口述（＝昭和8年10月4日。旧8月15日。）を開始された記念すべき日です。

朝食は日本料理とバイキングの二コース。八時十分、ホテルを出発、ソウルから扶余、公州へ。道は意外なほど空いています。だが、九時までの各家の法事がすむとお墓参りにでかけ、道路が混み始めるとか。丘陵には、土饅頭の墓が見えます。一般的には土葬が普通で、それだけに墓地の土地確保は大変なようです。

途中、サービスエリアで休憩。大田で開催中の万博のアドバルーンが風に揺らぎ、そして素晴らしい快晴です。コスモスが道路の両サイドに咲き誇り、旅情を慰めてくれます。出口聖師が「あれは天国天人の衣装や」と言われたと聞くチョゴリ姿の人達や、のんびりと休日をたのしむ韓国の人達、旧盆のこの日は、やはり祝日らしいうららかな日和りでした。

扶余　扶蘇山

十二時過ぎ、扶余に到着です。すぐに昼食を済ませ、扶余の王城のあった扶蘇山《プソサン》へ。扶余の町は、奈良の田舎という感じでした。歴史的には、前十八年〜後六百六十年に至る扶余族（百済）の根拠地とはいいながら、三七一年頃から高句麗との覇権争いがはじまり、四七五年には高句麗に押されて漢城から熊津《ウンジン》（＝現在の公州。）に遷都し、この熊津時代、第二十五代武寧王《ムリョンワン》（＝ぶねいおう。百済の王。501年〜523年。）は高句麗をしばしば破るほどの力をつけましたが、すぐに衰退して、五二九年春、泗沘《サビ》（＝現在の扶余。）に遷都。六六〇年三月、新羅と唐の連合軍に攻められて歴史を閉じました。そして国を滅ぼされた一族は日本に亡命し、飛鳥の都に貢献することになるのです。だから飛鳥文化は百済文化の花開いた都といえます。昭和四十二、三年頃の大本教団の機関誌には盛んに三代教主の飛鳥訪問が報ぜられ、四十三年に「岡の家別院」が建てられた時、「これで、日本への道がついた」という意味深な言葉をのこしています。

さて、扶蘇山《プソサン》はさすがに王城の由緒をのこすに相応しい雰囲気をもっていました。時間的余裕のないまま、泗沘門《サビムン》付近の散策とガイドでバスに帰り、博物館に立寄りました。古代からの扶余の文化が配置され、その中には京都広隆寺の日本の国宝第一号として有名な「弥勒半跏思惟像《みろくはんかしそうぞう》」と同形の金属製の像が鎮座、なにかホッとした安らぎを覚えました。

　次いでバスに乗り公州へ。途中の窓外から、定林寺の百済時代の石塔を見ましたが、降りてジックリ触れられないのは残念でした。公州では、百済二十五代の盟主武寧王と王妃の墓や説明用の展示室を見学。ここで三平氏は、王墓を守ったという怪獣のミニ置物を、お土産に買い求めたとか。

　そして、国立公州博物館にも寄り、武寧王の遺物が一同に展示されているのを見て、今夜のホテルリバーサイドホテルに到着。午後四時五十分でした。周辺の賑やかさに、今日は何事かなと思っていたら、ここの一階部分はバスターミナルになっていました。ロビーのある四階までエレベーターで昇ると、裡里市在住の金朳坤《キムパルゴン》先生が、すでに到着されて居ました。

「お盆で、いろいろとお忙しいことでしたろうに……」

と恐縮の辞を申し上げると、

「いえ、こちらの方が大事ですから……」

とのご返事に、なお一層恐縮してしまいました。ひとまず所定の部屋に荷物を置いて、少憩。窓外にひろがる景色は快絶です。ひろびろとした白馬江《ペンマガン》の流れ、その向こうに、小高い丘陵が川面に迫るさまは格別でした。夕食は大橋をわたって川向こうの店へ。肉料理に音をあげるわが団体のために、これも宮廷料理の一つという海鮮料理の鍋物となりました。

ホテルに帰り、今夜は立派なイス席のホールで、出口三平氏が司会して円光大学教授・金杸坤先生の円仏教の紹介や愛善苑への関心についてお話いただきました。なかなか流暢な日本語で、『神の国』誌九月号を手にされ、出口聖師の『愛善の道』のお歌を全部読誦し、円仏教の精神と全く同一の教えであることを力説、「主の神」とは宇宙根本の神、みな共にひとしき神のもとに手をたずさえて人類平和のために尽くしましょう、と結んで参加者一同をいたく感動させる一時でした。

裡里市　円仏教中央総務　永慕殿で

当方からも質問や感想が交わされて親交が深められ、ことに韓国籍兵庫県在住の金靄子さんとの会話には、みなみな感動の涙をさそわれたものでした。それにしても聖師さまのお歌の力、み教えの尊さには今更ながら感激しました。この夜は素晴らしい満月でした。韓国では旧盆の満月、日本では中秋の名月です。キラキラと雲母の輝く白馬江《ペンマガン》の川べりまで出て、天津祝詞と神素盞鳴大神の御神号を奏上した方たちもありました。出口三平氏は、満月のもと川水で聖師さまの石笛を洗い、その石笛を心行くまで吹き鳴らし、白馬江の砂をハンカチいっぱいに戴いて帰られたとか。

この日は、国際的にもいろいろな動きのあった特別の日でもあったようです。

十月一日(金)、公州リバーサイドホテルでの朝明け間際の一時でした。美しいお月さまがクッキリと空にかかっています。間もなく朝靄がかかって来て姿をかくしホンの一時でしたが、それは爽やかなお姿でした。

「いやー、素晴らしいめぐまいでしたねー」

モーニング・コール前に起きて小中さんがカーテンを開けた、そのわずかの時間でした。この喜びは大きく、朝食時の話題にも発展していました。

この日は、韓国の国軍の日で休日。われわれは円仏教の訪問と高霊邑へ。朝食はパン、ソーセージなど。八時九分出発。太陽が熊津川の朝靄の中をのぼってゆきます。高速道路に乗り、大田経由で裡里まで一気に走り、高速ゲートを降り裡里の町へ。九時半ころ円仏教の本部に到着。金杦坤先生の令嬢金京善さんの懐かしいお顔がありました。国際部長さんと目の丸い女性の方が本部側から出迎えてくださいました。そしてここでも、「韓国は一年に一度の大祭日、休日で、いま皆それぞれ里に帰り、皆様をお迎え出きず、申し訳ありません」とのお断りがあり、国際部長さんが代表でお待ちくださったのでした。

金杦坤先生の案内で、先ず教祖少太山朴重彬大宗師の記念碑へ。さらに右手の墓地へ。そして永慕殿で教祖の霊、信徒の霊、さらに韓国、朝鮮の霊を祀る霊堂で説明を受けたあと、出口和明氏の先達で天津祝詞と御神号を奉唱。佐賀はぎの嬢が八雲琴で「菅掻《すががき》」を奉納。円仏教からの挨拶、植田英世団長から答礼。なにか素晴らしい祝祭空間でした。

そして広い境内を散策し、さらに別棟の礼拝場に入って説明を受け、ここでも天津祝詞と御神号を奉唱。正門前に戻って、『霊界物語』と出口聖師ご揮毫の達磨の絵を寄贈し、正門前で記念撮影です。とても清々しい交流のひとときでした。

十一時八分、円仏教に別れを告げて全州経由南原へ。南原は小説『春香殿伝』の舞台です。その観光地のすぐそばの食堂で昼食は韓定食でした。この頃から次第に渋滞がひどく、三平氏も気をもみながら高霊邑の金先生に電話連絡。二時五分、南原を出発。四時八分に海印寺料金所をようやく通過。高速を降りても、なお渋滞がつづきます。大伽耶国の碑を左手にみる峠を越え、最後の入口を間違えたりしながら、どうにか池山里にある大伽耶国楽堂に到着。首を長くして待兼ねていた金道允先生は開口一番、

「三時間も待ちました。あと五分で解散するところでした」

と。ほんとうに危機一髪のところだったのです。やれやれとの思いで国楽堂に入り、金先生の挨拶、高霊女子総合高等学校の校長・李徳煥先生の挨拶、高校生七名と指導の先生、それにプロの女性の伽耶琴の演奏。美しいチョゴリ姿の、可愛らしい様に一生懸命な素晴らしい演奏は、おもわず涙する人もありました。歌声も懸命で、ほんとうに感動しました。プロの女性の演奏は、さすがに聞き惚れました。玄関に出て、演奏者を囲み記念写真をバッチリ。

国楽堂を後に、暮れ落ちる夕方を気にしながら、バスは伽耶山麓をいそぎに急ぎます。六時十五分お月さまが山の端に姿を見せはじめました。なおバスは走りに走りつづけ、そしてやっとの思いで高天原（展望台）に到着です。駐車もそこそこにバスを飛び出し、伽耶山を仰ぎました。ソシモリ（牛頭）の山、素盞嗚尊のお山です。また、ハッキリとお山は拝めました。神さまは首を長くして待ってくださった感じです。伽耶琴もあと五分、伽耶山もほんとうに後五分おそかったら拝めなかったでしょう。山麓のホテルのオレンジ色の明かりが浮かんでいます。石田祭祀委員長の先達で天津祝詞、ご神号を心をこめて奏上しました。そして記念写真も撮ることが出来ました。

後ろ髪を引かれる思いでバスに乗り、もうすっかり日の落ちた山道を海印寺ホテルへ。まだかなりの道のりでした。海印寺の門前町に開けた土産物屋の通りを抜けた先の高台にある近代的なホテルに七時五分到着。夕食は、お昼につづいて韓定食でした。

引き続き金道允先生の講演。立派な会場でした。

「一カ月前から準備した」

とあってか、なかなか元気で歯切れのよい講演でした。伽耶山こと牛頭山、そして素盞嗚尊の名がボンボン出てきます。韓国のガイドさんたちも、真剣にペンを取り聞きいっています。伽耶山での参拝といい、研修に出演する先生方といい、かつて無い団体であることを、あらためて認識し直したようすでした。そして講演が終わったあと、親近を深めたガイドさんたちとも互いに握手を堅く堅く交わしあったものでした。

十月二日（土）、今朝は少し曇りがち、風も多少あるようです。今日は韓国三名刹の一つ、海印寺の見学と慶州へ。

海印寺はバスの駐車場からはかなりの道のりでした。最高齢者九十二歳の谷前清子先生も、元気に上まで登られたのにはオドロキました。ガイドの李栄善さんの熱弁を聞き、大変勉強になったと喜ぶ人もありましたが、伽耶山の麓にあるお寺という由緒だけしか分らぬままに私は下山。早々にバスに乗り込みました。

高速道路から見える伽耶山に別れを惜しみながら、いつしか大邱も通り過ぎ、サービスエリアで一時休憩。慶州に入ると新羅王朝の古墳が山裾遠くに見えます。昼食は冷麺組とビビンバ、シャブシャブ組に別れ、私はビビンバにしました。隣は「新羅」という物産店で、すぐ前には古墳公園がありました。松林に芝生が美しい、その一番奥の天馬古墳を見学。次いで有名な仏国寺へ。さすがに見る所の多いお寺でした。一番高い処に観世音菩薩が祀られていたこと、その下の毘盧殿これは奈良の東大寺の大仏・毘盧遮那仏《びるしゃなぶつ》を祀る殿のことで、万物を照らす宇宙的存在としての仏陀の名であり、密教では大日如来と同じ、また弥勒様の別名でもあるのです。その下の光学殿跡は、今は基礎石だけが瑞垣に囲まれてありましたが、お薬師さまが祀ってあった処でした。私はそれだけを見て、すっかり満足して帰ることができました。

次いで高麗青磁の窯元に寄って作業場などを見学。湖畔の慶州朝鮮ホテルに着いたのは五時ころでした。六時、ロビーに集合してホテル内の臨海殿で夕食。韓定食でした。最後の集いということで、食事なかばで韓国舞踏があり、赤・青・黄緑と色鮮やか、透明感がありょます。太鼓を鳴らしながらの踊り、大きな扇子を使っての踊りなど韓国情緒たっぷりの夕餉となりました。この夜は金子さんたちに誘われて、慶州駅の近辺を散策し夜の巷《ちまた》を楽しみました。

十月三日（日）、韓国現地研修の最終日です。その帰国の日が、檀君による建国を祝う「開天節」の祝日でした。今回の旅行は、始めから最後まで、なんとも素晴らしい由緒の日々に恵まれたものです。青空が簾の雲間から染み出すような爽やかな天気です。朝食は日本食、みなみな大喜びでした。バスツアー最後の行程、慶州から釜山へ。洛東江を渡り、国際金浦空港着。かくして大韓航空七五二に搭乗、十二時四十五分、無事大阪空港に到着、出迎えのマイクロバスで帰亀、愛善苑会館の御神前で、深々と帰り言を申し上げた次第です。

## 韓国・素戔嗚尊現地研修会に参加して　金靄子

今回の旅は八月の野草塾で、野草社の斉藤さんに、お誘い頂いたのがきっかけでした。塾の後、在日朝鮮人の私は、さっそく韓国民団事務所にパスポートの申請をしたのですが、取得までに四十日かかるとのこと。結局九月二十九日までに何とか間に合ったのですが、手にしたパスポートの名前欄には「金靄子／KIM　AEJA」と、韓国読みの私の名があり、見たこともない韓国の国が私を韓国人として承認していることに、喜びよりも戸惑いを感じました。それから、今度は「入国管理事務所」に「再入国許可書」を交付してもらいに……。ここでは、私たち在日朝鮮人が、いくら日本人のふりをして生活していても、「外国人」として管理されているのだということを知らされました。読めないハングル文字で書かれたパスポートと、読み馴れた日本語の再入国許可書を手にして、自分の生れ育った場所が「外国」で、見知らぬ国が「故郷」という事実に、「いったいどうして自分はここにいるのか？」という、今まで何度も何度も繰り返されてきた問いが、また、再び私の胸で繰り返されていました。

今回の韓国への旅は、そんな私が自分を見つけるための「ひとつの段階」のようにかんじていました。ところが、ソウルでは氾濫する日本語と日本文字の中に、韓国人の日本に対する妬みと憎しみをみたような気がして、一緒にいた愛善苑の方たちに申し訳なく、また、恥かしく、こんな思いをするなら來なければよかったと、本気で後悔していました。ところが二日目の夜、圓仏教の金杺坤先生のお話を聞き、目から鱗がおちる思いでした。

「真誠を伝え合う」

この言葉が、ソウルで感じた韓国人の日本人への思いが、実は、私自身の中にあるのだということを、気づかせてくれました。

それからは、「空はやっぱり韓国晴れというのでしょうか？」見事な秋晴れが続き、伽耶山、慶州、釜山と下ってくるにつれて、なつかしい気持ちでいっぱいでした。慶州での最後の夜、豚足や唐辛子があふれる陽気な街の空気にとけてしまいそうな自分に気がつきました。鞄もカメラも放り捨てて太鼓《チャング》をたたいて踊りそうな自分がいました（本当は太鼓、チャングも踊りもできないのですが）。日本にいて、日本人とどうしょうもないスレ違い、例えば食事の仕方、喜怒哀楽の激しさｅｔｃ　を感じていて、それをいつのまにか「非常識な朝鮮人の私」として認識し、いつまでも消してしまいたいと願っていたのですが、私自身、朝鮮の常識の中で生きていたのです。今までの「常識」としての「こだわり」が、スルッと消えてゆくようでした。

いよいよ韓国を発つ日。空港で普通の韓国人のおじさんが「この先、韓国と日本の間ではパスポートを廃止する必要がある」と言われているのを耳にしました。それが実現するしないは別として、山の立ち方や風景の広がり方が日本と連なっていて、確かに韓国と日本とは区切りのない一つの場なのだと感じました。そして、戦争という不幸な形の結果として、日本に生れた私たちですが、形は形として、これも自然のなりゆきのうちの一つのように感じたりもしました。

午前十一時三十五分、飛行機の窓から、どんどん小さくなってゆく金海《キメ》の山に「必ずまた來るからね」と約束して、私の今回の旅は終りました。ほんの少し、かいま見ただけの韓国でしたが、これまで私が忘れようとしていたモノを、もう一度取りもどしてゆけたらと、今思っています。

（『出口王仁三郎　素盞鳴尊と朝鮮半島』　終り）

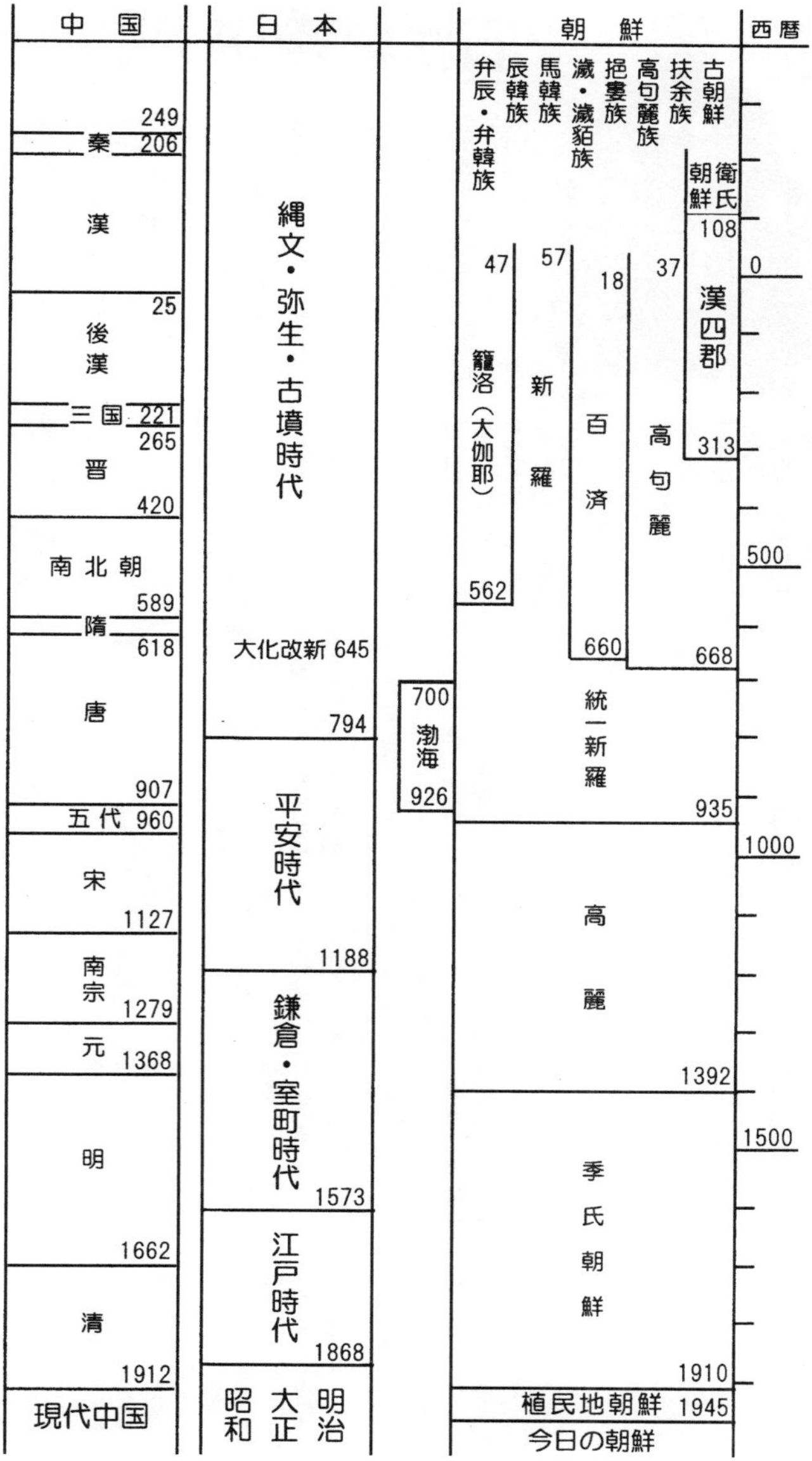
中国
日本
朝鮮
西暦
249
秦
206
漢
25
後漢
三国
221
265
晋
420
南北朝
589
隋
618
唐
907
五代
960
宋
1127
南宗
1279
元
1368
明
1662
清
1912
現代中国
縄文・弥生・古墳時代
大化改新 645
794
平安時代
1188
鎌倉・室町時代
1573
江戸時代
1868
明治
大正
昭和
古朝鮮
扶余族
高句麗族
挹婁族
濊・濊貊族
馬韓族
辰韓族
弁辰・弁韓族
衛氏朝鮮
108
漢四郡
313
37
高句麗
668
18
百済
660
57
新羅
47
駕洛（大伽耶）
562
700
渤海
926
統一新羅
935
高麗
1392
季氏朝鮮
1910
植民地朝鮮
1945
今日の朝鮮
0
500
1000
1500

# 古代朝鮮の始祖「檀君」

# 北朝鮮が実在を主張

## 「民族史」掲げ方針転換

## 「金主席との関係」研究

朝鮮の建国神として描かれた檀君像（東亜日報提供）

【北京28日＝横堀克己】朝鮮民主主義人民共和国（北朝鮮）の平壌放送は二十八日朝、古代朝鮮の始祖とされる檀君の遺骨が発見され、金日成主席が二十七日に「現地視察」した、とトップニュースで報じた。北朝鮮は、これまで檀君の存在をほとんど無視してきた。この方向転換は、南北の共通認識作りに役立つ面はあるものの、檀君が平壌または白頭山に降臨したという説があるところから、金主席の権威づけを通じて北の優位性を主張する狙いも込められているようだ。

放送によると、檀君墓は平壌付近だといい、これまで北朝鮮の学者が発掘を続けてきた。

さらに、北朝鮮では指導者の指示で、金日成主席と檀君との関係が研究されているともいわれる。八月二十九日の朝鮮労働党機関紙「労働新聞」は「金日成領袖（りょうしゅう）は万民の神」と題する記事を掲載、「偉大な首領さまを仰ぎ、『朝鮮の神さま』として高く奉じる」との表現を使った。

このほど北京に届いた北朝鮮の政府機関紙「民主朝鮮」は、七月九日と八月二十一日の二回にわたり、檀君に関する朝鮮社会科学院歴史研究所のカン・インスク博士の論文を掲載した。この中で「古朝鮮という国を建て、最初の王になった人物が檀君である。檀君はわが民族史の最初の開国始祖であったということができる」「建国の年は紀元前二三三三年で、今年は四三二六年目に当たる」として檀君の実在を主張した。

さらに李朝時代までは建国の始祖として認められてきた檀君について、「神話的人物、実在しない虚構の存在という観念は、日本帝国主義の御用学者によって提唱され、檀君抹殺策動の結果として生み出された」としている。

**檀君** 高麗時代の歴史書「三国遺事」によると、四千年以上前に、天神の孫として朝鮮を建国。最初は大衆の間で信仰が広まったが、十五世紀には李朝の世宗が朝鮮全土の祭神とした。韓国では一部の新聞が現在も檀君暦と西暦を併記している。

### 韓国の学会は認めていない

尹乃鉉・檀国大教授（古代朝鮮史）の話　主体性を強調する北朝鮮では、民族のアイデンティティーを探る古代史の研究が盛んだが、檀君の実在と紀元前二三三三年を建国の年として認めたとすれば、大きな変化といえよう。考古学資料が中心だった北朝鮮の古代史研究が、歴史文献も積極的に受け入れ始めたことを示すものだからだ。われわれ韓国の学会では、これらを史実として認めるには至っておらず、国立博物館でも紀元前一〇〇〇年から青銅器文化の古朝鮮時代が始まると展示している。（ソウル支局）

1993年9月29日　朝日新聞記事

韓国研修会出発当日の記事

# 古代近江の渡来系氏族

近江《おうみ》は、大和《やまと》・河内《かわち》とならんで、渡来人《とらいじん》の居住が多く、
古代豪族《ごうぞく》の約 30％は渡来氏族《しぞく》と考えられる。

渡来人歴史館

# 縄文・弥生 混血説裏付け

## 日本人遺伝子解析

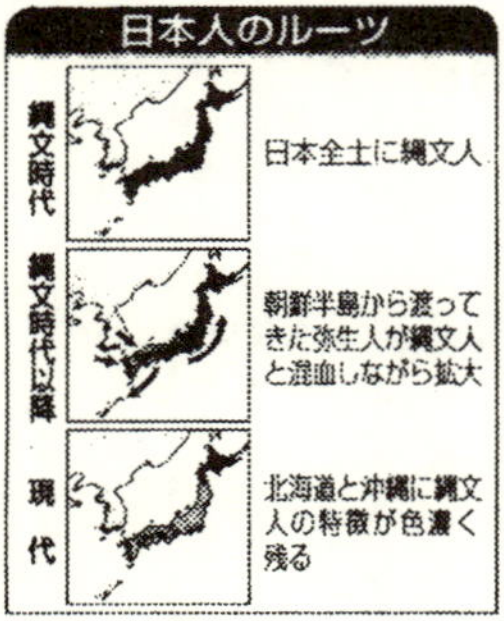
日本人のルーツ
縄文時代
日本全土に縄文人
縄文時代以降
朝鮮半島から渡ってきた弥生人が縄文人と混血しながら拡大
現代
北海道と沖縄に縄文人の特徴が色濃く残る

日本列島の先住民である縄文人と、朝鮮半島から渡ってきた弥生人とが混血を繰り返して現在の日本人になったとする「混血説」を裏付ける遺伝子解析の結果を、総合研究大学院大（神奈川県）などのチームがまとめ、日本人類遺伝学会が編集する1日付の国際専門誌電子版に発表した。これまでも同様の研究結果はあったが、今回は1人当たり最大約90万カ所のDNA変異を解析し、信頼性は非常に高いとしている。

## 近いアイヌと沖縄出身者
## 本土出身は韓国人と近く

チームはこれまで公開されている本土出身者（主に関東居住者）、中国人、欧米人など約460人分のDNAデータに、アイヌ民族と沖縄出身者の計71人分を新たに加えて解析した。その結果、アイヌ民族と遺伝的に最も近いのは沖縄出身者で、次が本土出身者と判明した。本土出身者は韓国人とも近かった。

この結果は、日本人全般が縄文人の遺伝子を受け継いでいる一方、本土出身者は弥生人との混血の度合いが大きく、混血しながら北海道や沖縄方面に広がっていったと解釈できるという。

日本人の起源は縄文人がそのまま各地の環境に適応した「変形説」、縄文人を弥生人が追い出して定着した「人種置換説」も知られているが、総研大の斎藤成也教授（遺伝学）は「研究結果は混血説のシナリオに一致した」と説明している。

チームは今後、縄文遺跡で見つかる人骨のDNAを分析するなどし、日本人のルーツの解明を進める。

**骨や歯の特徴から人類の歴史を調べる札幌医大の松村博文准教授（形質人類学）の話**　人骨などの形質を調べる研究でも混血が進んでいたことを示す証拠は見つかっていたが、不明確な点もあり結論を出すのが難しかった。DNA解析技術の進歩は人類の起源を探る研究にとって意義が大きい。

京都新聞　2013年（平成25年）8月31日　土曜日

天眼

# 日本と百済のえにし

上田《うえだ》　正昭《まさあき》

六六三年の八月二十七日、唐の水軍百七十艘《そう》が白村江（朝鮮半島の錦江）河口のあたりで、百済の復興軍を援《たす》ける日本（倭《わ》国）の水軍を待ちうけて戦い、翌二十八日再び会戦となったが、唐の水軍は倭国の水軍を挟み撃ちにして、死者多数・約四百艘が焼失した。この両日の戦いが世にいわゆる白村江の戦いで、日本は大敗を喫した。今年はその白村江の敗北から数えて千三百五十年になる。

旧制中学に私が入学したのは昭和十五（一九四〇）年の四月であり、歴史教育で日本は神国で一度も外敵に負けたことはないと教えられた。太平洋戦争で敗北したおり、その教えを信じ責任を痛感して自決した戦友もいるという。虚偽の歴史教育の恐ろしさを改《あらた》めて想起する。

唐は六五一年、新羅と結んで百済を滅ぼしついで高句麗を討伐する方針をうちだす。実際に唐・新羅の連合軍によって六六〇年に百済は滅び六六八年に高句麗は滅亡する。そして百済の義慈《ぎじ》王らは唐へ連れ去られた。百済の遺臣たちは倭国の人質となっていた義慈王の豊璋《ほうしょう》王子を帰国させて百済の復興を計る。

六六一年日本の政府は前軍・後軍を編成し、豊璋の帰国を百七十艘で援護した。六六三年三月の新羅との戦いには日本軍二万七千人が加勢し、百済の復興を支援した日本の兵力は約五万人におよぶ。

なぜこれほどまでに百済を支援したのか。朝鮮半島における日本の政治力を維持しようとする企図があったことは多言するまでもないが、古くからの百済との深い交わりのあったことをみのがすわけにはいかない。たとえば一九七一年の七月、韓国忠清南道公州の宋山里で武寧《ぶねい》王陵が検出されたが、その墓誌石によって五二三年の五月七日に六十二歳でなくなり実名は斯麻《しま》（武寧は諡《おくりな》）で、その木棺は高野槇《まき》であったことがわかった。

『日本書紀』が各《かか》羅《ら》島《しま》（佐賀県唐津市加唐島）で誕生したと記載し、『三国史記』が武寧王二十三（五二三）に薨《こう》じたとする記事と一致した。そして勅《ちょく》撰《せん》の史書『続日本紀』が、桓武天皇の生母である高野新笠《にいがさ》について「后の先（先祖）は百済の武寧王の子純陁《じゅんだ》太子より出づ」と書いている史実とのかかわりもさらに明確になった。

崇峻《すしゅん》天皇元（五八八）年には善《ぜん》信尼《しんに》が記録にみえるはじめての海外留学尼として百済へおもむき、蘇我馬子が法興寺（飛鳥寺）の建立に着手する。その年に百済僧のほか百済の寺工・鑪盤《ろばん》博士・瓦博士ら多数が渡来して、法興寺の造営に参加した。近時、百済最後の都泗沘《しび》（扶余《ふよ》）の王興寺の発掘調査がなされて、舎利容器が出土したが、飛鳥寺の舎利容器と酷似していたのも偶然ではない。

聖徳太子の師のなかには百済の僧慧聡《えそう》・学者覚哿《かくが》がおり、百済僧観勒《かんろく》は暦《こよみ》・天文地理・道教の遁甲《とんこう》方術《ほうじゅつ》の書を伝えた。現在の日韓関係の緊張化のなかで、過去の百済とのえにしが改めて浮かびあがってくる。

（京都大名誉教授）

# 再版にあたって

二十五年前の愛善苑・韓国研修旅行で編集された出口三平氏の資料集の改訂版です。本書により朝鮮半島・韓国がより近くに感じることが出来るとともに、渡来人の伝えた文化から、そのはるか奥に大海原を治める素盞嗚尊の存在があることに気が付きます。

さて研修会では、円仏教訪問につづいて池山里にある「大伽耶国楽堂」を金道允氏に案内され、高霊女子綜合高等学校の李徳煥校長の挨拶後、韓国古来の伝統楽器伽耶琴の演奏が高校生と指導者の先生、それにプロの女性により行われ、魂線に触れる音色の美しさに感動し、涙する人もおられたとか。そして「愛善苑」から日本の二絃琴・八雲琴が演奏されております。

この八雲琴演奏には深い思いがこめられていました。素盞嗚尊がひの川で八岐の大蛇を退治されてより櫛稲田姫《くしなだひめ》様と結ばれ須賀の宮にお入りになる。素尊は伊邪那岐命から任せになられたこの大海原、地上世界を全部治めるところの責任をどうはたせばよいのか。朝鮮や出雲は無事治まったものの八十国《やそくに》の雲霧を祓い、八重垣を取り除くにはどうすればよいのだろうか、これは大変なことだ、と心配に沈んで腕を組み、うつむいておられた。

その時、櫛稲田姫様が弓を桶《おけ》にくくり付けて、ポンポンと叩かれた。それが弓太鼓の濫《らん》觴《しょう》で、後に一絃琴になり、二絃琴・八雲琴となり、今日の沢山絃のある琴が出来たといわれています。その弓太鼓を聞かれた素尊は心を和められ、勇み立ち、御喜びになり、

「八雲立つ出雲八重垣つまごみに　八重垣作るその八重垣を」

と詠まれたのが和歌の初めでこれを「八雲神歌」と奉称し、お歌の語尾の「八重垣を」の「を」に万感がこめられていました。

出雲とは「いづくも」という意味で現在の出雲地方の意味だけではなく、「いづくも」即ち大蛇を退治したけれども「どこの国」も互いに八重垣を造り分断している。「つまごみに」日本の国を「秀妻の国」といい、他国と一緒になって八重垣を作っている、その八重垣をとりはずしたいものだ……、という意味になり、素盞嗚尊の「無抵抗主義」の教の根幹になります。

この琴糸について滋賀県長浜市木之本町（琵琶湖の北部）の日本伝統工芸特殊撚糸製造を訪ねました。中国では三〇〇〇年前から「古琴《こきん》」という伝統のお琴がある。その琴糸の製作者が文化大革命などでいなくなり、琴糸を求めてここに来られたので、丁寧に撚糸《ねんし》を作りお送りすると、古琴の本来の微妙な音色が出ないといわれる。熟慮のすえ中国の繭《まゆ》を取り寄せ、撚糸をすると今度はピタリと希望の音色に合った琴糸が出来た。との話がありました。

この琴糸にしても、朝鮮半島は半島、中国は中国としてそれぞれの国魂様の聖域、国や民族、文化の深い魂の世界があることに気がつきます。

木之本町は元伊香具郡《いかごぐん》に属し、『素盞鳴尊と近江神々』（みいづ舎刊）には、「近江の国を斎庭《ゆにわ》と定め、中央において北と南に一線を断じて……、天照大神はこの国の最上部なる厳兒《いかご》の宮に鎮まり給うなり。御嫡厳子《いかご》なるが故に、イカゴと称し奉るなり。その所を厳子《いかご》郡《ごおり》といい、今伊香具郡というなり」。

また、五男神の長男神・天之忍穂耳尊《あめのおしほみみのみこと》のご出生は、「蒲生郡脇兒《がもうぐんわきご》の郷（琵琶湖中央部の東側）、吾勝山《あがやま》、今は阿賀山というに生れ賜いて、伊香具郡の厳児《いかご》の下の宮に育ち賜うなり。今伊香具郡大音村《おおとむら》、伊香具神社これなり」とある。

現在の神社の御祭神は伊香津臣命《いかつおみのみこと》。神武天皇に仕えた大臣で、天児屋根命《あめのこやねのみこと》の七代目の子孫。後の中臣氏（藤原鎌足）の先祖と神社案内書にある。

また大音には、天女・貴人が降りて水浴したという古老の伝える「羽衣伝説」（白鳥伝説）があり、ここから養蚕、生糸の技術がもたらされたのではないかとされている。

この中臣氏について、天孫饒速日命《てんそんにぎはやひのみこと》（またの名天火明命《あめのほあかりのみこと》）は、天照大神から十種《とくさの》神宝《かんだから》（天の数歌）を授けられ降臨になり倭《やまと》を治めていた。しかし饒速日命御昇天後、その御子・宇摩志麻遅命《うましまぢのみこと》は倭《やまと》の統治権の印・十種神宝を、三種の神器を所持する神武天皇（神倭伊波礼毘古命《かむやまといわれひこのみこと》、またの名豊御毛沼命《とよみけぬのみこと》）に献上し、神武天皇は橿原で即位される。この国譲りの功績により、宇摩志麻遅命の子孫である磯城縣主《しきのあがたぬし》（後の物部・中臣氏）に大臣の官職が約束され天皇家の補佐役となり、やがて祭祀権も与えられる。因みにモノとは兵《つわもの》とか、霊魂もモノいう意味が在るとされる。(『先代旧事本紀』批評社刊参照。)

琵琶湖を天之真名井として東西に一線を引くと、北側を天照大神、南側を素盞嗚尊、南北に引くと東側を天照大神、西側を素盞嗚尊の御領分となる。

神典では伊邪那岐尊から天照大神は高天原の天界を知ろしめすこと、素盞嗚尊には大海原のこの大地の隅々までも知ろしめす稜威を命じられ、素盞嗚尊は日本だけでなく朝鮮半島はじめ世界各地を歩かれその伝承が残されております。

九州はじめ山陰、山陽、滋賀、奈良、京都、大阪は、神代史や古代史にはじまり渡来人の遺跡が沢山点在しており、日本文化に大きな役割を担っていた時代があったことは確かです。

「誓約」について、三女神・五男神誕生の他に両義性や多義性があります。素盞嗚尊を悪神として高天原を退《や》らわれるについて、真の意味は素尊に従ってきた者達が犯した天津罪・国津罪を素尊自らが代られて、という意味がある。その罪とは、畔放《あはな》ち(天放ち。天然自然力の開発利用）、溝埋《みぞう》め（水素、水の開発）、樋放《ひはな》ち（電力・火力・磁力・光力等の開発）、頻蒔《しきま》き（土地開発）、串差《くしさ》し（秘奥を研究発見すること）、生剥《いけは》ぎ（生物の特性を開発すること）、逆剥《さかは》ぎ（栄え開くこと）……、これらをおこたることを罪といい、また国魂神を犯す無闇な開発ではなく生成化育・進取発展のための開発です。

神典『古事記』（７１２年）、『日本書紀』（７２０年）の記述から一三〇〇年、神話から宗教、歴史が生れてきた。現代は理智や理性による思想の氾濫する複雑な社会、ハイテク、バイオテクノロジー、宇宙開発、ＡＩ等による便利な科学時代を迎えている。この科学と宗教の違いは、神霊や霊魂観を正しく認めるか、否かである。人類出生についても本書の他に『神示の宇宙』、『祝詞の解説』を参照して下さい。

神は人間に愛善信真の心（一霊四魂。）を与えたのは、この現界だけでなく、神霊界までも救うためのもの。真の宗教は政治や倫理や哲学や科学の範囲内に納まるものでなく人間真生命の源泉であって、宗教によって安心、安息、そして文化的に活躍し得るもの。国家も国境も人種も政治も倫理をも超越して、真の生命に活きるために宗教は大切です。「人は天地経綸の主体」、神と共に世を開いて行くのが本分です。本書は檀山である朝鮮半島を拠点に檀君・素盞嗚尊の降臨から、人類発生の神秘に触れながら、日本、朝鮮半島、牽いては世界の民衆が平和に暮らせる社会を発見する資料になることを祈りつつ再版しました。

◇国々のさかいはあれど愛善の　まことの教はへだたりもなし
◇へだてなき日光《ひかり》のもとに住みながら　わけへだてする世人《よびと》ごころよ
◇国と国の戦はすれど地の上の　人はのこらず同胞《はらから》なるも　王仁

二〇一九年一月二十四日　みいづ舎編集

◆表紙裏の落款「百済博士」について

出口聖師は、明治四年旧七月十二日、現・亀岡市曽我部町穴太に生れ、幼名を上田喜三郎と云う。綾部の出口澄子と結婚入籍より出口王仁三郎と改名し、短歌や短冊、色紙、半紙、半切、襖絵、絵画、書籍などの揮毫に「王仁」を使用し、その落款の一つに「百済博士」がある。

百済博士と云えば、百済から渡来した「王仁博士」で、日本に『千字文』や「儒教」、『論語』を伝えたとされる。この他、博士の神示の詠に「なにはづにさくやこの花ふゆごもりいまは(を)はるべとさくやこのはな」がある。この詠の木簡《もっかん》が平仮名で書かれ、最初文字の練習に使われていたのではないかと解釈されていた。ところが各地の祭祀遺跡から出土していることから、今では祭祀に使われていたと判断されている。

富士山の神霊・木花咲耶姫様が今は冬籠りをしておられる、やがて春が訪れて満開の花が咲くでしょう、という瑞霊・神素盞嗚大神様のご出現、みろくの世を預言されたものと拝察されます。

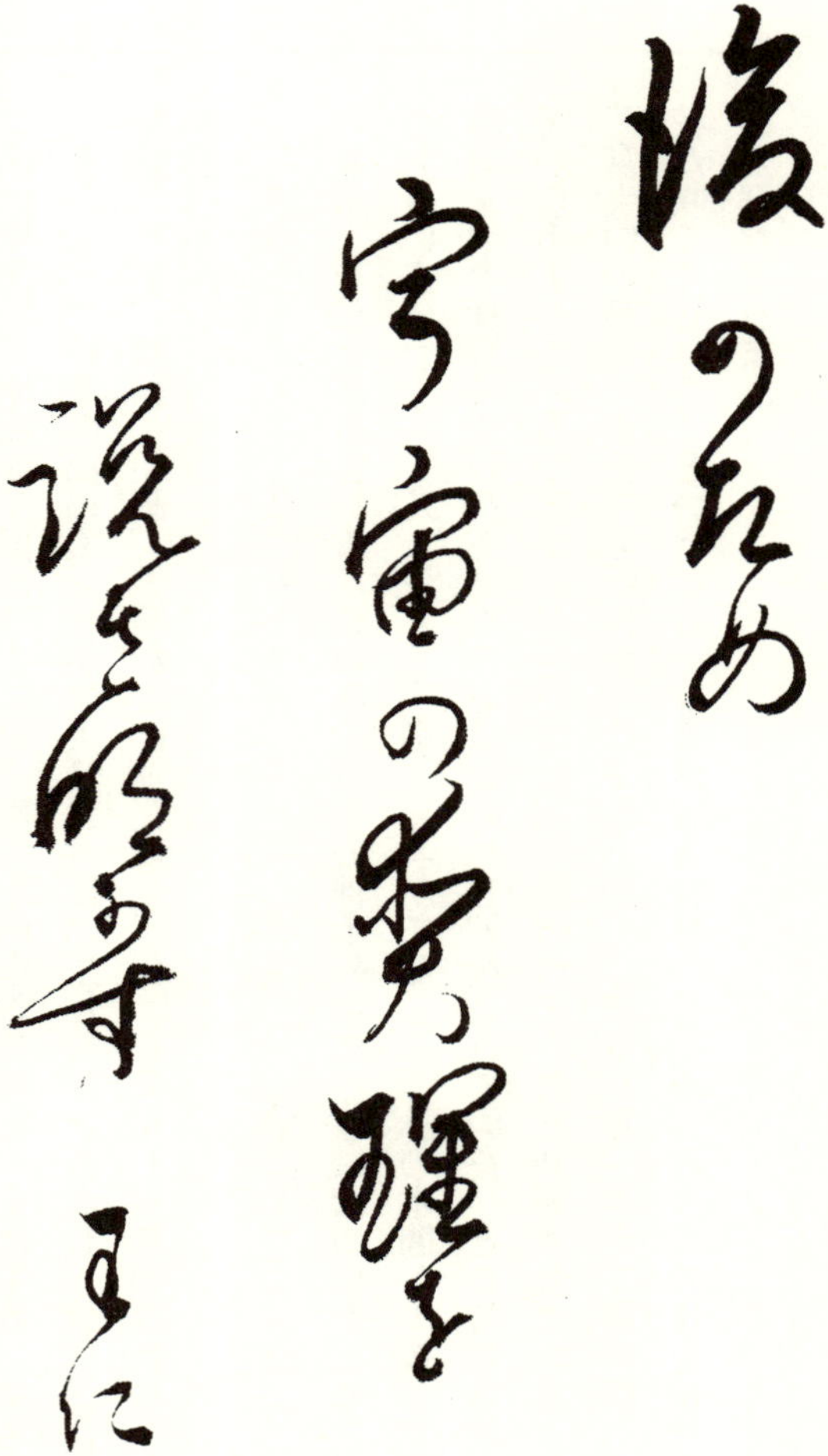

後のため　宇宙の真理を　説き明かす　王仁

出口王仁三郎　素盞嗚尊と朝鮮半島

発　行　平成31年2月12日　第1版

著　者　出口王仁三郎・出口三平・他

編　集　山口勝人

発　行　みいづ舎

〒621-0855 京都府亀岡市中矢田町岸の上27-6

TEL 0771(21)2271　FAX 0771(21)2272

http://www.miidusha.jp/

ISBN978-4-908065-13-2 C0014

出口王仁三郎

皇典釈義 **素盞嗚尊と近江の神々**

◉確かにある
人類誕生のルーツと霊跡地！

琵琶湖《あめのまない》！スサノオとアマテラスの「誓約《うけい》」から
日本の歴史は始まった。大和民族必読の書！
神々は駿河の富士山、信州皆神山から近江の国に降臨になる。素盞嗚尊は、日枝の山を経綸の地と定めて原始、縄文、弥生、大和、中世に至る政治、農耕、文化の重要な役割を成す。皇典は古い、だが神話、宗教からいま歴史へと変わりつつある。

B六判／331頁／定価（本体2000円＋税）

---

出口王仁三郎聖師　みいづ舎編集

**善言美詞 祝詞解説**

◉人は神の子、宇宙の縮図！
祝詞は古い、難解だ！だが「言霊学」により新解すると、天地の理法が容易に真解される。

宇宙の原理である一霊《ひと》四魂、八力《ふた》、三元《み》、世《よ》、出《いつ》、燃《むゆ》、地成《なな》、弥《や》、凝《ここの》、足《たり》「……天の数歌《かずうた》の神秘を解明し、神々のご活動、太祓《おおはらい》の真意義、神と人との関係、人生の目的、人類救済への政治経済教育宗教科学等の大源泉を凝縮する。「天津祝詞《あまつのりと》」、「神言《かみごと》」、「感謝祈願詞《みやびのことば》」の解説書。

B六判／234頁／定価（本体1400円＋税）

出口王仁三郎

# 素盞鳴尊の平和思想

みいづ舎編集

◉世界平和を祈る人々のために!

国と国、民族と民族、人種、言語、宗教間には高い垣根がある。その最大なるものは軍備の増強にして、これを撤廃するにはスサノオ尊の提唱する万教同根思想に基づく強い宗教心と和合を必要とする。戦後日本国憲法が施行され、これを守る愛善運動・みろく運動・友愛運動が猛烈に展開された。自由平等、人権尊重、戦争放棄の平和憲法を守るための「画龍点睛」を考察し、恒久平和への真諦を説く必読の書、第一弾!

B六判/330頁/定価(本体2000円+税)

出口王仁三郎

# 愛善主義と平和

みいづ舎編集

◉スサノオ尊に神習《かむなら》い、治《おさ》めるのではなく治まる世の中を創造する。

戦前の法律へのプレイバックは危険!

地球は一つ。人口増加に伴い生存競争、愛国、自己欲のため戦争や闘争の歴史は繰返されて来た。日本が選択する道は平和か戦争か、いや平和か滅亡か。真理は一つ、大《おお》海原《うなばら》を知食《しろしめ》すスサノオ尊の平和経綸《けいりん》(教)を考察する。

B六判/309頁/定価(本体2000円+税)

出口王仁三郎

# 歴史に隠された躍動の更生時代

みいづ舎編集

◉人類幾千年、歴史を変える大構想！

世界に黎明を轟かせた昭和6年、「還暦」を迎えた出口王仁三郎は「更生」する。暦では、西暦1931年（いくさのはじまるとし）、皇紀2591年（じごくのはじめのとし）と預言し、世界は大きく動き始める。また『瑞能神歌』（預言書）通り、大陸では反日感情が高まり、満州事変が勃発し、日中戦争、世界戦へと突き進む「発端の年」となる。王仁三郎は、この難局を回避するため、愛善精神を提唱し、実践実行する。教えの口述、宗教提携、国際共通語エスペラントの採用、神から民衆の芸術、天産本位の経済、農業等を奨励し地上天国を目指し、内外から八百万の賛同の声が寄せられる。新聞各社の記事、批評、猥談、人々の息遣い、ユーモア、感動が溢れる。

B六判／381頁／定価（本体2200円＋税）